普通高校军事理论与技能教程

主编 冯小宁
副主编 刘兵 王锋

华南理工大学出版社
·广州·

内容简介

本教程严格按照2007年教育部、中国人民解放军总参谋部、总政治部联合颁发的《普通高等学校军事课教学大纲》的要求,科学设置教程结构,合理融汇军事知识,能更好地满足大学生军事求知需求。全书分为两篇共十章,对中国国防、军事思想、战略环境、军事高技术、信息化战争、条令条例教育与训练、轻武器射击、战术、军事地形学、综合训练等军事理论和军事技能知识作了比较系统的阐述,力求结构体系合理、内容丰富新颖,对学生树立国防意识、增强国防观念和明确自己所担负的保卫祖国的使命感,将有很大帮助。本书可供开设军事课的各类高等学校作为教材或教学参考用书。

图书在版编目(CIP)数据

普通高校军事理论与技能教程/冯小宁主编. —广州:华南理工大学出版社,2017.8
(2018.7重印)

ISBN 978-7-5623-5360-7

Ⅰ. ①普… Ⅱ. ①冯… Ⅲ. ①军事理论-高等学校-教材 Ⅳ. ①E0

中国版本图书馆 CIP 数据核字(2017)第 188991 号

普通高校军事理论与技能教程

冯小宁 主编   刘兵 王锋 副主编

出 版 人:卢家明
出版发行:华南理工大学出版社
          (广州五山华南理工大学17号楼,邮编510640)
          http://www.scutpress.com.cn   E-mail:scutc13@scut.edu.cn
          营销部电话:020-87113487 87111048(传真)
策划编辑:庄 严 周 芹
责任编辑:庄 严 周 芹
印 刷 者:佛山市浩文彩色印刷有限公司

开   本:787mm×1092mm 1/16 印张:16 字数:380千
版   次:2017年8月第1版 2018年7月第2次印刷
定   价:29.80元

版权所有   盗版必究   印装差错   负责调换

前 言

国无防不立,民无兵不安。国防教育是国家为巩固和加强国防而对公民进行的普及性教育,是全民教育系统中的一个重要组成部分,接受国防教育是每个公民的权利和义务。当代大学生是国家的栋梁、民族的未来,更应该义不容辞地认识国防,关注国防。在普通高校开展军事理论教学与军事技能训练,既是适应国家人才培养战略和加强国防力量建设的需要,也是大学生成长成才的需要。

为了全面贯彻执行《中华人民共和国国防法》《中华人民共和国兵役法》《中华人民共和国国防教育法》等法律法规的有关规定和要求,进一步做好大学生军事课的教学工作,我们以教育部、总参谋部、总政治部2007年颁布的《普通高等学校军事课教学大纲》(教体艺〔2007〕1号)为基本依据,并结合教学实际,在认真总结教学经验的基础上编写了本书。全书贯穿十八大以来党中央、中央军委和习主席关于深化国防和军队改革的相关精神。

本书结合我国军事变革的新形势,着眼于时代的发展,力求创新,既全面体现了《普通高等学校军事课教学大纲》的要求,又符合军事科学规律和高等院校军事课程教学的客观实际;既注重其思想性、教育性、理论性,也注重其知识性、趣味性、基础性;具有结构合理、内容翔实、可读性强的特点,基本形成了科学完整的大学生军事课程体系。

本书在编写过程中得到了华南理工大学武装部、国防生教育学院和解放军特种作战学院学生军训教研室等相关领导、专家教授的悉心指点与帮助。在此,谨向他们表示诚挚的谢意。此外,本教程的编写参阅了众多版本的军事课教材,以及近年来有关国防教育和军事课教学的论著和文章,限于篇幅,恕不一一列举。在此,一并表示感谢!

由于编者水平所限,书中疏漏之处在所难免,敬请广大读者和同行专家批评指正。

编 者
2017年6月

目 录 Contents

绪论 / 1

———————— 军事理论篇 ————————

第一章　中国国防 / 7
　　第一节　国防概述 / 7
　　第二节　中国国防历史与启示 / 11
　　第三节　国防法规 / 15
　　第四节　国防建设 / 19
　　第五节　国防动员 / 33

第二章　军事思想 / 39
　　第一节　军事思想概述 / 39
　　第二节　中国古代军事思想 / 46
　　第三节　毛泽东军事思想 / 53
　　第四节　新时期军队建设思想 / 62

第三章　战略环境 / 77
　　第一节　战略环境概述 / 77
　　第二节　国际战略环境 / 81
　　第三节　世界军事形势 / 87
　　第四节　我国周边安全环境 / 92
　　第五节　世界核化生环境 / 102

第四章　军事高技术 / 107
　　第一节　军事高技术概述 / 107
　　第二节　高技术在军事上的运用 / 111
　　第三节　高技术与新军事变革 / 140

第五章　信息化战争 / 147
　　第一节　信息化战争概述 / 147
　　第二节　信息化战争的基本特征 / 150
　　第三节　信息化战争的发展趋势 / 155
　　第四节　信息化战争与国防建设 / 159

目录 Contents

———— 军事技能篇 ————

第六章　条令条例教育与训练 / 165
　　第一节　《内务条令》/ 165
　　第二节　《纪律条令》/ 167
　　第三节　《队列条令》/ 169
　　第四节　阅兵 / 182

第七章　轻武器射击 / 185
　　第一节　轻武器常识 / 185
　　第二节　射击学原理 / 186
　　第三节　步枪射击训练 / 190

第八章　战术 / 198
　　第一节　战术概述 / 198
　　第二节　单兵战斗动作 / 204

第九章　军事地形学 / 215
　　第一节　地形对作战行动的影响 / 215
　　第二节　地图的识别 / 216
　　第三节　现地使用地图 / 227

第十章　综合训练 / 239
　　第一节　行军 / 239
　　第二节　宿营与警戒 / 240
　　第三节　野外生存 / 242

参考文献 / 249

绪 论

国防教育是国家为加强国防建设、增强国防实力、维护国家安全和发展利益而对全体公民进行的普及性教育。世界各国都把国防教育作为服务国防的重要手段，视国防教育为一项战略性、全局性工作，其根本目标是根据国防需要来培养人才。

当前，在国际环境复杂变化的条件下，我国根据《中华人民共和国国防法》《中华人民共和国国防教育法》《中华人民共和国兵役法》等相关规定和要求，在普通高校开展以军事技能训练和军事理论课为主要形式的国防教育，是我国在新的历史条件下全面贯彻党的教育方针、推进素质教育、培养"有理想、有道德、有文化、有纪律"的社会主义新人的客观要求，是依照我国有关法律提高大学生的国家主权意识、国家利益意识和国家安全意识，自觉履行国防义务和责任，为国防和军队建设培养高素质后备兵员的重要措施。

一、国防教育的地位与作用

国防教育是通过一定的战争观、国家安全观、利益观以及国防知识，对全体国民施加影响，培养公民的防卫观念和尚武精神，自觉维护民族利益，保卫国家安全，防止外来侵略的活动过程，其在建设、巩固国防和强大军队，保卫国家安全和发展利益上有着十分重要的意义和作用。

1. 加强国防教育，是关系国家兴衰的重要基础工程

古今中外，国家兴衰更迭的历史经验教训反复证明，国防教育关乎国家的生死存亡。一个国家的安危和兴衰，国防的强大与弱小，有着许多的因素，如政治状况、军事实力、经济力量以及自然地理条件等，而人力和人心是一个根本性的因素。一个国家国防力量的强弱，国防建设发展速度的快慢，固然要依赖于经济的发展，但与民众国防意识的强弱也有着密切的联系。而民众国防意识的培养与强化，不能光靠战争来临了再去进行，而是在和平时期就应该着手。和平时期的人们容易滋长苟安心理，失去必要的防卫观念和尚武精神，而这种观念和精神一旦丧失，整个国家和民族就会成为一触即溃的纸壁沙墙。国防教育就是要不断提醒人们不能忘记战争、忽略战备。在这种忧患意识的感召下，我们有责任积极支持国防和军队建设，提升国家抵御各种风险和挑战的能力，确保国家的长治久安。

2. 加强国防教育，是增强民族凝聚力和培育民族精神的有效途径

加强全民的国防教育，增强人民的国防观念，不仅是保障国家安全的需要，也是国

家发展、民族振兴、增强凝聚力和向心力的"粘合剂"。通过形式多样的教育，能极大地激发国民的爱国之情、忧国之心和报国之志；能使其时刻关心祖国的前途和命运，终生为祖国的繁荣富强而奋斗；能使其树立强烈的民族自尊心和自信心，处处维护国家的利益、尊严和荣誉；能使其自觉地关心国防事业，为建设和保卫国防奉献自己的聪明才智乃至热血、生命。这是一种巨大的精神力量，是团结、武装人民战胜一切困难与挑战的有力武器。而这种爱国情感和国防观念，在民族生存和发展中，能显示出巨大的凝聚力和向心力。

3. 国防教育是提升全民素质的重要形式

国防教育对全体公民而言，是一项重要的基础性社会教育。国防教育作为整个教育事业的一个重要组成部分，其基本内容包括与国防密切相关的品德教育、智力教育、体质教育和心理教育，这些也是公民素质的主要内容。首先，国防教育以爱国主义为核心，能够激发人们对祖国的深厚感情，培养为国家、民族利益而勇于献身的道德情操。其次，国防教育有助于全民树立远大理想，树立报国之志。第三，国防教育有利于全民了解现代科技，关注国际形势，开阔视野。第四，国防教育有利于养成军事思维，培育军事谋略和斗争策略，从容面对各种竞争与挑战。此外，军事技能训练有助于强健体魄，培育纪律意识、团队协作精神，养成良好习惯。总之，国防教育可以拓展全民的知识覆盖面，锻炼身心素质，提高驾驭全局的能力，使全民综合能力与素质得到全面提升。

4. 国防教育是培养国防后备人才的重要手段

作为战争胜负和国家安危决定性因素的人，其国防意识的培养取决于国防教育的普及和成效。只有在平时搞好国防教育，遇有战事才能同仇敌忾，共御外侮。现代战争表明，谁拥有高素质的国防人才，谁就拥有国防建设的主动权。国防人才既包括规模适当的常备军，也包括强大的国防后备人才。国防后备人才的规模与质量，是影响一国国防实力和综合国力的重要因素。我国国防现代化建设也离不开造就一大批适应现代国防要求的后备人才。培养国防后备人才，国防教育是最基本的途径。通过国防教育使广大民众，特别是具有较高知识和科技文化素养的青年学生具备强烈的国防意识和基本的国防行为能力，成为强大的国防后备力量，并能够在需要的时候自觉主动履行国防义务，为国防和军队建设作出应有的贡献。

二、开展国防教育的目的

1. 培养爱国主义精神

爱国主义是千百年来巩固并延续下来的对自己祖国最深厚的一种情感。它是社会情感的最高层次，也是所有社会情感的集中体现。有了爱国主义精神，就会对生我养我的这块土地有着深厚的情感，就会树立起为祖国献身的崇高信仰，就会把个人的命运同国家的兴衰安危维系在一起。因此，它是一个国家的民族之魂，也是国防之魂。对国民爱国主义精神的培养，是国防教育自始至终贯穿的一条主线。"天下兴亡，匹夫有责"，便是中华民族爱国主义情感的集中体现。爱国主义情感对爱国主义行为起着激励和定向的作用，它所蕴涵的强大内在力量，能够感召、鼓舞和推动中华各族人民不惜流血牺牲而奋起抵抗侵略，激励千千万万爱国志士为国家的兴亡进行不屈不挠的斗争，直至取得最后的胜利。

2. 强化民族忧患意识

强烈的忧患意识是国防意识的重要组成部分，是爱国主义的一种表现形式。长期以来，无数次的外来侵略积淀了中华民族强烈的忧患意识。这种忧患意识激发了千百万爱国志士为民族的解放与进步进行不屈不挠的斗争。强烈的忧患意识使中华民族历经百劫而不衰，屡历磨难而常新，始终昂首挺立于世界民族之林。"生于忧患，死于安乐。"在国与国之间竞争日益激烈的今天，更需要全体国民有着强烈的忧患意识，并把它转化为服务国家、造福人民的强大动力。

3. 提倡尚武精神

尚武精神是一个国家社会公德和民族精神的重要组成部分，是国家兴旺强盛的必要条件。著名军事理论家若米尼曾经说过："假使在一个国家里，那些牺牲生命、健康和财产去保卫祖国的勇士们，还不如那些包税者和交易所的生意人受到尊重，那么这个国家就一定是非常可悲的。""一个国家不管它的政府采取什么形式，为了避免受到后代子孙的谴责和国家独立受到威胁起见，提倡尚武精神，尊敬军事职业实在是一种明智政策。"与若米尼名言有异曲同工之妙的是鲁迅一段发人深省的话："施以虎狮式的教育，他们就能用爪牙，施以牛羊式的教育，他们到万分危急时还会用一对可怜的角，然而我们所施的是什么式的教育呢？连小小的角也不能用，则大难临头，唯有兔子似的逃跑而矣。"这些名言都十分清楚地告诉我们提倡尚武精神在国家和国防建设中的重要作用。

4. 提高责任意识

高度的责任意识始于强烈的忧患意识和危机感。国防教育的直接任务就是把这种忧患意识和危机感变成公民自觉履行国防义务的行为，并在思想中变成终身的责任观念，使每个公民都能感受到自己对国家繁荣与国家强大所肩负的责任，使他们真正感受到"覆巢之下，复有完卵乎"的真谛，真正使国防教育与理想信念教育融为一体。

5. 普及军事知识，更新国防观念

国防教育的另一项任务就是通过广泛的、多种多样的教育方式普及现代军事知识，促使公民国防观念的更新。现代战争已经不是传统意义上的战争，现代国防也不是传统意义上的国防。公民不具备现代军事知识就不了解战争的发展变化，也就无法深刻理解现代国防建设的长期性、紧迫性及其发展的规律。通过国防教育窗口，了解世界军事发展的动态、军事科学技术和武器装备发展的趋势，开阔自己的视野，有助于国防观念的更新。

三、如何学好军事课程

1. 充分认识大学生保家卫国的历史使命

《孙子兵法》开宗明义指出："兵者，国之大事，死生之地，存亡之道，不可不察也。"它强调国防对国家的重要性。而国家的国防强大，又离不开全体国民的支持。历史经验告诉我们"国无防不立，民无兵不安"，所以，必须加强全民的国防教育，增强国防观念。近代中国充满血和泪的屈辱史对中国人民来说是刻骨铭心的，是永远不会忘记的。一个国家要有强大的经济实力和国防能力才能自立于世界民族之林。虽然和平与发展是当今时代的主题，但我们面对的是一个很不安宁的世界，世界多极化的趋势在曲折中发展，国际形势错综复杂，霸权主义和强权政治仍然存在并且有新的表现，我国的安全仍面临着严峻的威胁和挑战。这些都要求我们必须通过广泛深入的国防教育，增强民众的忧患意识和国家安全意识，把维护国家主权和安全摆在更加突出的战略地位。大学生是祖国的未来，是未来先进生产力的开拓者，是先进文化的传承者，是广大人民利益的维护者，是中国特色社会主义事业的建设者和接班人，更是我国国防建设的生力军。因此更应该树立起牢固的国家安全意识、国家主权意识和国家利益意识。

2. 以提高自身综合素质为学习的着眼点

国防教育在高等学校的教育体系中，主要属于素质教育的范畴，不仅具有"增强全民国防观念，提高全民国防意识"的功能，而且有利于促进学生整体素质的提高，具有很强的综合育人功能。军事课程的综合性，可以使同学们培养以爱国主义为核心的高尚的思想道德素质，学会军事思维，培养创新能力；通过军训期间的"摸、爬、滚、打"强健体魄，增强体质，并树立起牢固的纪律观念和服从意识，培养团队协作精神。强健的体魄、纪律观念、服从意识及团队协作精神，是一个人走向事业成功的宝贵财富，是21世纪高素质人才所必须具备的重要素质。希望同学们珍惜这来之不易的学习锻炼机会。

3. 学会运用军事知识解决实际问题

军事科学是一门综合性很强的学科，广泛涉及社会、自然学科，充满了谋略和智慧，充满了辩证思维，对我们的日常工作都有普遍的指导意义。例如军事斗争最注重效益，要以最小的代价获取最大的胜利，同样，经济工作也讲效益。孙武提出的"知彼知己，百战不殆"的战略指导思想，已成为政治、外交斗争和企业竞争乃至日常较量的根本原则。战略和战役战术的关系，也要求人们必须正确处理全局和局部的关系。"战略"概念的运用，早已跨出军事的范围，而出现了政治战略、外交战略、经济发展战略、农业发展战略、城市发展战略，等等。体育比赛中重视对进攻和防御战术的研究和运用，现代企业借鉴军队管理思想组建团结、高效、纪律严明的工作团队。市场竞争中的"伐谋伐交""不战而屈人之兵"等都说明军事科学对其他领域具有广泛的借鉴意义。

军事理论篇

JUNSHI LILUN PIAN

▼

第一章 中国国防

对任何一个国家或民族而言，最重要的无非两件大事：一件是生存与安全问题，一件是发展与富强问题。国防是人类社会发展与安全需要的产物，是国家生存和发展的安全保障，关系到国家和民族的生死存亡和荣辱兴衰。建立巩固的国防是我国现代化建设的战略任务，是维护国家安全统一和全面构建社会主义和谐社会的重要保障。作为中华民族的一员，树立国防意识、增强国防观念是当代大学生义不容辞的责任。

第一节 国防概述

一、国防的含义和目的

（一）国防的含义

国防，即国家的防务。《中华人民共和国国防法》对国防的定义表述为：国防，是国家为防备和抵抗侵略，制止武装颠覆，保卫国家的主权、统一、领土完整和安全所进行的军事活动，以及与军事有关的政治、经济、外交、科技、教育等方面的活动。国防的行为主体是国家，其基本内容包括国防斗争和国防建设两个方面。

历史和实践证明，一个国家的生存和发展离不开国防，国防是国家的生存之基、发展之本。作为国家层面的防务，国防始终是为国家利益服务的。古往今来，尽管国家性质、制度、国力和政策等不同，国防表现出不同的特征，但一切国防的共同实质都是以捍卫和维护国家利益为核心来组织的。国家的兴衰、国家利益的得失与国防休戚相关，国防强弱直接影响着国家的安全、民族的尊严和社会的发展。

（二）国防的目的

1. 捍卫国家的主权

国家和主权不可分割，主权是国家存在的根本标志。如果一个国家的主权被剥夺，其他的一切，包括国家的独立、领土完整、传统的生活方式、基本的政治制度、社会准则和国家荣誉、尊严等，都无从谈起了。因此，捍卫国家主权，始终是国防最根本的目的和任务。

> 📖 **延伸阅读**
>
> **主权的含义**
>
> 　　主权是国家最主要、最基本的权利,是国家所固有的,并非由国际法赋予的权利。国际法中的国家主权原则只是对这一权利予以确认和保护。
>
> 　　国家主权作为国家的固有权利,表现为三个方面:对内的最高权、对外的独立权和防止侵略的自卫权。所谓对内最高权,是指国家行使最高统治权,本国一切中央和地方的行政、立法和司法机关都必须服从国家的管辖;还指国家的属人优越权和属地优越权。所谓对外独立权,是指按照国际法原则,国家在国际关系中享有独立权,即独立自主地、不受任何外力干涉地处理国内外一切事务,如国家有权按照自己的意志,根据本国的情况,自由选择自己的社会制度和国家形式,组织政府、制定法律,决定国家的对内对外政策等,也就是国家行使主权的自主性和排他性。所谓自卫权,是指国家为防止外来侵略和武力攻击而进行国防建设,在国家遭受外来侵略和武力攻击时,进行单独或集体的自我防卫的权利。

2. 保卫国家的统一

国家的统一是指国家由一个中央政府对领土内一切居民和事务行使完整的管辖权,不允许另立政府或分割国家的管辖权。从国际法的角度来说,保卫国家统一、反对分裂,历来是一个国家的内部事务,绝不允许外国干涉,这是一个原则性问题,不能有丝毫的含糊。因此,保卫国家的统一历来是国防的重要任务。

3. 保卫国家的领土完整

领土是指国家主权支配下的位于地球表面的特定部分以及其底土和上空。领土是国家存在和发展的自然物质前提,是构成国家的基本要素之一。国家主权与国家领土具有密切联系,领土既是国家行使其主权的空间,也是国家主权行使的对象,没有领土,主权就失去了存在空间和行使对象。国家的领土被侵占,主权必然要遭到侵犯。国防捍卫国家主权的独立,必然要保卫国家领土的完整。

4. 维护国家的安全

国家要正常地生存和发展,必须有一个安全的内外环境。一个国家如果没有和平、稳定的状态,不仅难以建设和发展,生存也会面临威胁。因此,维护国家的安全,也是国防的主要目的之一。一旦国家遭到外来侵略、颠覆和安全受到威胁,国防就必须履行自己的职能,抵御和挫败外来的侵略和颠覆,确保国家的和平、稳定状态;当国内敌对分子勾结外国敌对势力进行武装暴乱而危及国家安全时,国防力量就要采取措施,防止和平息这种内外勾结的暴乱,从而保卫国家安全。

二、国防的地位和作用

任何一个国家，从诞生之日起，首要的任务就是对内巩固政权，对外抵御侵略，保证国家的生存、安全与发展。国防的强弱与国家利益休戚相关，关系到国家安危、荣辱和兴衰。

（一）国防是国家安全的重要保障

为了保障国家安全，促进国家发展，各国都从本国实际出发，努力加强国防建设，同时在国民中普遍进行有关维护国家安全的国防教育，从物质和精神上加强军事斗争准备，强化国防实力，为国家的发展营造有利的条件和环境，保障国家安全。

（二）国防是国家独立自主的前提

"国无防不立，民无兵不安。"强大的国防，是确保国家安全、人民安居乐业的前提。有国无防，或国防不强，国家民族就要遭殃。旧中国沦为半殖民地半封建社会和新中国自立于世界民族之林的历史证明：国家和民族的独立，必须有强大的军队和巩固的国防。国家独立自主，民族兴旺，离不开具有强大战斗力的国防军和后备力量建设，离不开整个民族的尚武精神。在新的历史条件下，巩固的国防不仅是我们在异常激烈、错综复杂的国际环境中赢得战略主动权的重要条件，也是完成祖国统一大业、全面构建社会主义和谐社会的重要保障。

 **延伸阅读**

人类进步的道路上满是国家的残骸。

——【美】马克·塞拉西尼

在人类历史发展长河之中，因为不重视国防而战败亡国的例子屡见不鲜。曾经称霸四方的古罗马帝国，由于长期的和平环境，国家军备松懈，统治者苟且偷安，以致把当兵打仗这样事关国家命运的大事都交给外国雇佣兵，结果国家很快由强盛走向了分裂和衰亡。宋太祖赵匡胤"黄袍加身"后，深恐军事将领步自己的后尘，危及赵氏皇权，便上演了"杯酒释兵权"的闹剧，揭开了整个宋代重文抑武的序幕，致使两宋年间边患四起，"二帝蒙尘"，国无御敌之强兵，军无能征善战之良将，人民苦不堪言。1990年，科威特作为一个主权国家，面对战争灾难束手无策，竟然在短短六天之内就被伊拉克吞并，其教训就在于富而忘战，忽略战备。"天下虽安，忘战必危。"历史告诉我们，对国家安全问题的重视不应该是在危机来临的时候，而是在和平时期就要做好充分的准备。

（三）国防是国家繁荣发展的重要条件

一个国家只有有了巩固的国防，国家的其他建设事业才能顺利进行。否则这个国家的政权无法稳定，经济发展的目标难以实现，人民群众也无法安居乐业。因此，国家的生存、政权的稳固和经济发展利益的维护，以及国际地位、形象的巩固，都必须有一个能够捍卫国家根本利益的国防。

三、现代国防的基本特征

现代国防是对传统国防的继承和发展，是一种全新的国防理念和实践活动。其基本特征主要表现在以下几个方面。

（一）国家利益及其安全防务的整体性

伴随着经济的发展，特别是科技的进步，国家安全利益的内涵不断扩展。现代国防的职能正在由维护地缘明确的"硬疆界"，扩展到争取有利于己的"软环境"；由保卫本土不受侵犯，扩展为在全球或地区范围争取政治、经济和安全秩序的影响力与主导权；由打赢战争扩展到在战争和非战争状态下都能保证国家利益的实现。此外，现代国家安全必须依靠整体性防务。一个国家只有经济不断强大，科技不断发展，国防实力不断增强，精神防线不断巩固，才能真正实现长治久安。

（二）国防力量的综合性

较之以往"单纯武力战"的国防观和以武力为核心的"总动员"国防观，现代国防是综合国力的体现。现代国防力量是以综合国力为基础的综合国防力。有了雄厚的综合国力才有可能建设强大的国防力。国家的整体实力，是指国家的政治、经济、科技、军事、精神、外交、自然等综合力量的集合。同样，作为国家安全防卫能力的综合国防力，也是多种因素相互交织的复合力量。尽管军事力量依然是国防力量的主体，但现代国防力量的构成不再局限于单一的军事力量，而是由多种因素交织构成的一种复合力量。

（三）国防手段的多元性

由于对国家利益的威胁来自诸多方面，除了兵戎相见的"硬对抗"外，还有各种"软伤害"式的威胁，如意识形态、文明冲突、信息攻击等。因此安全防卫手段不是单纯的军事行为，而应注重多种手段相互配合。现代国防斗争，不仅可以使用军事手段在战场上进行武力对抗，也可通过政治对话、外交谈判、经济封锁、心理施压、军备控制等非战争手段在更广阔的空间进行激烈的较量；现代国防既依靠国家的国防实力，也依靠国家的国防潜力。在某一时期、某一方面，可以根据情况的不同突出选择使用某一种手段，以其他手段相配合，但决不固守一种方式。

（四）国防建设的系统协调性

现代国防建设是一个以科技为龙头，以经济为骨干，通过总体性的战略运筹，谋求综合国防效益的有机系统。现代国防斗争更重视质量优势而不是数量优势，更重视整个系统的威力而不只是某些单元的作用。因此，世界各国普遍着眼于从宏观规划上合理调整军队、准军事组织和后备役部队的比重，军队内部各军种、兵种的比重，以及如何在发展武器装备、改进编制体制、强化军事训练、完善战场建设等方面更有利于协调行动，发挥系统的整体效能。与此同时，整个国家要做到平战结合，寓军于民，在确保国家经济实力不断增长的基础上，加强军事力量，做到综合国力协调发展，结构合理。

（五）国防事业的社会性

随着国防内涵的扩展，全面增强防卫能力必然涉及各个领域和各条战线，因而与整个社会构成了密不可分的联系。依靠国家和社会的综合力量来建设国防，越来越受到各国重视。国防不只是"军防"，而是关系各个领域、各条战线和每个公民的事情，与整个社会密不可分。中国有句古训："天下兴亡，匹夫有责"，古代尚有"布衣曹刿论战败齐师，商人弦高假命退秦师"，今天我们更应牢记"保卫祖国、抵抗侵略是每个公民的神圣职责"，为国家的兴盛和国防的强大尽一己之力。

第二节　中国国防历史与启示

中国国防的历史极其悠久，源远流长。随着人类社会的不断演进和发展，中国社会先后经历了不同的发展阶段，其国防几经屈辱与荣耀、衰败与昌盛。它记录了中华民族的坎坷历程，其中既有沉痛的教训，也积累了成功的经验，充满着中华民族的勇敢和智慧，不但是中华儿女的精神财富，也是我们进行国防教育的生动教材。

一、中国古代国防

中国古代国防始于公元前 21 世纪夏王朝的建立，止于 1840 年的鸦片战争，历经 4 000 年左右，经历了 20 多个朝代的兴衰更迭，呈现出兴衰交替和曲折发展的历程。从整个历史来看，古代前期，即从春秋战国到秦汉和盛唐，国防日趋发展，不断强盛，以至于发展到鼎盛。夏王朝的建立，标志着中国最初的国防的产生。秦始皇统一全国后，国防才真正担负起巩固、发展统一政权和抗击外族入侵的双重任务。为巩固国防，秦王朝采取了一系列综合治理措施：设郡而治、筑路通邮、移民实边和实施军屯等。盛唐时期，非常重视国防建设，注重讲武，苦练精兵，改良兵器，执行"怀柔四方、华夷一体"的防务政策，使唐朝北部边疆出现了数十年无兵灾战祸的太平盛世。古代后期，即从中唐到两宋、晚清，国防事业的基本趋势是由弱到强，再从强盛走向衰落。具体到各个朝代，国防事业也大都由兴而盛，由盛及衰。其间固然不乏极盛之前的短暂衰落，衰败之后的一时复兴，但终其一朝，由盛及衰的基本趋势是没有改变的。

中国古代国防的内容十分丰富。一是建立了不同的军制。军制就是军事制度，包括武装力量体制、军事领导体制和兵役制度等。在武装力量体制上，随着各个历史时期的政治、经济、人口状况和军事需要而发展变化，曾经实行过民军制、征兵制、世兵制、府兵制和募兵制等各种兵役制度，但一般都分为中央军、地方军和边防军。中央军通常由御林军和其他较为精锐的部队组成，担任警卫京师和宫廷的任务；地方军担负该地区的卫戍任务，由地方军政长官统率；边防军是戍守边疆，并一般兼有屯田任务的军队。各朝代在军事领导体制方面的做法虽然不尽一致，但皇权至上，军队的调拨使用大权始终掌握在皇帝手中。二是进行了以传统防御工程体系为标志的边海防建设。城池是中国古代国防建设中时间最早和数量最多的工程。长城是城池建设的延续和发展，始建于春秋战国时期，后经各朝代多次修建连接，至明代形成了西起嘉峪关、东至山海关的万里长城。古代海防建设始于明朝，主要是防御倭寇的入侵。三是发展了军事技术。中国古代的军事技术走在世界的前列，并对世界军事乃至经济的发展产生过深远的影响。公元8世纪，唐朝发明了火药并用于军事，引起了军事上划时代的变化。四是加强了军事理论研究，并产生了许多不朽的军事著作，如《孙子兵法》《孙膑兵法》《吴子兵法》《司马法》《尉缭子》《六韬》《三略》《唐太宗·李卫公问对》等，对于指导战争和加强国防起到了重要作用。

二、中国近代国防

中国近代国防是一部充满着孱弱、衰败和屈辱的历史。1840年，英国凭借船坚炮利的优势，打破了清王朝紧锁的国门，开始对中国进行入侵。在西方列强的侵略面前，腐朽的统治者奉行消极防御的国防建设指导思想，居安思奢，卖国求荣，结果是偌大的国家却有国无防，大片国土被割让，人民惨遭蹂躏和屠杀。

1. 清朝后期的国防

自"康乾盛世"之后，清朝的政治日趋腐败，国防日渐虚弱。鸦片战争爆发后，西方列强大举入侵，从此清王朝一蹶不振，每况愈下，内乱外患交织，逐步沦为半殖民地半封建社会。

（1）清朝后期的军制。鸦片战争后，清朝开始实施"洋务新政"，成立了总理衙门。八国联军入侵中国后，清朝深感军备落后，企图通过改革军制以加强军事，遂改总理衙门为外务部，裁撤兵部，成立陆军部。在武装力量体制方面，清入关前，军队是八旗兵；入关后为弥补兵力的不足，将汉人编组成立了绿营。1851年以后，为镇压太平天国运动，清廷号召各地乡绅编练乡勇，湘军和淮军逐渐成为清军的主力。中日甲午战争之后，开始编练新军。在兵役制度方面，八旗兵实行的是兵民合一的民军制。甲午战争中，湘军和淮军大部溃散，清朝开始"仿用西法，编练新军"。新军采用招募的形式，在入伍的年龄、体格及文化程度方面均有较严格的要求。

 延伸阅读

清朝后期的五次对外战争

1840年，英国以清王朝禁烟为由对中国发动了鸦片战争。1842年，战败的清王朝被迫与英国签订了中国历史上第一个不平等条约——中英《南京条约》。中国的领土主权遭到破坏，开始走向半殖民地半封建社会。1856年至1860年，英国不满足于既得利益，纠合法国对中国发动了第二次鸦片战争。战败的清王朝被迫签订了中英、中法《天津条约》和《北京条约》，与趁火打劫的沙俄签订了《爱晖条约》。1884年至1885年，中国与入侵我国西南的法国开战，清军在黑旗军的配合下，痛击法军，取得了镇南关大捷。但腐败的清政府却趁胜求和，与法国签订了《中法新约》，把广西和云南两省的部分权益出卖给了法国。1894年，日本以清朝出兵朝鲜为由发动了甲午战争。清朝战败，被迫与日本签订了《马关条约》，台湾被割让，领土被进一步肢解，加深了中国半殖民地化和民族危机。1900年，英、美、德、法、俄、日、意、奥8国，以保护在华侨民"利益"为借口，组成联军，发动侵华战争。战败的清政府被迫与以上8国及比利时、荷兰、西班牙等11国签订了《辛丑条约》。这个条约表明清政府已完全成为帝国主义国家统治中国的工具，中国完全沦为半殖民地半封建社会。

（2）清朝后期的边海防建设。鸦片战争后，清廷朝政日益腐败，防务日渐废弛。海防要塞火炮年久失修，技术性能落后，炮弹威力甚小且不能及远。西方列强乘虚而入，以坚船利炮打开了中国封闭的国门。19世纪中叶以后，中国的领土香港、澳门、台湾和澎湖岛为英、葡、日侵占；东北黑龙江以北、外兴安岭以南，乌苏里江以东及西北今国界以外的广大地域为沙俄所占；帕米尔地区为俄、英瓜分。

从1840年鸦片战争到1911年辛亥革命这70多年间，清政府与外国列强签订了上百个不平等条约，割让领土近160万平方千米。当时中国1.8万多千米的海岸线上，竟找不到一个中国自己享有主权的港口。国家有海无防，有边不固，绝大部分中国领土成了西方列强的势力范围，中华民族美丽富饶的国土被西方列强撕得支离破碎。

2. 民国时期的国防

辛亥革命虽然推翻了清朝的统治，建立了"中华民国"，但并没有结束中国任人宰割的历史。西方列强为维护其在华利益，纷纷扶植各派军阀作为自己的代理人，加紧对中国的掠夺。各派军阀争权夺利，混战不已，中国依然是有国无防。各派军阀以西方列强为靠山，割据称雄，混战不休，出卖国家和民族利益。"二十一条"的签订和"巴黎和会"中国外交的失败，充分暴露出北洋政府的腐败无能，使中国面临被西方列强进一步瓜分的命运，从而激发了中华民族同仇敌忾、共御外侮的决心和勇气。

以"五四"运动为标志，中国反帝反封建的资产阶级民主革命发展到了新阶段。1921年7月1日，中国共产党成立，给灾难深重的中国人民带来了光明和希望，中国

革命开始进入了新的发展时期。1937年7月7日，日本发动"卢沟桥事变"，大举入侵中国。在中华民族生死存亡的紧要关头，中国共产党高举团结抗日的旗帜，与国民党再度实行合作，组成了广泛的抗日民族统一战线，正面作战与敌后游击战相结合，领导全国人民进行了8年艰苦卓绝的抗战，终于取得了中国近代历史上第一次抗击外敌侵略的完全胜利。抗日战争胜利后，全国人民迫切需要一个和平安全的建设环境，但国民党当局背信弃义，妄图消灭中国共产党及其领导的军队，悍然挑起内战。经过4年解放战争，中国共产党领导人民终于推翻了国民党的反动统治，从此结束了100多年来中华民族落后挨打的屈辱历史，掀开了中国国防的新篇章。

三、中国国防历史的启示

1. 经济发展是国防强大的基础

经济是国防的物质基础，国防的强大有赖于经济的发展。早在春秋时期，齐国的政治家管仲就提出"富国强兵"的思想。他认为："粟多则国富，国富者兵强，兵强者战胜，战胜者地广。""甲兵之本，必先于田宅。"秦以后的汉唐明清各代，前期也都注意劝课农桑，发展生产，从而奠定了国防强大的基础，造就了国防史上的伟业。与此相反，以上各朝代的衰败，也都毫无例外地是由于经济的破产，动摇了国家的基础，削弱了国防，造成了内忧外患纷至。

2. 政治昌明是国防巩固的根本

政治与国防紧密相关，国家的政治是否开明，制度是否进步，直接关系到国防能否巩固。只有政治昌明，才能有巩固的国防。我国古代历代王朝，凡是兴盛时期，都十分注意修明政治，实行比较开明的治国安邦之策。秦原为西部小国，自商鞅变法以后，修政治、明法度、发展生产，国力日渐强大，为吞并六国奠定了雄厚的物质基础。唐代之初，正是由于制定并实施了一系列行之有效的政治制度，使国家很快从隋末的战争废墟中恢复过来，形成了国力昌盛空前统一的大唐帝国。与此相反，凡是衰落的朝代或时期，无一不是政治腐败，国防虚弱。唐朝中期以后，两宋以至于清末都是如此。

3. 国家的统一和民族的团结是国防强大的关键

纵观中国数千年的国防历史，不难发现，凡是国家统一、民族团结的时期，国防就强大；凡是国家分裂、民族矛盾尖锐的时期，国防就虚弱。清朝末年，在西方列强的大举入侵面前，腐朽的清政权不仅不敢发动反侵略战争，不依靠、不支持人民群众进行战争，反而认为"患不在外而在内"，对人民群众自发组织的反侵略斗争进残酷镇压，结果是屡战屡败，割地赔款，主权沦丧。抗日战争时期，在中国共产党的倡导和组织下，建立了广泛的抗日民族统一战线。在敌强我弱的条件下，中国共产党坚持人民战争的战略战术，充分动员和组织人民，团结一切抗日力量，共同抗击侵略，最终取得了抗日战争的全面胜利。这些历史的经验教训和启示，我们都要永远汲取。

第三节　国防法规

国防法规是调整国防和武装力量建设领域各种社会关系法律规范的总和，是国家法律体系的重要组成部分，是加强国防和武装力量建设的基本依据。在国家强化依法治国和社会主义市场经济体制不断完善的新形势下，国防法规对于保障国防和军队建设的顺利进行、做好军事斗争准备具有十分重要的意义。

一、国防法规的特性

国防法规是国家法律的组成部分，是由国家制定或认可的，并由国家强制力保证其实施的行为规范，具有法律的一般特性，即鲜明的阶级性、高度的权威性、严格的强制性、普遍的适用性和相对的稳定性。同时，国防法规还具有区别于其他法规的特殊性，主要表现在以下三个方面。

1. 调整对象的军事性

法律是调整社会关系的行为规范，不同的法律规范用来调整不同领域的社会关系，国防法规所调整的是国防和武装力量建设领域的各种社会关系，包括军队内部的社会关系、武装力量内部的社会关系、武装力量与外部的社会关系。这些带有军事性的社会关系是国防法规特有的调整对象，是其他任何法律规范所不能代替的，这是国防法规特性的一个基本表现。

2. 司法适用的优先性

国防法规优先适用，是指在解决与国防利益、军事利益有关的法律问题时，如果国防法规和普通法都有相关的规定，要以国防法规的规定作为评判是非的标准和采取行动的准则。优先适用不是指先后顺序，而是一种排他性的单项选择。在涉及国防利益、军事利益的案件中，只适用国防法规，不适用普通法。国防法规属于特别法。"特别法优先于普通法"是国际公认的法律适用原则。

3. 处罚措施的严厉性

国防法规所保护的国防利益，是关系国家兴衰存亡的最根本的国家利益，因而对危害国防利益的犯罪实行比较严厉的处罚。

同一类型的犯罪，危害国防利益的从重处罚。如《刑法》规定，抢劫罪通常处三年以上十年以下有期徒刑；而冒充军警人员抢劫的，抢劫军用物资的，处十年以上有期徒刑、无期徒刑或者死刑。

战时从重处罚。所谓战时，是指国家宣布进入战争状态、部队受领作战任务或者遭敌袭击时；部队执行戒严任务或者处置突发性暴力事件也以战时论。《兵役法》《刑法》的许多条款都申明战时从重处罚。如《兵役法》规定，平时应征公民拒绝、逃避征集拒不改正的，在两年内不得被录取为国家公务员、国有企业职工，不得出国或者升学，还可同时处以罚款；而战时要依法追究刑事责任。

对军人违反职责的犯罪从重处罚。《刑法》规定的军人违反职责罪有30项罪名，其中12项罪名最高刑罚为死刑。对军人犯罪给予较重的处罚，是由军事斗争的特殊性决定的，是保障完成军事任务的需要。

二、国防法规体系

我国的国防法规，按立法权限区分为四个层次：第一个层次是法律，是由全国人民代表大会及其常务委员会制定的。第二个层次是法规，是由国务院和中央军委制定的。由中央军委制定的为军事法规，由国务院制定或国务院与中央军委联合制定的为军事行政法规。第三个层次是规章，由军委各总部、各军兵种、各军区制定的为军事规章；由国务院有关部委与军委有关总部联合制定的为军事行政规章。第四个层次是地方性法规，是由省、自治区、直辖市人民代表大会及其常务委员会制定的贯彻执行国家国防法规的实施办法、实施细则和补充规定等。

我国的国防法规按调整领域可以划分为十六个门类：国防基本法类，国防组织法类，兵役法类，军事管理法类，军事刑法类，军事诉讼法类，国防经济法类，国防科技工业法类，国防动员法类，国防教育法类，军人权益保护法类，军事设施保护法类，特区驻军法类，紧急状态法类，战争法类，对外军事关系法类。不同门类的国防法规调整和规范国防和军事活动的领域不同。

三、公民的国防义务和权利

（一）公民的国防义务

1. 兵役义务

兵役义务是公民在参加国家武装力量和以其他形式接受军事训练方面应当履行的责任。《兵役法》第三条规定："中华人民共和国公民，不分民族、种族、职业、家庭出身、宗教信仰和教育程度，都有义务依照本法的规定服兵役。"公民履行兵役义务的主要形式有三种。

第一，服现役。现役是公民在军队中所服的兵役。参加中国人民解放军和武装警察部队都是服现役。按照《兵役法》的规定，每年12月31日以前，年满18岁的男性公民，应当被征集服现役。当年未被征集的，在22岁以前，仍可以被征集服现役。根据军队需要，也可以征集18～22岁的女性公民服现役。同时，《兵役法》还规定，不得征集正在受到侦查、起诉、审判或者被判刑的应征公民。《兵役法》对有关违法行为也作出了惩处的规定，如有服兵役义务的公民如果拒绝、逃避征集的，政府可以作出在两年内不得被录取为国家公务员、国有企业职工，不得出国或者升学的处罚。

除了征集新兵,军队平时还采取其他一些方式从适龄公民中选拔人员。如军事院校从青年学生中招收学员,部分普通高等学校招收国防生,军队招收高等学校毕业生入伍,军队从非军事部门具有专业技能的公民中招收志愿兵。符合服兵役条件的公民,可以通过以上途径参加人民解放军或武警部队服现役。

战时,预备役人员应随时准备应召服现役,在接到通知后,必须准时到指定的地点报到。遇有特殊情况,国务院和中央军事委员会可以决定征召36～45岁的男性公民服现役。应征公民拒绝、逃避征集构成犯罪的,依法追究刑事责任。

第二,服预备役。预备役是公民在军队以外所服的兵役,是国家储备后备兵员的形式。根据《兵役法》规定,预备役分为军官预备役和士兵预备役,并分别区分为第一类预备役和第二类预备役。公民服士兵预备役的年龄为18～35岁。

公民服预备役主要在三个方面。一是登记服预备役。每年9月30日之前,兵役机关要对到年底满18岁的男性公民进行兵役登记。二是参加民兵组织。民兵分为基干民兵和普通民兵。28岁以下的退出现役的士兵和经过军事训练的人员,以及选定参加军事训练的人员,编为基干民兵;其余18～35岁的男性公民,编为普通民兵。三是编入预备役部队。预备役部队是以现役军人为骨干,以预备役军人为基础,按照军队的编制体制建立起来的军事组织,是战时成建制快速动员的重要形式。公民编入预备役部队担任预备役军官或士兵,都是服第一类预备役。

第三,参加学生军事训练。《兵役法》规定:"高等院校的学生在就学期间,必须接受基本军事训练。""高级中学和相当于高级中学的学校,配备军事教员,对学生实施军事训练。"这些规定表明,接受军事训练是学生必须履行的兵役义务。学生军事训练依据国家教育部和解放军总参谋部、总政治部联合制定的《普通高等学校军事课教学大纲》《高级中学和相当于高级中学军事训练大纲》组织实施。高等学校军事课含军事理论教学和军事技能训练,其中军事理论教学时数为36学时,军事技能训练时间为2～3周,实际训练时间不少于14天。各项教学和训练都规定有明确的内容和教学目标,必须严格执行。高等院校将军事训练作为必修课纳入教学计划,将学生军事训练考核成绩载入本人档案,考核不合格的,按高等院校学籍管理办法和有关规定处理。

2. 接受国防教育的义务

国防教育是建设和巩固国防的基础,是增强民族凝聚力、提高全民素质的重要途径。国家通过立法把国防教育作为公民的法律义务规定下来。

我国的《宪法》《国防法》《教育法》《全民所有制工业企业法》等,都有明确的国防教育内容。2001年4月28日第九届全国人民代表大会常务委员会第二十一次会议通过的《中华人民共和国国防教育法》,对国防教育的地位、目的、方针、原则,国防教育领导、保障,学校的国防教育,社会的国防教育和法律责任等作出了具体规定。2001年8月31日第九届全国人民代表大会常务委员会第二十三次会议通过《关于设立全民国防教育日的决定》,确定每年9月第3个星期六为全民国防教育日。依照法律规定,全体公民都是国防教育的对象,都有接受国防教育的权利和义务。

国防教育的内容主要包括国防理论教育、国防精神教育、国防知识教育和国防技能教育,以及战备形势教育、国防任务教育、敌情等特定教育。这些教育相互联系、相互渗透、相互促进,其核心都是爱国主义精神教育。

3. 保护国防设施的义务

国防设施是指国家直接用于国防目的的建筑、场地和设备,包括军事设施、人民防空设施、国防交通设施和其他用于国防目的的设施。国防设施是国防建设的成果,是国防活动的依托,是抵抗侵略、保卫祖国的物质条件,在巩固国防、维护国家安全利益方面具有重要作用。国家必须采取一切必要措施保护国防设施。

公民在从事经济、文化和其他社会活动时,应当遵守法律的规定,自觉保护国防设施。公民对于破坏、危害国防设施的行为,应当检举、控告或制止。破坏、危害国防设施的,要承担相应的法律责任。

4. 保守国防秘密的义务

国防秘密是指关系国家安全利益,在一定时间内只限一定范围人员知悉的军事或与军事有关的政治、经济、外交、科技、教育等方面的事项。国防秘密的主要表现形式是国防秘密信息和国防秘密载体。保守国防秘密事关国家的安危。公民应当遵守《中华人民共和国保守国家秘密法》以及有关的保密规定,严格保守国防方面的国家秘密。发现国防方面的国家秘密已经泄露或者可能泄露时,应立即采取补救措施并及时报告。

5. 支持国防建设、协助军事活动的义务

我国的国防是全民国防,公民应当积极参与和支持国防建设。支持国防建设的形式是多种多样的,公民所做的一切有利于国防建设的事都是支持国防建设。军事活动是国防活动的核心内容。公民和组织应当根据自己的能力和条件,自觉地提供便利和协助。

(二) 公民的国防权利

公民不仅有履行保卫国防的义务,同时还在履行义务中享有国防权利。根据我国国防法规的相关规定,我国公民主要享有以下国防权利。

1. 提出建议权

公民依法对国防建设的指导思想、方针、原则、规章制度、实施方法等提出建议,是公民依照《宪法》享有的对国家事务建议权在国防建设方面的体现。

2. 制止和检举权

制止危害国防利益的行为,是指公民依法采取一定的方式方法使危害国防的行为停止下来,从而维护国防利益。对于危害祖国安全的行为,公民有权采取一切合法手段制止其发生、发展。

检举危害国防利益的行为,是指危害国防的行为发生后,公民对违法行为进行揭发。《国防法》规定公民享有制止和检举权,这对及时发现和有效地制止、打击侵害国防利益的违法犯罪行为,维护国防利益,加强国防建设有着重要作用。

3. 获得补偿权

《国防法》规定公民享有获得补偿权。国家进行国防建设,武装力量开展军事活动,在某些情况下可能对公民的合法权益产生一定的影响甚至造成经济损失,公民可以按国家有关规定请求政府或军事机关予以补偿。

在战时和其他紧急状态下，有些补偿措施是在事后落实的，不应把预先得到补偿作为接受征用的条件。同时"补偿"不同于"赔偿"。补偿是由国家机关工作人员或军事人员的合法行为引起的，是国家对公民因国防活动受到损失所采取的补救措施，仅限于直接经济损失，不包括间接经济损失和精神损失，因此，必须实事求是地进行申请和核实。

第四节　国防建设

国防建设是国家为国家安全利益需要、提高国防能力而进行的各方面的建设，它是国家建设的重要组成部分，包括精神和物质建设两个方面。国防建设主要包括：武装力量建设，边防、海防、空防及战场建设，国防科技与国防工业建设，国防法制建设，国防动员建设，国防教育，以及与国防相关的交通、通信、能源、航天建设等。国防建设的重点是武装力量建设。

一、国防领导体制

国防领导体制，是国家谋划、决策、指挥、协调国防建设和军事斗争的组织体系及相应制度，包括国防领导机构的设置、职权划分和相互关系等，是国家体制和军事组织体制的重要组成部分。国防领导体制对发挥综合国力、实现国防目的具有至关重要的作用。

（一）国防领导的特征及组织形式

我们党和国家对国防的领导，核心是制定国防政策和战略方针，对武装力量和国防建设事业实施全面的领导和管理。国防建设事业的领导和管理，涉及国家整体力量的正确运用和作用的发挥，直接关系到国家安全与发展。所以，党和国家对国防的领导是党和国家的重要职能，是国家政权机构行使最高国家权力的一种表现。正是由于国家对国防领导的这种职能，决定了国防领导在组织上具有最高层次性、在意志上具有最高权威性、在内容上具有极大的广泛性、在活动方式上具有严密性等特点。

党和国家对国防的领导，是通过一定的组织机构来实现的。我国最高国防领导的组织形式，体现了国体、政体和传统的一致性。它的一个基本特征就是党在国防领导中的决定性地位和作用。革命战争年代，军事最高领导是党中央的军事委员会，党中央主席兼任军委主席，实行一元化领导。新中国成立以来，中国共产党成为执政党，是国家和社会主义建设事业的领导核心。我国的最高国防领导，也在实践中不断发展完善。其组织形式经历了多次变革，但根本的一条没有变，即中国共产党的核心领导。1982 年 12

月4日，中华人民共和国第五届全国人民代表大会第五次会议通过的《中华人民共和国宪法》规定，中华人民共和国中央军事委员会领导全国武装力量。同时规定，国家中央军委和中共中央军委同设一个机构，组成人员和对军队的领导职能完全一致。这样，既坚持和改善了党的领导，又进一步明确了军事系统在国家机构中的地位，确立了由党和国家共同行使领导职责的最高国防领导体制。

我国最高国防领导体制的组织形式，既体现了党对武装力量和国防建设事业的领导，又有利于国家机构领导全国武装力量、领导和管理国防建设职能的发挥，这对于国家加强武装力量的革命化、现代化、正规化建设，增强国防力量，实现国防现代化的宏伟目标，是强有力的组织保证。

（二）中华人民共和国国防领导职权

根据《宪法》和《国防法》，中华人民共和国的国防领导职权由以下机构行使。

1. 中共中央的国防领导职权

中国共产党作为执政党，是领导中国社会主义事业的核心力量。中共中央在国家生活包括国防事务中发挥决定性的领导作用。有关国防、战争和军队建设的重大问题，都是由中共中央、中央军委、中央政治局及其常务委员会作出决策，并通过必要的法定程序作为党和国家的统一决策贯彻执行。

2. 全国人民代表大会及常务委员会的国防领导职权

中华人民共和国全国人民代表大会是最高国家权力机关。它在国防方面的职权主要有：全国人民代表大会选举国家中央军委主席，根据中央军委主席的提名，决定中央军委其他组成人员的人选；决定战争和和平的问题，并行使宪法规定的国防方面的其他职权。全国人大常委会在全国人民代表大会闭会期间决定战争状态的宣布，决定全国总动员或者局部动员，并行使宪法规定的国防方面的其他职权。

3. 国家主席的国防领导职权

中华人民共和国主席的国防领导职权主要有：根据全国人民代表大会的决定和全国人民代表大会常务委员会的决定，宣布战争状态；根据全国人民代表大会的决定和全国人民代表大会常务委员会的决定，发布动员令；公布全国人民代表大会及其常务委员会制定的有关国防方面的法律；根据全国人民代表大会常务委员会的决定，授予在国防方面作出突出贡献的单位和个人国家的勋章和荣誉称号；根据全国人民代表大会常务委员会的决定，批准和废除同外国缔结的有关国防方面的条约和重要协定。

4. 国务院的国防领导职权

中华人民共和国国务院是最高国家权力机关的执行机关，是最高国家行政机关。它的国防领导职权包括：编制国防建设发展规划和计划；制定国防建设方面的方针、政策和行政法规；领导和管理国防科研生产；管理国防经费和国防资产；领导和管理国民经济动员工作和人民武装动员、人民防空、国防交通等方面的有关工作；领导和管理拥军优属工作和退出现役军人的安置工作；领导国防教育工作；与中央军事委员会共同领导中国人民武装警察部队、民兵的建设和征兵、预备役工作以及边防、海防、空防的管理工作；法律规定的与国防建设事业有关的其他职权。

5. 中央军事委员会的国防领导职权

中华人民共和国中央军事委员会是最高国家军事机关，与中共中央军事委员会是同一机构，负责领导全国武装力量。其职权主要包括：统一指挥全国武装力量；决定军事战略和武装力量的作战方针；领导和管理中国人民解放军的建设，制定规划、计划并组织实施；向全国人民代表大会或者全国人民代表大会常务委员会提出议案，制定军事法规，发布决定和命令；决定中国人民解放军的体制和编制，规定总部以及军区、军兵种和其他军级单位的任务和职责；任免、培训、考核和奖惩武装力量成员；批准武装力量的武器装备体制和武器装备发展规划、计划，协同国务院领导和管理国防科研生产；会同国务院管理国防经费和国防资产；法律规定的其他职权。

中央军委实行主席负责制，中央军委主席实际即为全国武装力量的统帅。中央军委组成人员为：中央军委主席，副主席若干人，委员若干人。中央军委下设总参谋部、总政治部、总后勤部、总装备部。总部既是中央军委的工作机关，又是全军军事、政治、后勤、装备工作的领导机关。

二、新中国国防建设的主要成就

旧中国有国无防，国门洞开，受尽了帝国主义列强的侵略欺凌，中国人民为此付出了惨重的代价，经历了一百多年丧权辱国的屈辱历史。新中国诞生后，经过六十多年的努力，国防建设取得了举世瞩目的巨大成就。

（一）中国人民解放军的现代化、正规化和革命化建设取得突破性的进展

新中国成立后，人民解放军不断向现代化、正规化和革命化迈进。特别是改革开放以来，我国国防实力得到进一步加强，国防现代化建设，尤其是军队建设，有了突破性进展，取得了一系列重大成就。在发展武器装备方面，人民解放军根据信息化条件下局部战争的需要，努力发展高技术"杀手锏"；在改革调整体制编制方面，人民解放军进一步压缩了军队规模，优化诸军兵种比例结构，完善体制，使军队体制编制更加适应现代联合作战的需要；在改革教育训练方面，为培养掌握现代科技知识和战争知识、精通现代军事科学理论的高层次指挥人才，创新了一系列加强军事人才培养的机制，部队加强了着眼实战需求的演习和训练。走进21世纪的人民解放军将继续优化体制编制，更新教育训练内容和手段，改善武器装备，加强军队的质量建设，提高诸军兵种的合成化水平，向精兵、合成、高效的方向发展。

（二）形成了门类齐全、综合配套的国防科技工业体系

国防科技是衡量一个国家综合国力的重要标志之一，也是国防现代化建设的重要方面。新中国成立以来，我国的国防科技工业从无到有，从小到大，从落后到先进，建立起了包括电子、船舶、兵器、航空、航天和核能等门类齐全、综合配套的科研实验生产

体系，为我军现代化建设和切实增强我国的综合国力作出了重要贡献。在军事电子方面，逐步发展成为具有相当规模、门类齐全的新兴工业部门，特别是在指挥自动化、情报侦察、预警探测、电子对抗和通信等方面，为我军提供了各种新式装备和产品，进一步增强了部队侦察、通信指挥和作战能力；在船舶工业方面，先后自行研制建造了核动力潜艇、常规潜艇、导弹驱逐舰、导弹护卫舰（艇）、导弹快艇等，以及各种辅助船舶和新型鱼雷、水雷、反水雷等新装备；在兵器工业方面，研制生产了一大批具有先进性能的装甲车辆、火炮、弹药、轻武器、军用光电器材和综合火控、指挥系统等新型武器装备，为我军现代化作出了重要贡献；在航空工业方面，已能够生产先进的歼击机、歼击轰炸机、轰炸机、直升机、运输机、教练机等，基本满足了海空军作战和飞行训练的需要；在航天科技工业方面，已拥有地地、地空、海空和空空导弹武器系统，运载火箭、各种应用卫星的研制和实验能力以及各种应用卫星的发射能力，载人航天技术取得长足发展，实现了"嫦娥"探月，在世界高技术领域占有自己的一席之地；在核工业方面，我国不仅可以生产制造原子弹、氢弹，还掌握了核潜艇技术，形成了我国的"三位一体"的核威慑力量。

（三）国防后备力量建设取得了长足的发展

党和国家十分重视国防后备力量建设。特别是党的十一届三中全会以来，党中央、国务院、中央军委明确提出了"精干的常备军和强大的后备力量相结合，是建设现代化国防的必由之路"基本指导方针，使我国国防后备力量建设进入新阶段。一是实现了指导思想的战略性转变，走上了相对和平时期稳步发展的轨道。当前，更加明确地提出民兵工作要以更好地适应新时期军事战略方针和适应发展社会主义市场经济的新形势为指针。二是确立并实行了民兵与预备役相结合的制度，初步形成了具有中国特色的国防后备力量体系，并下大力重点抓了基干民兵队伍建设和预备役部队建设，加强了训练，改进了武器装备，使我国后备兵员的整体素质较之过去有了明显的提高。三是注重宏观指导，合理布局，边海防、大中城市和重点地区的民兵工作得到加强。四是民兵、预备役部队在参战支前、保卫边疆、发展生产、扶贫帮困、抢险救灾、维护社会治安等方面发挥了重要作用，为国家的改革、发展和稳定作出了巨大的贡献。五是健全了国防动员机构。为了保证国家在一旦发生战争的情况下，能很快由平时状态转入战时状态，调动足够的人力、财力、物力应付战争，我国于1994年成立了国防动员委员会，下设人民武装动员、国民经济动员、人民防空动员、交通战备等办公室，负责指导、协调全国的后备力量建设和国防动员工作。军队从总参谋部到各军区、集团军、师、团均设有动员机构或动员军官。六是加强了国防教育，恢复并加强了对大学、高中（含相当于高中）在校学生的军训工作，使国防教育逐步纳入整个国民教育体系之中，走上了法制化、规范化的轨道。

中华人民共和国成立后，我国国防建设取得了举世瞩目的成就。今天的中国之所以巍然屹立在世界的东方，并享有很高的声誉，主要是我国在政治上独立、经济上发展和国防上不断强大。

三、国防政策

中国奉行防御性的国防政策。我国把捍卫国家主权、安全、领土完整，保障国家发展利益和保护人民利益放在高于一切的位置，努力建设与国家安全和发展利益相适应的巩固国防和强大军队，在全面建设小康社会进程中实现富国和强军的统一。新世纪新阶段中国国防政策的基本内容如下。

（一）维护国家安全统一，保障国家发展利益

我国国防的基本目标是：维护国家安全统一，保障国家发展利益，建立符合中国国情和适应世界军事发展趋势的现代化国防。坚持科学统筹发展与安全，防范和遏制"台独"分裂势力及其活动。运用多元化手段应对传统和非传统安全威胁，防范和打击一切形式的恐怖主义、分裂主义和极端主义，谋求国家政治、经济、军事和社会的综合安全。人民解放军坚决履行新世纪新阶段的历史使命，不断提高应对各种安全威胁、完成多样化军事任务的能力，确保能够在各种复杂形势下有效应对危机、维护和平、遏制战争、打赢战争。

（二）推进国防和军队建设全面协调可持续发展

贯彻落实科学发展观，实现国防建设与经济建设协调发展。在相对稳定的和平时期，经济建设是国家的中心任务，国防建设服从和服务于国家经济建设大局；国家在集中精力进行经济建设的同时，高度重视国防建设，使国防和军队现代化进程与国家现代化进程相一致。坚持平战结合、军民结合、寓军于民的方针，在经济基础设施建设中兼顾平时和战时的需要，积极开发军民两用技术和产品，实行军地设施共用、人才通用，以一项投入同时获得经济效益、社会效益和国防效益，形成国防建设和经济建设协调发展的机制，使国防建设融入经济社会发展体系之中，在发展经济的同时增强国防实力。深化体制编制和政策制度调整改革，注重解决体制机制上制约军队发展的深层次矛盾和问题，着力推进军事组织体制创新和军事管理创新，提高军队现代化建设的效益。坚持依法从严治军，完善军队的法规制度，保障部队官兵的合法权益，加强部队的严格管理。弘扬革命英雄主义，大力培育战斗精神，继承和发扬优良传统，保持我军的政治本色。

（三）加强以信息化为主要标志的军队质量建设

适应世界新军事变革的发展趋势，大力加强以信息化为主要标志的军队质量建设。坚持以机械化为基础，以信息化为主导，推进信息化机械化复合发展，实现军队火力、突击力、机动能力、防护能力和信息能力整体提高。实施科技强军战略，依靠科技进步加快战斗力生成模式的转变。提高国防科研能力，力争在一些基础性、前沿性、战略性技术领域取得重大突破，加速高新技术武器装备发展，改造现役武器装备，形成系统配

套的武器装备体系。加紧构建适应信息化战争需要的联合作战指挥体制、训练体制和保障体制，加强诸军兵种的综合集成建设，优化军队结构，发展信息化条件下的作战理论。实施人才战略工程，培养大批适应军队信息化建设、胜任信息化条件下作战任务的高素质新型军事人才。提高训练的科技含量，创新训练内容、方式和手段，推动军事训练向更高层次发展。

（四）贯彻积极防御的军事战略方针

我国在战略上实行防御、自卫和后发制人的原则，贯彻积极防御的军事战略方针。和平时期，采取积极的措施遏制危机、遏制战争，灵活运用政治、经济、军事、外交等手段，改善国家的战略环境，减少不安全、不稳定因素，尽量使国家建设免遭战争的冲击；战争爆发之后，实行战略上的防御、战役战斗上的进攻，以积极的攻势作战行动来达成战略防御的目的。陆军逐步由区域防卫型向全域机动型转变，提高空地一体、远程机动、快速突击和特种作战能力；海军逐步增大近海防御的战略纵深，提高海上综合作战能力和核反击能力；空军加快由国土防空型向攻防兼备型转变，提高空中打击、防空反导、预警侦察和战略投送能力；火箭军逐步完善核常兼备的力量体系，提高信息化条件下的战略威慑力和常规打击能力。

（五）坚持自卫防御的核战略

我国的核战略贯彻国家的核政策和军事战略，根本目标是遏制他国对我国使用或威胁使用核武器。我国始终奉行在任何时候、任何情况下都不首先使用核武器的政策，无条件地承诺不对无核武器国家和无核武器区使用或威胁使用核武器，主张全面禁止和彻底销毁核武器。我国的核力量由中央军事委员会直接指挥，坚持自卫反击和有限发展的原则，建设一支精干有效的核力量，增强核武器的安全性、可靠性，保持核力量的战略威慑作用。我国对发展核武器采取极为克制的态度，过去没有、将来也不会与任何国家进行核军备竞赛。

（六）营造有利于国家和平发展的安全环境

按照和平共处五项原则开展对外军事交往，发展不结盟、不对抗、不针对第三方的军事合作关系。参与国际安全合作，加强与主要大国和周边国家的战略协作和磋商，开展双边或多边联合军事演习，推动建立公平、有效的集体安全机制和军事互信机制，共同防止冲突和战争。支持按照公正、合理、全面、均衡的原则，实现有效裁军和军备控制，反对核扩散，推进国际核裁军进程。遵守联合国宪章的宗旨和原则，履行国际义务，参加联合国维和行动、国际反恐合作和救灾行动，为维护世界和地区的和平稳定发挥积极作用。

四、武装力量建设

武装力量建设是指为建立和加强国家武装力量所采取的一系列举措,它以军队建设为主体,是国防建设的重要组成部分。

(一) 武装力量的构成

《中华人民共和国国防法》规定:"中华人民共和国的武装力量,由中国人民解放军现役部队和预备役部队、中国人民武装警察部队和民兵组成。"武装力量在国家安全和发展战略全局中具有重要地位和作用,肩负着维护国家主权、安全、发展利益的光荣使命和神圣职责。

1. 中国人民解放军现役部队和预备役部队

中国人民解放军是中国武装力量的主体力量。它诞生于1927年8月1日,历经了红军、八路军和新四军、人民解放军等发展阶段。它从小到大,由弱到强,在解放中国人民的长期武装斗争中,先后打败了国内外一切反动军队、反动势力和日本侵略者,为新中国的诞生立下了不朽功勋。新中国成立后,又在抗美援朝和历次边境反击战争中捍卫了国家主权和尊严,成为保卫祖国和社会主义建设事业的坚强柱石。它由现役部队和预备役部队组成。

现役部队,是国家的常备军。它由陆军、海军、空军、火箭军和战略支援部队等组成。

预备役部队,是具有一定战斗力的准正规部队。它以现役军人为骨干,以预备役军官、士兵为基础,按统一编制编成,能在战时迅速转为现役的部队。它是中国人民解放军的重要组成部分,是战时首批动员的后备力量。

预备役部队组建于1983年,列入人民解放军建制序列,实行统一编制,授有番号、军旗,执行人民解放军的条令、条例。

中国人民解放军的性质:是中国共产党缔造和领导的,用马克思列宁主义、毛泽东思想、邓小平理论武装起来的人民军队;是中华人民共和国的武装力量,人民民主专政的坚强柱石。概括起来就是"党的军队,人民的军队,社会主义国家的军队。"

中国人民解放军的宗旨:紧紧地和人民站在一起,全心全意为人民服务。

中国人民解放军的使命:巩固国防,抵抗侵略,保卫祖国,保卫人民的和平劳动,参加国家建设。

2. 中国人民武装警察部队

中国人民武装警察部队成立于1982年6月19日,是中华人民共和国武装力量的重要组成部分,是保卫社会主义现代化建设的重要力量。

《中华人民共和国国防法》规定,中国人民武装警察部队担负国家赋予的安全保卫任务,维护社会秩序。它是人民民主专政的重要工具之一。中国人民武装警察部队根据人民解放军的建军思想、宗旨和原则,按照人民解放军的条令、条例和有关规章制度,结合武警部队特点进行建设。

中国人民武装警察部队属于国务院编制序列，由国务院、中央军委双重领导，实行统一领导管理与分级指挥相结合的体制。中国人民武装警察部队总部，下属武警指挥部、武警总队、武警机动师和武警院校；各省、自治区、直辖市设武警总队，各总队下属武警支队、初级指挥学校。

中国人民武装警察部队平时主要担负执勤、处置突发事件、反恐怖、参加和支援国家经济建设等任务；战时配合人民解放军进行防卫作战。武警部队依托国家信息基础设施，建立完善从总部至基层中队的三级综合信息网络系统，发展部队进行任务急需的武器装备，开展针对性训练，提高执勤、处置突发事件、反恐怖能力。

中国人民武装警察部队分为内卫部队，边防、消防和警卫部队，黄金、水电、交通和森林部队等。

内卫部队，是武警部队的主要组成部分，受武警总部的直接领导指挥。内卫部队的使命：一是承担固定目标执勤和城市武装巡逻任务，保障国家重要目标的安全；二是反恐怖处置各种突发事件，保卫国家安全与社会稳定；三是支援国家经济建设和执行抢险救灾任务。

边防、消防和警卫部队，是列入武警序列由公安部门领导指挥的部队。边防部队的使命是边境检查、管理和部分地段的边界巡逻以及海上缉私；消防部队的使命是防火灭火；警卫部队的使命是保卫党和国家领导人、省市主要领导及重要来访外宾的安全。

黄金、水电、交通和森林部队，是列入武警序列受国务院有关业务部门和武警双重领导指挥的部队。黄金部队的使命是黄金地质勘察与生产；水电部队的使命是承担国家能源重点建设项目，包括大中型水利、水电工程以及其他工程建设；交通部队的使命是承担国家交通重点建设项目，包括公路、港口及城建等；森林部队的使命是森林防火灭火以及维护林区治安、保护森林资源等。

中国人民武装警察部队的武器装备轻便、精良。装备以步兵轻武器为主，兼有少量重型武器和特种武器。

3. 中国民兵

民兵，是不脱离生产的群众武装组织，是中华人民共和国武装力量的组成部分，是中国人民解放军的后备力量。民兵初建于第一次国内革命战争时期。革命战争年代，民兵为民族的解放、打败日本侵略者和新中国的建立作出了巨大的贡献。正如毛泽东所说："兵民是胜利之本"。新中国成立后，民兵成为国家武装力量的组成部分，在建设祖国、保卫祖国中发挥了重大作用。

民兵的使命：积极参加社会主义现代化建设，带头完成生产任务；担负战备勤务，保卫边疆，维护社会治安；随时准备参军作战，抵抗侵略，保卫祖国。

民兵的组织领导体制：全国民兵工作在国务院、中央军委领导下，由联合参谋部主管；各大军区按照上级赋予的任务，负责本区域的民兵工作；省军区、军分区和县（市）人民武装部是本地区的民兵领导指挥机关；乡、镇、街道和企事业单位人民武装部，负责民兵和兵役工作。地方各级人民政府对民兵工作实施原则领导，对民兵工作实施组织和监督。

民兵制度：政治合格、身体好是民兵必须具备的基本条件。民兵分为基干民兵和普通民兵。基干民兵：由 28 岁以下复员军人和经过选拔的军事素质过硬的男女青年组成，其中，女民兵人数控制在适当比例。普通民兵：由 18 至 35 岁，符合服兵役条件的男性公民组成。边疆、海防、少数民族地区和特殊情况下，基干民兵的年龄可适当放宽。兵役法规定，实行民兵和预备役相结合制度。一是基干民兵为一类预备役，普通民兵为二类预备役；二是参加民兵组织与服预备役的年龄、政治、身体等条件相一致；三是民兵组织是预备役的基本组织形式。

民兵的编组：目前，民兵已经遍及广大城乡，一般以乡（镇）、行政村和厂矿企业为单位，分别编为班、排、连、营、团，编有应急分队、防空分队、地炮分队、通信分队、防化分队、工兵分队、侦察分队，以及海军、空军和火箭军民兵专业分队等。民兵根据所担负的任务配备相应的武器装备。

民兵的训练：民兵在平时战备训练中，以军事斗争准备为牵引，着眼平时能应急、战时能应战，加强针对性训练，通常按照不同分队的训练需要，年度训练时间为 7～25 天不等。

近年来，民兵建设深化调整改革，在结构布局调整、训练改革和装备建设等方面取得了新进展。

（二）中国人民解放军的编成和任务

中国人民解放军由陆军、海军、空军、火箭军和战略支援部队等军种构成。每个军种都是一个多系统、多层次有机结合的整体，不仅有战斗兵种、战斗保障兵种及专业部队，而且设有各级领导机构、后勤保障系统和院校培养体系。

近年来，党中央准确把握我国由大变强时与势的变化，着眼实现中国梦强军梦，把深化国防和军队改革纳入全面深化改革的总盘子，发出全面实施改革强军战略、坚定不移走中国特色强军之路的伟大号召，引领我军开启了实现强军目标、建设世界一流军队的新征程。

改革强军，就是要着力在领导管理体制、联合作战指挥体制改革上取得突破性进展，在优化规模结构、完善政策制度、推动军民融合发展等方面改革上取得重要成果，努力构建能够打赢信息化战争、有效履行使命任务的中国特色现代军事力量体系。

着眼于贯彻新形势下政治建军的要求，推进领导掌握部队和高效指挥部队有机统一，形成军委管总、战区主战、军种主建的格局。调整军委总部体制、实行军委多部门制，组建陆军领导机构、健全军兵种领导管理体制，重新调整划设战区、组建战区联合作战指挥机构，健全军委联合作战指挥机构等，构建军委—战区—部队的作战指挥体系和军委—军种—部队的领导管理体系。

1. 陆军

陆军是中国人民解放军的基础，是主要在陆地遂行作战任务的军种，由步兵、装甲兵、炮兵、防空兵、航空兵、工程兵、通信兵、防化兵、电子对抗兵等兵种和各种专业勤务部队组成。当前，陆军已由单一兵种发展成为诸兵种合成的现代陆军，成为既能独立遂行作战任务又能与海军、空军和火箭军实施联合作战的强大军种。陆军主要担负陆地作战任务，包括机动作战部队、边海防部队、警卫警备部队等。陆军机动作战部队包括十三个集团军和部分独立合成作战师（旅）。集团军由师、旅编成，分别隶属于五个战区。

陆军领导机关负责陆军部队管理建设，下设五大战区陆军部队。陆军部队包括机动作战部队、警卫警备部队、边海防部队和预备役部队等，实行集团军、师（旅）、团、营、连、排、班体制。集团军由师、旅编成，为基本战役军团。师由团编成，隶属于集团军，为基本战术兵团。旅由营编成，隶属于集团军，为战术兵团。团由营编成，通常隶属于师，为基本战术部队。营由连编成，通常隶属于团或旅，为高级战术分队。连由排编成，为基本战术分队。

陆军是党最早建立和领导的武装力量，为实现民族独立和人民解放，为维护国家主权、安全和发展利益，为支援国家经济社会建设和保障人民生命安全建立了彪炳史册的不朽功勋。面对改革强军，陆军部队要继续弘扬陆军光荣传统和优良作风，适应信息化时代陆军建设模式和运用方式的深刻变化，探索陆军发展特点和规律，按照机动作战、立体攻防的战略要求，加强顶层设计和领导管理，优化力量结构和部队编成，加快实现区域防卫型向全域作战型转变。

2. 海军

海军是人民解放军的战略军种，是海上作战行动的主体力量，担负着保卫国家海上方向安全、领海主权和维护海洋权益等任务。我国海军于1949年4月23日成立，主要由潜艇部队、水面舰艇部队、航空兵、陆战队、岸防部队等兵种组成。进入21世纪，海军着眼信息化条件下海上局部战争的特点规律，全面提高近海综合作战能力、战略威慑与反击能力，逐步发展远海合作与应对非传统安全威胁能力，推动海军建设整体转型。当前，我国海军已初步发展成为一支多兵种合成、具有核常双重作战手段的现代海上作战力量。

按照近海防御的战略要求，海军注重提高近海综合作战力量现代化水平，发展先进潜艇、驱逐舰、护卫舰等装备，完善综合电子信息系统装备体系，提高远海机动作战、远海合作与应对非传统安全威胁能力，增强战略威慑与反击能力。海军下辖北海、东海和南海三个舰队，舰队下辖舰队航空兵、基地、支队、水警区、航空兵师和陆战旅等部队。

海军对维护国家主权和安全、捍卫国家统一、拓展国家战略利益具有重要作用。海军正在按照近海防御、远海护卫的战略要求，逐步实现由近海防御型向近海防御与远海护卫型结合转变，构建合成、多能、高效的海上作战力量体系，提高战略威慑与反击、海上机动作战、海上联合作战、综合防御作战和综合保障能力。

延伸阅读

我国首艘航母——辽宁号

辽宁号航空母舰是中国人民解放军海军第一艘可以搭载固定翼飞机的航空母舰,是在前苏联海军的库兹涅佐夫元帅级航空母舰第二艘瓦良格号航空母舰的基础上发展而来的。舰长304米,舰宽70.5米,航母吃水深度10.5米,标准排水量57 000吨,满载排水量67 500吨。辽宁号以4台蒸汽轮机为动力,总计20万马力,4轴4桨双舵推进,最高航速可高达32节,在航速30节时续航力为4 000海里,在航速20节时续航力可达12 000海里。2012年9月25日,"辽宁舰"正式交付海军。航母入列,对于提高中国海军综合作战力量现代化水平,增强防卫作战能力,发展远海合作与应对非传统安全威胁能力,有效维护国家主权、安全和发展利益,促进世界和平与共同发展,具有重要意义。

3. 空军

空军是中国人民解放军的战略军种,是空中作战行动的主体力量,担负着保卫国家领空安全和领土主权、保持全国空防稳定等任务。我国空军成立于1949年11月11日,主要由航空兵、地面防空兵、雷达兵、空降兵、电子对抗兵等兵种组成。按照攻防兼备的战略要求,空军着力加强以侦察预警、空中进攻、防空反导、战略投送为重点的作战力量体系建设,发展新一代作战飞机、新型地空导弹和新型雷达等先进武器装备,完善预警、指挥和通信网络,提高战略预警、威慑和远程空中打击能力。空军下辖五个战区空军,战区空军下辖基地、航空兵师(旅)、地空导弹师(旅)、雷达旅等。

空军作为战略性军种,在国家安全和军事战略全局中具有举足轻重的地位和作用。当前,空军正按照空天一体、攻防兼备的战略要求,实现国土防空型向攻防兼备型转变,构建适应信息化作战需要的空天防御力量体系,提高战略预警、空中打击、防空反导、信息对抗、空降作战、战略投送和综合保障能力。

4. 火箭军

火箭军的前身是1966年7月1日组建的第二炮兵,是中央军委直接掌握使用的战略部队,是中国实施战略威慑的核心力量,主要担负遏制他国对中国使用核武器、进行核反击和常规导弹精确打击任务。火箭军与海军潜地战略导弹部队和空军战略轰炸机部队构成我国三位一体的战略核力量(其中火箭军是主要力量)。

📖 延伸阅读

从第二炮兵到火箭军

创建第二炮兵,是新中国为应对核威胁、打破核垄断、维护国家安全,被迫作出的历史性选择。中国于1956年开始发展战略导弹武器,1957年组建战略导弹科研、训练和教学机构,1959年组建第一支地地导弹部队,1966年7月1日,成立地地战略导弹部队的领导机关,周恩来亲自命名这支部队为第二炮兵。这支掌握着"大国利器"的部队从诞生伊始,便肩负着保障中华民族根本生存利益的重任。从1966年到2015年的半个世纪征程中,第二炮兵圆满完成了保家卫国、威慑对手的神圣使命。2015年12月31日,中共中央总书记、国家主席、军委主席习近平将火箭军军旗郑重授予火箭军司令魏凤和、政治委员王家胜,标志着我国战略导弹部队实现了从兵种到军种的跨越。习近平主席指出,将第二炮兵更名为火箭军是党中央和中央军委着眼实现中国梦强军梦作出的重大决策,是构建中国特色现代军事力量体系的战略决策,必将成为我军现代化建设的里程碑,载入人民军队史册。风雨兼程半世纪,扬帆远航今又始。从兵种到军种,火箭军改变的是名称、阵形,不变的是崇高的使命和职责。

火箭军作战指挥权高度集中,实行中央军委火箭军、导弹基地、导弹旅的指挥体制,部队行动必须极端严格、极端准确地按照中央军委的命令执行。火箭军由核导弹部队、常规导弹部队、作战保障部队等组成。导弹部队编有导弹基地、导弹旅和发射营,保障部队编有侦察情报、通信、测绘、气象、电子对抗、工程、后勤和装备等技术专业保障部队,此外火箭军还编有院校和相关研究机构。

火箭军是我国战略威慑的核心力量,是我国大国地位的战略支撑,是维护国家安全的重要基石。当前,火箭军正按照核常兼备、全域慑战的战略要求,把握火箭军职能定位和使命任务,增强可信可靠的核威慑和核反击能力,加强中远程精确打击力量建设,在提升战略遏制能力上实现新突破,在提高战备实战化水平上实现新突破,在战略运用上实现新突破。

5. 战略支援部队

2015年12月31日,习主席为战略支援部队授予军旗并训词,标志着我国新型作战力量建设踏上征程。习主席强调,成立战略支援部队,有利于优化军事力量结构、提高综合保障能力。战略支援部队要坚持体系融合、军民融合,努力在关键领域实现跨越发展,高标准高起点推进新型作战力量加速发展、一体发展,努力建设一支强大的现代化战略支援部队。

未来战争是信息化条件下的体系作战。信息主导、体系融合是未来联合作战的基本需求。战略支援部队的组建,顺应了未来作战形态的发展变化。战略支援部队是维护国家安全的新型作战力量,是我军新质作战能力的重要增长点,主要将战略性、基础性、支撑性都很强的各类保障力量进行功能整合后组建而成。成立战略支援部队,有利于优化军事力量结构、提高综合保障能力。

战略支援部队被称为新型作战力量，表明其是具有全局性、变革性、支撑性的战略力量，是现代军事力量体系中最具有决定性、前瞻性的高端力量。战略支援部队的核心使命是依靠技术创新提高实战能力，强化科技制胜观念，加强原创性、关键性技术攻关，多出一些出奇制胜的原创性成果，少一些亦步亦趋的追随式发展，努力在关键领域实现跨越式发展。

（三）中国人民解放军发展建设展望

近年来，中国人民解放军按照革命化、现代化、正规化相统一的原则加强军队全面建设，不断把中国特色军事变革推向前进。面对国家安全需求的新发展新变化，中国人民解放军将在更高的起点上推进现代化建设。适应打赢信息化条件下局部战争要求，加强新型作战力量建设，加强以信息化为主导的机械化、信息化复合发展，整体提高基于信息系统的体系作战能力，实现火力、机动力、防护力、保障力和信息力融合发展。

1. 加快信息化建设

中国人民解放军将紧紧围绕建设信息化军队、打赢信息化战争的战略目标，整体设计，分步实施，努力解决制约体系作战能力形成和提高的突出问题，提升部队信息化条件下的作战能力。一是实现信息基础设施建设跨越式发展。建成以光纤通信为主，以卫星、短波通信为辅的新一代信息传输网络。建成侦察情报、指挥控制和战场环境信息系统，保证后勤和装备保障业务信息系统得到普及应用。二是实现指挥控制系统与作战力量和保障系统互联互通，命令传输、情报分发和指挥引导更加快捷高效。三是加强信息化建设的战略筹划和领导管理，进一步完善法规标准和政策制度。采取业务集训、远程教学等多种形式，普及信息化知识，开展技能培训。

2. 构建联合作战体系

中国人民解放军将坚持把联合作战体系建设作为军队现代化建设和军事斗争准备的重点内容，提高基于信息系统的体系作战能力。一是深化作战理论研究。发布施行新一代联合战役、联合作战指挥条令及相关保障条令，编写一系列联合战役学科理论专著和训练教材，形成联合作战理论体系和联合战役训练方法体系。二是加强作战力量建设。适应军队信息化建设需要，改革完善领导指挥体制，调整优化作战力量编成结构，充实新型作战力量和保障力量，突出陆上编队、海上编队和空中编队建设，积极推进军兵种建设转型，逐步提高模块化编组与合成化使用水平，努力构建精干、联合、多能、高效的作战力量体系。三是完善作战指挥体系。按照权威、精干、灵便、高效的要求，加快构建体系健全、编成合理，平战一体、三军联合，机制完善、顺畅高效的联合作战指挥体系。四是提高综合保障能力。按照体系保障、精确保障和集约保障的要求，加强综合作战与保障基地建设，优化战场布局，完善指挥控制、侦察情报、通信、测绘导航、气象水文阵地工程和后方仓库、军事交通、装备修理设施，形成适应武器装备发展、满足部队遂行攻防作战任务需要的战场支援保障能力。健全联合保障机制，提高综合保障信息化水平，建成战略战役战术保障相衔接的综合支援保障体系。

3. 全面建设现代后勤

中国人民解放军将整体推进全面建设现代后勤，加快保障体制一体化、保障方式社会化、保障手段信息化和后勤管理科学化步伐，提高完成多样化军事任务的后勤保障能力。一是深化后勤各项改革。加快现有后勤装备升级改造、新一代后勤装备发展论证和关键技术预研，推广军人保障卡系统，展开以战略后勤仓库、战储物资包装和军交运输动态监控为重点的军事物流信息系统建设。全面清理后勤规章制度，完善集供应、消耗、管理于一体的标准制度体系，加大重大建设和改革项目等审计监督力度，推进财经管理、物资采购、医疗、住房、保险等政策制度改革。二是提高部队供应保障水平。调整公务事业费、地区性补贴、基层岗位津贴和专业岗位津贴等标准，颁布执行新的食物定量标准和营房标准。扩大军队医疗合理用药目录品种，落实官兵疗养待遇，强化心理卫生服务。完成基层后勤综合配套整治规划，有效解决旅团部队、边海防部队和小散远直单位用水、取暖、主副食供应等急难问题。

4. 加强高新技术武器装备建设

中国人民解放军将加快高新技术装备发展，加强现有装备改造和管理，推进武器装备机械化信息化复合发展。一是改善武器装备质量结构。努力建成以第二代为主体、第三代为骨干的武器装备体系。陆军形成以直升机、装甲突击车辆、防空和压制武器为骨干的陆上作战装备体系；海军形成以新型潜艇、水面舰艇和对海攻击飞机为骨干的海上作战装备体系；空军形成以新型作战飞机、地空导弹武器系统为骨干的制空作战装备体系；火箭军形成以中远程地地导弹为骨干的地地导弹装备体系。二是提升装备管理水平和维修保障能力。推广现代管理手段，提高装备管理规范化和精细化水平。发挥院校、科研院所和生产厂家的作用，加强新型装备人才培养。协调军工科研生产单位加强高技术装备维修保障力量，构建军民一体化装备维修保障体系，形成具备多功能检测、机动抢救抢修、远程技术支援的装备综合维修能力。三是谋划武器装备长远发展。科学把握信息技术融合性、系统性、集成性和一体化的特点规律，推进武器平台与综合电子信息系统装备的有机融合、复合发展。

总之，中国人民解放军将紧跟世界新军事革命加速发展的潮流，积极稳妥进行国防和军队改革，推动中国特色军事变革深入发展。坚持以创新发展军事理论为先导，着力提高国防科技工业自主创新能力，深入推进军队组织形态现代化，构建中国特色现代军事力量体系。坚持走中国特色军民融合式发展路子，坚持富国和强军相统一，加强军民融合式发展战略规划、体制机制建设、法规建设。加快建设现代化武装警察力量。提高国防动员和后备力量建设质量。巩固和发展海、陆、空、天、电、网六维一体的国防体系，实现维护国家主权、安全、领土完整，保障国家和平发展的建设目的，始终作为维护世界和平的坚定力量，并将一如既往地同各国加强军事合作、增进军事互信，参与地区和国际安全事务，在国际政治和安全领域发挥积极作用。

第五节　国防动员

国防动员亦称战争动员，是指国家为准备战争和实施战争而在相应的范围内由平时状态转入战时状态所采取的统一调动人力、物力和财力的紧急措施。根据战争动员的规模，一般分为总动员和局部动员。总动员是指在全国范围内实施的国防动员。局部动员是指在局部地区实施的国防动员。国防动员通常包括人民武装动员、国民经济动员、人民防空动员、交通战备动员和政治动员等领域。

一、国防动员的地位与作用

国防动员是国防活动的重要内容之一，是准备和实施战争的重要措施。无论是古代战争还是现代战争，全面战争还是局部战争，常规战争还是非常规战争，都离不开动员。因此，国防动员在保障赢得战争胜利等诸多方面，都具有十分重要的地位与作用。

1. 国防动员是打赢战争的基础环节

为遏制战争爆发并夺取战争的胜利积聚强大的战争力量，是国防动员的基本功能与任务。这是因为，战争是实力的较量，任何不具备强大实力的国家，要赢得战争的胜利是不可想象的。战争动员不仅能够通过平时的准备，为战争实施积聚强大的战争潜力，而且可以通过建立一套平战转换机制，使这种潜力在战争爆发后迅速转化为实力，从而为保障战争的胜利奠定必要而坚实的物质基础。同时，现代战争的巨大破坏性，使人们不得不把制止战争的爆发作为降服战争这个恶魔的重大步骤予以重视，因此，在这种情况下，战争动员所积聚的巨大能量同样是战略家们所倚重和借助的力量。另外，战争动员还是遏制危机的有效手段。实践中，有许多国家通过积聚力量和显示使用力量的决心，有效地制止了战争的爆发。

延伸阅读

抗美援朝战争中的国防动员

诞生不久的新中国在抗美援朝战争中，首次运用国家政权的力量动员和组织人民群众，为开展人民战争创造了前所未有的有利条件。抗美援朝战争中，全国深入进行了抗美援朝、保家卫国的宣传教育，激发了广大军民的爱国热情，在全国迅速动员了200多万民兵、青年参加中国人民志愿军，还动员了大批汽车司机、铁路员工和医务、通信人员担负战争勤务。与此同时，在全国开展的捐献运动中，共捐献人民币5.56亿元，可购买3 710架战斗机。这些动员活动，为保障战争的胜利作出了重要贡献。

2. 国防动员是应对紧急突发事件的有效措施

国防动员的最初功能是应对战争的需要，但在现代条件下，随着各种灾难事故和突发事件的频繁发生，人们已把国防动员的功能予以拓展，让它同样可以在应对和处置各类突发事件中发挥其应有作用。因此，当国家遇到此类突发事件时，国防动员活动可以凭借其自身的准备和特有的机制，使国家或地区在需要时进入一定的应急状态，动员国家、军队和社会的一定力量，抗御自然灾害、处置各种自然和人为的事故与灾难，使国家和社会处于正常运转状态，维护人民群众的生命财产安全。

3. 国防动员是支援经济和社会发展的重要力量

国防动员可以用于支援国家经济建设。动员建设实行"平战结合、军民结合、寓军于民"的原则，在和平时期动员建设的成果可以直接为经济建设服务。加强动员建设还可以节约国防开支，有利于国家集中力量发展经济。和平时期，国家的中心任务是提高社会生产力、改善人民生活，对国防建设不可能有很多的投入，必须提高国防建设的效益。要用有限的国防经费，获得尽可能强的国防力量，一个有效的办法就是建设精干的常备军，大力加强后备力量建设，健全完善动员体制机制，做到"平时少养兵，战时多出兵"。这样，不仅可以经常保持较强的国防整体威力，为国家提供可靠的安全保障，而且可以减轻国家负担，促进经济和社会发展。

 延伸阅读

《中华人民共和国国防动员法》简介

2010年2月26日，十一届全国人大常委会第十三次会议表决通过了《中华人民共和国国防动员法》。该法共十四章七十二条，主要规定了国防动员的组织领导机构、预备役人员的储备与征召、战略物资储备与调用、战争灾害的预防与救助等事项。制定国防动员法，对国防动员做出明确规范，为平时动员准备和战时动员实施提供法律依据，切实提高国家平战转换的能力，确保国家主权、统一、领土完整和安全遭受威胁时，能够迅速依法动员，将国防潜力转化为军事实力。同时，该法的颁布有利于建立起适应国家经济社会发展变化的国防动员工作体制机制，科学规范政府、公民和组织在国防动员活动中的责任、权利和义务。

二、国防动员的内容

国防动员的主要内容通常包括：政治动员、武装力量动员、国民经济动员、科学技术动员、人民防空动员、国防交通动员和信息资源动员等。

（一）政治动员

政治动员，是国家为进行战争而开展的宣传、教育、组织工作和外交活动。政治动员是国防动员的一项重要内容，并为其他领域的动员活动提供思想和组织保证。政治动员对于充分调动和发挥本国军民的精神力量，尽可能地争取国际社会的同情和支持，瓦解敌方的战斗意志，具有重要作用。

平时政治动员主要表现为国防教育。其内容主要包括国防观念、国防知识、军事技能和国防法规等方面的教育，目的是增强国防观念和维护国家安全意识，提高履行国防义务的自觉性。国防教育以全民为对象，重点是国家机关工作人员、武装力量编成人员和青年学生。我国《兵役法》《国防教育法》和国家国防动员委员会2006年颁发的《全民国防教育大纲》，以及教育部和总参、总政联合颁发的《普通高等学校军事课教学大纲》等法规性文件，是进行国防教育活动的法律依据。

战时政治动员主要包括国内政治动员和国际政治动员。国内政治动员，是政府、军队和社会团体等，运用各种宣传舆论工具，对全国军民进行以爱国主义和革命英雄主义为核心的国防教育，使之增强国防观念，坚定打败敌人、夺取胜利的信心。在国内政治动员中，对军人及其家属实行优待和抚恤政策是十分重要的，可以起到激励将士奋勇杀敌、勇立战功，引导全社会拥军优属、为争取战争胜利作贡献的作用。国际政治动员，是国家通过各种外交活动和对外宣传，揭露敌人的战争阴谋，控诉敌人的战争暴行，瓦解敌方的战斗意志，争取各国的声援和支持，建立国际统一战线，或者结成国际联盟。

（二）武装力量动员

武装力量动员，即国家将军队及其他武装组织由平时体制转为战时体制的措施和活动。武装力量动员是夺取战略主动权、赢得战争胜利的重要手段，也是遏制战争爆发、维护和平与国家安全的重要因素，在国防动员中居于核心地位。武装力量动员，通常包括兵员动员、武器装备动员和后勤物资动员。

兵员动员在战时主要工作是：根据国家动员命令，在停止现役军人退役、休假的同时，征召后备兵员，以数量充足、素质优良的兵员将平时编制的现役部队补充满员和组建新部队，并随着战争的发展和形势的需要，进行持续动员，保障战争的最后胜利。

武器装备动员在战时主要工作是：根据国家动员命令，在军事系统的统一布置下，本着就近的原则，分别进行现役部队、预备役部队、民兵以及战略、战役仓库储备装备的紧急启用，把完好的装备迅速、准确地配发给作战部队和其他武装组织，保证战争需要。

后勤物资动员在战时主要工作是：根据部队扩编和作战需要，开设物资供应站、物资储备基地，对军队实施各种物资保障。

（三）国民经济动员

国民经济动员，指国家将经济部门、经济活动及其相应的机构有组织、有计划地从平时状态转入战时状态所进行的活动。其目的是充分调动国家的经济能力，提高生产水平，扩大军品生产，保障战争和其他国防斗争的需要。在现代条件下，搞好经济动员，不仅是保障战争物资需求的基本手段，也是战争时稳定社会经济秩序的必要措施，更是解决国防经济与国民经济、战时经济与平时经济矛盾的重要途径。国民经济动员通常包括工业、农业、物资、商业贸易、邮电通信、财政金融等方面的动员。

（四）科学技术动员

科学技术动员，就是调动一切科学技术力量，加速研制新式武器装备和军需用品，增强武装力量的战斗力。现代条件下，战时军队对科学技术的依赖性越来越大，充分动员和发挥科学技术力量支援战争日趋重要。科学技术动员的成果是：研制先进的武器装备，为国防斗争培养、输送专业技术人才，使军队保持科学技术和武器装备方面的优势。在现代条件下，科学技术动员的地位和作用越来越突出。科学技术动员通常包括：科技研究机构的动员，科技人员的动员，科技经费、设备和物资动员，科技成果和科技情报的动员。科学技术动员准备的主要措施有：制定符合国情的科技发展和动员政策、计划，造就现代科技人才，加强科研基地建设，不断研制先进的武器装备，加强科学技术储备等。

（五）人民防空动员

人民防空动员是国家发动和组织人民群众防备敌人空袭、消除空袭后果所进行的活动。在现代战争中，远距离精确打击成为重要的作战样式，大、中城市和经济基础设施面临的空袭威胁日益严重。人民防空动员对于减轻空袭危害，减少人民群众生命财产损失，保持后方稳定，保存战争潜力，具有重要作用。

人民防空动员的主要任务是：依据国家有关法律、法令，动员社会力量，进行防空设施建设，组织防空专业队伍，普及防空知识教育，组织隐蔽疏散，配合防空作战，消除空袭后果等。目的是保护居民、经济设施及其他重要目标的安全，减少国家及人民群众生命财产的损失，保存战争潜力。人民防空动员不仅是抗敌空袭、保护战争潜力的重要手段和战时稳定社会的重要保证，也是进行人民战争的一种有效的形式。人民防空动员的内容，一般包括群众防护动员、人防专业队伍动员、人防工程技术保障动员和人防预警保障动员。

（六）国防交通动员

国防交通动员是指在全国或部分地区调集交通力量，全力保障战争需要的紧急行动。通常在国家动员领导机构的统一领导下，由国防交通主管机构组织，协同政府、军队有关部门共同实施。

国防交通动员的主要任务包括：根据战争规模和作战需要，有计划地将平时国防交通领导机构迅速按方案转入战时体制；根据作战保障需要，动员、征用社会运输力量，必要时对交通运输系统实行不同范围不同形式的军事化管理；动员、组织各交通保障队伍和交通保障器材迅速到位，实行运输、抢修、防护任务；根据统帅部的规定，做好对弃守地区的交通遮断准备，保障及时遮断。

（七）信息资源动员

所谓信息资源动员，是指为满足夺取和保持战争制信息权的需要，国家重新配置信息资源和统一组织信息力量，进行信息技术开发、研制信息化武器装备、提供可靠信息服务、开展全民信息战所采取的措施和行动。目的是开发、研究信息含量高的武器装备，培养储备高技术信息人才，构建安全快捷的军地互为支撑的信息网络，为武装力量及其他部门提供信息资源保障，利用信息资源争取战争的优势。信息资源动员内容相当广泛，大致可分为以下几个方面：一是信息研究机构的动员，二是信息技术人才动员，三是信息网络资源动员，四是信息科研经费、设备和物资的动员。

三、国防动员的组织实施

国防动员的组织实施，通常按照进行动员决策、发布动员令、充实动员机构、修订动员计划和落实动员计划等步骤进行。

（一）进行动员决策

进行动员决策，是战争动员实施过程中首先需要解决的问题。只有实施了动员决策，整个国家的政治、经济、军事、文化、外交等部门和领域才能相应地转入战时体制，进行动员的各项活动。

进行战争动员决策的关键是正确分析判断敌情。必须充分利用各种手段，广泛收集各国尤其是敌对国家的政治、经济、军事等各方面的情况，并对这些情况进行综合分析，尽早洞察敌对国家的战争企图，从而视情况确定动员实施的时机、规模和方式等。

（二）发布动员令

动员令是宣布全国或部分地区、某些部门转入战时状态的命令。动员令的发布，关系战争的胜负和国家的命运，各国大都由最高权力机关或国家元首、政府首脑发布。《中华人民共和国国防法》第十条规定：全国人民代表大会依照宪法规定，决定战争和和平的问题。全国人民代表大会常务委员会依照宪法规定，决定战争状态的宣布，决定全国总动员或者局部动员。第十一条规定：中华人民共和国主席根据全国人民代表大会的决定和全国人民代表大会常务委员会的决定，宣布战争状态，发布动员令。

发布动员令的方式，分为公开发布和秘密发布两种。公开发布动员令，一般是在战争即将或已经爆发的情况下，运用一切宣传工具和通信手段，把爆发战争的真实情况和战略态势告诉全体军民。秘密发布动员令，一般是在战争已不可避免、但尚未爆发的情况下施行，通常执行严格的保密限制，只秘密通知政府有关部门和军事机构等。

（三）充实动员机构

动员机构是指平时负责动员准备、战时负责动员实施的组织领导机构。一旦实施战争动员,和平时期的动员机构,无论在人力上还是物力上都难以适应需要,必须及时调整和加强。一是要扩大组织,增加人员。二是要增加支出,保障需要。与此同时,还要赋予其应有的职权,使其具有较高的权威性。战争动员事关国家安危,责任重大,如果权力有限、指挥无力、处处受制,就难以完成繁重的动员任务,影响战争的顺利进行。

(四)修订动员计划

战争动员计划,是实施战争动员的依据。在面临战争的情况下,由于国际战略环境和国内条件都发生了变化,事先制定的动员计划难免与战争的实际情形不完全吻合,所以要及时予以修订。修订战争动员计划,一般是在既定计划的基础上进行,并往往与充实动员机构同时进行。

(五)落实动员计划

落实动员计划,是使计划见之于行动、实施战争动员的关键环节。动员令发布之后,负有动员任务的地区和部门,应根据修订的动员计划迅速转入战时体制。各行业以及社会生活的各个方面,都应以保障战争胜利为轴心迅速进行调整。其中,武装力量要迅速转入战时状态。现役军人一律停止转业和退伍,停止探亲和休假,外出人员立即归队。预备役部队应迅速集结、发放武器装备,并抓紧时间进行训练,准备承担作战任务。民兵应做好应征准备,同时启封武器装备,成建制进行训练,并准备承担各项任务。地方政府要根据上级下达的动员任务,积极实施动员行动。各行业、各阶层都要动员起来,落实战争动员任务,为赢得战争胜利贡献自己的力量。

 **思考题**

1. 国防的含义是什么?如何理解国防的地位和作用?
2. 中国国防历史的启示有哪些?
3. 公民的国防义务和权利有哪些?
4. 我国国防政策的主要内容有哪些?
5. 解放军由哪些军种组成?它们诞生于何时?
6. 什么是国防动员?国防动员的地位和作用是什么?
7. 国防动员的主要内容有哪些?

第二章 军事思想

军事思想是军事科学体系中的重要内容。它来源于人类社会各个历史时期、各阶级、集团及其军事家和军事论著者关于战争与军队问题的理性认识,是人们长期从事战争和军事实践经验的理论概括,同时又给人类的军事实践以理论指导,并在军事实践中接受检验。军事思想所揭示的战争和军事领域的一般规律,在人类活动的其他领域也有普遍的指导意义。

第一节 军事思想概述

一、军事思想的定义与分类

军事思想是关于战争和国防基本问题的理性认识,是人们长期从事军事实践的经验总结和理论概括。

军事思想揭示战争的本质、战争的基本规律以及进行战争的指导规律,阐明军队建设的基本理论和原则,从总体上反映研究战争和军事问题的成果。军事思想产生于一定的社会物质生产和战争实践基础之上,并受到其他社会意识形态的制约和影响。军事思想也同样能作用和影响其他社会意识形态,军事思想和军事领域所揭示的一些事物的普遍规律,所形成的原则、概念和范畴,常常被用于政治、经济、外交以及商业竞争和体育比赛等方面。

延伸阅读

战争和军事的联系与区别

战争是一种社会历史现象,是一种人类社会活动的特殊形态,是为了达到一定的政治、经济目的,通过暴力手段,用以解决阶级和阶级、民族和民族、国家和国家、政治集团和政治集团之间在一定发展阶段上的矛盾的最高斗争形式;军事是以准备和实施战争为中心的社会活动,诸如军事力量的组织、训练和作战行动,武器装备的研制、生产和使用,战略战术的研究和运用,战争物资的储备和供应,后备力量动员、组织和建设等有关的理论和实践问题,都属于军事范畴。战争是相对于和平而言的一种社会存在状态,军事与民事相对应,不仅存在于战争时期,也存在于和平时期。从本质上看,军事领域的存在是以战争状态的存在为前提的。军事的中心内容和主要意义在于对战争的准备和实施。

军事思想的内容大体可以分为两个层次:一是军事哲学问题,主要内容有战争观、军事问题的认识论和方法论;二是军事实践基本指导原则问题,主要内容有战争指导基本方针和原则、军队建设基本方针和原则、国防建设基本方针和原则。

从不同的研究角度出发,军事思想有不同的划分方法:按地域和国家划分,有外国军事思想和中国军事思想;按时代划分,有古代军事思想、近代军事思想和现代军事思想;按阶级性质划分,有奴隶主阶级军事思想、封建地主阶级军事思想、资产阶级军事思想和无产阶级军事思想等。整体而言,任何军事思想都是以战争和军事为研究对象,都是对战争和军事问题的理性认识。它以一定哲学的世界观和方法论为指导,反映一定时代、阶级、国家、人物对战争性质、战争准备与实施所持的基本观点。

二、军事思想的地位与作用

(一)军事思想是军事实践的指南

军事思想是军事实践的能动反映、理论概括,揭示了军事领域的一般规律,所以能对军事实践起指导作用。军事思想对军事领域的规律反映得愈深刻、愈正确,对军事实践的指导作用就愈大。在战争史上,每每取得胜利的战争,往往都有正确的军事思想作指导。毛泽东军事思想,就指导中国人民以弱胜强、逐步壮大,取得了革命战争的伟大胜利。没有正确的军事思想作指导,即使具备取得战争胜利的基础条件,也难以取得战争的胜利。战争实践证明,在客观物质条件许可的范围内,军事思想正确与否决定着战争的胜负。

(二)军事思想是研究具体军事学科的理论基础

军事思想研究战争与军事领域的一般规律,而具体军事学科研究的则是各自领域的特殊规律。如果只研究各自领域的特殊规律,而不懂得战争与军事领域的一般规律,就难以从总体上把握战争,也就不能真正认识和把握具体军事学科所研究的各自领域的特殊规律。因此,军事思想对具体军事学科的研究提供方法论。譬如,军事思想关于保存自己、消灭敌人的论述,深刻地揭示了两军相争的战争目的和战争本质,它是一切战争行动的根据,从技术行动到战略行动,一切技术的、战术的、战役的、战略的原理原则,都要贯彻这个战争的军事目的和军事本质。它普及于战争的全体,贯彻于战争的始终。它对军队和国防建设、战争指导及其战略战术,都具有普遍的指导作用。

(三)军事思想对其他社会实践有着重要的借鉴意义

先进的科学的军事思想贯穿着唯物论和辩证法。学习和研究军事思想,不仅可以学到正确地观察和解决问题的立场、观点和方法，而且可以学到如何把军事的基本原理同社会实际相结合，正确运用其原理解决实际问题，增强工作的原则性、系统性、预见性和创造性。譬如，军事斗争最注重效益，要以最小的代价获取最大的胜利。孙武提出的"知彼知己，百战不殆"的战争指导规律，已成为政治、外交斗争和进行经济建设的座右铭。战略和战役战术的关系，要求人们也必须正确处理全局和局部的关系。"战略"概念的运用，早已跨出军事的范围，涉及政治、外交、经济发展、农业发展、城市发展等战略，这充分说明军事思想对其他领域具有广泛的借鉴意义。

三、军事思想发展概况

人类对战争和军队问题的认识，有一个历史发展的过程。从时代角度讲，军事思想作为一种相对独立的意识形态，可以划分为不同的发展阶段。

（一）古代军事思想

古代军事思想包括奴隶社会和封建社会两个时期的军事思想，至于此前的军事思想萌芽，已无文字可考。古代军事思想的产生、发展主要集中在中国和地中海一带沿海国家。

在世界古代军事历史上，中国较创立了较为系统的军事思想。中国古代军事思想最早出现在公元前21世纪至公元前8世纪的奴隶社会时期。这个时期已有军队和战争，军事思想开始萌芽，并逐渐成为专门学科。专门研究军事的著作有《军政》《军志》等。约在公元前8世纪至公元前3世纪的社会大变革时期，中国古代军事思想取得了辉煌成就，涌现出许多杰出军事家及军事著作。如闻名中外的孙武所著《孙子兵法》等。中国进入封建社会后，由于铁兵器的广泛推广，火药的逐步应用，步、骑、车和水军诸兵种的发展变革，不同性质战争的交织进行，客观上促进了军事思想的丰富发展。

与中国古代军事思想相比，外国古代军事思想起步晚，认识不够全面、深刻，其成果主要散见于当时的一些历史和文学著作中，缺乏系统论述。

公元前8世纪至公元5世纪，是西方古代的奴隶社会时期。在这个时期，古希腊、古罗马等奴隶制国家为了扩张领土、建立霸权、掠夺奴隶和财物，频繁发动战争。在长期的战争实践中，涌现出许多著名的将领和统帅，产生了丰富的古希腊和古罗马的军事思想。

古希腊的军事思想主要散见于希罗多德的《希腊波斯战争史》、修昔底德的《伯罗奔尼战争史》、色诺芬的《长征记》及阿里安、普鲁塔客等人的历史著作和著名军事人物的军事活动史料之中。古希腊的军事思想概括起来主要有：认识到战争是由根本利害矛盾引起的；战争的目的是为了征服，谋求城邦、国家利益和霸主地位；战争的胜败取决于政治、军事、经济、精神等条件；作战前必须对双方的军力、财力、人力等方面的长处和短处进行认真的分析对比；注意激励军队的士气，立足以优势力量建立己方胜利的信心；采取出乎敌人意料的行动使之惊慌失措等。

古罗马的军事思想源于古希腊而又有所发展，主要表现在：进一步认识到战争有正义与非正义之分；把军事作为实现政治目的的工具，而政治又是配合军事行动达成军事目的的手段；通过外交广泛联盟，孤立对手，恩威并举，实现自己的目的；主张以进攻为主、防御为辅；在被迫处于防御地位时，通过向敌后等薄弱处进攻，力求改变攻防态势，变防御为进攻；主张建立一支忠于自己的部队，以金钱、土地、建筑、妇女等物质利益保证部队的忠诚，以精神鼓励、严格的纪律保持部队的战斗力。

从公元476年罗马帝国灭亡到1640年英国资产阶级革命，为欧洲的中世纪时期。在这长达1100多年的"黑暗"时代，由于封建割据的庄园经济、宗教思想和经院哲学的禁锢，极大地限制了军事思想的发展。"整个中世纪在战术发展方面，也像其他科学方面一样，是一个毫无收获的时代。"（恩格斯）直到封建社会后期，随着中国火药、火器的传入及始自意大利文艺复兴的影响，外国古代军事思想才有了缓慢发展。此时军事思想可概括为以下几个方面：战争被披上宗教外衣，掩盖统治集团间的利益争夺；宣扬战争是人类天性中的一部分，是原始罪恶之果，也是教会权力的支柱；在战争中丧失生命的人，可以进入天国，赎免一切罪恶，这些其实是对战争认识的倒退。重视军队建设，把军队看成国家的重要工具。对雇佣兵制的弊端有了初步认识，主张实行义务兵制。初步涉及战略学、战术学概念。另外还认识到制海权的重要性，认为控制了海洋，就可以赢得和守住巨大的海外领土。

（二）近代军事思想

从1640年英国资产阶级革命至俄国十月革命，为世界近代史。此时西方走向资本主义，并向帝国主义发展，近代中国则处在半封建半殖民地社会。由于以下几个原因，西方军事思想一改中世纪时期低迷不前的状况，取得了长足的发展进步。这一时期，封建与反封建的战争、资本主义与反资本主义之间的战争、帝国主义国家之间的战争、殖民与反殖民的战争等各种不同性质战争交织在一起，频繁发生，为人们研究军事思想提供了实践依据。工业文明和科学技术的进步，使军队装备发生了较大变化，热兵器被广泛使用（火药为主），从而产生了与之相适应的军事思想。受外国近代军事思想和中国古代军事思想影响，中国近代军事思想也形成了自己的特点。

1. 外国近代军事思想

外国近代军事思想可划分为两大体系，即资产阶级军事思想和无产阶级军事思想。

（1）资产阶级军事思想。

资产阶级军事思想形成于17世纪中叶至19世纪中叶，代表人物及其著作很多。主要有：俄国苏沃洛夫的《制胜的科学》，瑞士若米尼的《战争艺术概论》《战略学原理》，普鲁士克劳塞维茨的《战争论》，比洛的《新战术》《最新战法要旨》，法国吉贝特的《战术通论》，美国马汉的《海权对历史的影响》《海军战略》等。其中，克劳塞维茨的《战争论》是外国近代军事思想的杰出代表。著名军事家如拿破仑、库图佐夫等虽然没有给后人留下著作，但其丰富的军事实践也蕴藏着崭新的军事思想。这一时期的军事思想主要表现在：反对战争认识问题上的不可知论，提出军事科学的概念；军事科学包括战略与战术两个重要组成部分；主张探讨战争的本质、规律，研究军队、装备、地理、政治和士气等因素在战争中的作用；重视对战史的研究。认为战争无非是政治通过另一手段的继续，是迫使敌人服从己方意志的一种暴力行为，具有概然性和偶然性，是政治的工具；认识到民众武装在战争中的重要作用，但民众武装不是万能的，使用要有条件；重视建立一支反映资产阶级利益的部队；重视和平时期军队建设和战争准备，以随时应对战争；认识到新发明对于军队的组织、武器装备和战术的影响，装备的变化必然引起战术的变化；认识到作战中士气的作用，因而把思想教育训练放在重要位置；认为海权是推动国家以至历史发展的决定因素，控制了海洋就控制了整个世界；树立歼灭战思想，军事行动的目的是在不设防的野战中消灭敌人的军队，而不是占领敌人的领土和要塞；与歼灭战相适应，大多数军事家都强调进攻，认为只有进攻才能消灭敌人；防御不能是单纯的防御，而是由巧妙的打击组成的盾牌；要在主要方向和重要时刻集中兵力，快速机动是集中兵力的重要途径；认为作战应确立打击重心、保持预备队等。

（2）无产阶级军事思想。

无产阶级军事思想的主要代表是马克思、恩格斯和列宁。他们坚持唯物论，以唯物辩证法研究军事，吸收资产阶级军事思想的有益成分，因而能对战争一系列重大问题有深刻认识。其军事思想主要内容包括：认为战争和军事是一个历史范畴，随着私有制和阶级的产生而产生、消灭而消亡；战争是政治通过另一种手段的继续，要反对非正义战争，拥护正义战争；在帝国主义阶段，帝国主义是战争根源；无产阶级必须用暴力推翻资产阶级建立自己的统治；应以组织城市工人武装起义为中心，通过占领城市夺取国家政权；无产阶级夺取政权、巩固政权都必须要有自己的新型的军队；无产阶级代表人民利益，有能力有条件把人民武装起来实行人民战争，并强调军队与人民群众相结合；认识到科学技术的进步必然引起战略战术的变革；战争的奥妙在于集中兵力，主张积极防御、主动进攻，慎重决战，灵活机动。

2. 中国近代军事思想

近代中国的军事思想也有自己的发展特点。自1840年鸦片战争后中国逐步沦为半封建半殖民地社会，当时清政府许多有识之士看到武器装备对于战争胜负的重要性，从西方引进先进技术，开办工厂，制造枪械，因此当时军事学术主要是介绍武器性能、操作使用的。甲午战争后，清政府意识到仅靠坚船利炮而作战思想落后亦不能赢得战争，于是又师承西方学习军事理论，翻译西方重要军事论著，如《大战学理》（即克劳塞维茨的《战争论》）等。自行撰写的代表作有《兵学新书》《军事常识》《兵镜类编》等。主要军事观点有：师夷长技，重整军备；依靠民众，积极备战；避敌之长，求吾之短；以弃为守，诱敌入险。

总之，在近代，外国军事思想成就突出，而中国的军事变革是在外敌入侵的情况下被迫进行的，缺乏主动性，认识不够深刻，且鱼目混珠，有照搬照抄之嫌，远远落后于西方。

（三）现代军事思想

俄国十月革命及第一次世界大战以后，世界进入现代史。这个时期，科学技术突飞猛进，新式武器层出不穷，战争形态和作战方式发生了重大变化，军事理论研究空前活跃，军事思想更加丰富。

在1914年至1918年的第一次世界大战中，火炮、机枪的强大火力和掩体工事、铁丝网紧密配合，造成进攻一方伤亡惨重，形成了旷日持久的阵地对峙战争，各参战国立足于短期战争的速决方针都落了空。战后，西方国家的军事家纷纷预测未来战争可能出现的作战样式和作战方法，许多军事理论是围绕某种主战兵器及相应作战力量的运用而展开的。

意大利军事理论家杜黑提出了"空中战争"理论，又称空军制胜论。在其著作《制空权》中强调夺得制空权是赢得战争的必要条件，空军的首要任务是夺取制空权。由于飞机的广泛应用，空军将成为未来战争的主要力量，空中战争的胜负决定战争结局，为此要建立与海军、陆军并列的独立空军。空中战争是进攻性的，空军的核心是轰炸机部队，要对敌国纵深政治、经济、军事目标实施战略轰炸，迫其屈服。英国的富勒、德国的古德里安等提出了"机械化战争"理论，又称坦克制胜论。他们认为装甲坦克是战争的决定性力量，是陆军的主体；大量集中使用坦克和航空兵，实施突然有力的突击，可以迅速突破对方主要集团的防线，深入敌纵深，摧毁一个战备不足的国家。德国的鲁登道夫提出"总体战"理论，认为现代战争是总体战，它既针对军队，也针对平民，战争具有全民性，强调民族的团结在战争中的重要性；主张实行国民经济军事化；要建设好一支平时就准备好的军队；重视统帅在总体战中的作用；战争的突然性意义重大，力求闪击对方。法国元帅贝当根据第一次世界大战的经验，提出依靠坚固防御工事制胜的"阵地战"理论。英国的军事理论家利德尔·哈特，提出"间接路线战略"，主张避免正面强攻，而要采取迂回路线，造成对自己有利的形势，集中力量对付敌人的弱点，以小的代价达成战争的目的。这些形形色色的军事思想，对当时世界各国的军队建设、战争准备和作战行动，都起到了重要的指导作用。

在1939年至1945年的第二次世界大战中，各种军事思想在实践中经受了检验。法国的军事思想因循守旧，看不到飞机、坦克等新式武器的出现给作战方式带来的影响，拘泥于第一次世界大战的阵地战经验，迷信马其诺防线坚不可摧，实行消极防御，结果在德军的进攻面前很快失败。德国运用"机械化战争理论"，大规模使用集群坦克，创立了"闪击"战法，在战争初期的作战中发挥了奇效。但德国、日本等法西斯国家，单纯依靠先期准备和突然袭击，对战争胜负取决于国家的政治、经济、军事等各个方面的综合实力缺乏清醒认识，最终遭到彻底失败，暴露了其军事思想的致命缺陷。

第二次世界大战接近尾声时，美国核武器研制成功，随即用于对日作战，使人类进入了核武器时代。战后，美国挥舞原子弹，对苏联及其他社会主义国家实施核讹诈，"核武器制胜论"和威慑理论在美国军事思想中占据重要地位。战后初期，美国先后实行遏制战略和大规模报复战略，凭借其核力量的优势，准备打一场核大战，因而削减常规力量，重点发展核武器和战略空军。随着苏联军事力量不断增强和危机事件不断发生，美国认识到只靠核武器不能对付中小规模的常规战争和各种危机，因此对军事战略进行了调整，先后实行灵活反应战略、现实威慑战略、新灵活反应战略，主张以核武器为"盾"，以常规力量为"剑"，在确保核威慑的前提下，发动常规力量，准备打各种类型的战争。20世纪80年代初，美国军事理论家格雷厄姆提出"高边疆"战略思想，认为外层空间是人类活动新的战略制高点，谁能控制外层空间，谁就能掌握战略主动权。根据这一思想，美国于1983年制定了"战略防御倡议"，俗称"星球大战计划"，准备利用空间技术建立弹道导弹防御体系，使自己处于能攻能守的优势地位，确保自身绝对安全。

20世纪80年代末90年代初，国际战略格局发生了重大变化，苏联解体、东欧剧变。冷战虽已结束，但武装冲突和局部战争频频发生。与此同时，以信息技术为核心的高技术迅猛发展，对武器装备的研制、军队编制体制的调整产生了重大影响，导致战争形态由机械化向信息化转化。在这种背景下，美国等主要军事强国掀起了一场新的军事变革，对军事思想的更新产生了巨大的推动作用。1991年海湾战争后，美国军事理论家根据战争形态的变化趋势，提出了"信息作战""震慑作战""快速决定性作战"等理论观点，积极研究"网络中心战""一体化联合作战"等新战法，强调非线式作战、非对称作战、非接触作战，力求零伤亡。在军队建设上，美国历来依赖技术优势。在信息化条件下，美国形成了以"信息优势"为核心的建军思想，认为信息优势是军队的核心能力，美军建设的一切活动都是围绕增强信息优势来进行的。进入21世纪后，美军又制定了进一步加强信息化建设的计划和措施，本世纪中叶将基本建成信息化军队和陆海空天一体的数字化战场。其目的就是依仗其雄厚的经济实力和先进的科学技术，进一步扩大与其他国家在军事技术上的时代差，长久保持其一超独霸的国际地位。

美国作为西方国家的领头羊，其军事思想代表着西方现代军事思想的主要潮流，但其他西方国家的军事思想也有一些不同的特点。如英国、法国、德国等，从维护自身利益出发，在发展武器装备、军队结构、安全战略、联盟战略等方面都有自己的考虑和做法。冷战结束后，法、德等国注重增强本国军事实力，试图通过法德合作推动欧洲共同防务的发展，逐步摆脱对美国的军事依赖，依靠欧洲自身力量维护欧洲安全。英国在继续保持与美国的特殊关系的同时，着重准备进行与英国利益相关的局部战争和应付北约以外地区的突发事件，加强快速反应部队建设，提升紧急海外作战能力、远距离输送部队的能力、舰队的远洋独立作战能力。苏联解体后，俄罗斯根据其经济、军事力量下降的具体情况，先后提出"纯防御""积极防御"和"现实遏制"战略，重点准备应付局部战争和武装冲突，削减军队规模，走质量建军之路，大力发展太空技术，在少量重点军事领域保持世界领先地位，建立合理够用的核攻击力量，保留在紧急情况下首先使用核武器的战略选择。

在这一时期，中国军事思想有了极大的发展。中国自"五四运动"至今，经历了半封建半殖民地、社会主义初级阶段。中国共产党在长期的革命战争和国防建设实践中，吸收古今中外军事思想的有益精华，逐渐形成了包括毛泽东军事思想、邓小平新时期军队建设思想、江泽民国防和军队建设思想、胡锦涛国防和军队建设思想、习近平关于国防和军队建设重要论述的军事理论。

第二节　中国古代军事思想

中国古代军事思想，是指我国在奴隶社会、封建社会时期，各阶级、集团及其军事家和军事论著者对于战争与军队问题的理性认识。它随着社会、战争的发展而不断深化，经历了发生、发展的沿革过程。

一、中国古代军事思想的形成与发展

1. 中国古代军事思想的初步形成（夏、商、西周时期）

公元前21世纪至公元前8世纪，我国先后经历了夏、商、西周三个奴隶制王朝。这是中国奴隶社会从确立、发展到鼎盛的整个历史阶段，也是我国古代军事思想的初步形成时期。由于对战争客观规律认识的局限，战争受迷信的影响极大，经常以占卜、观察星象等来决定战争行动，产生了以靠天命观为中心内容的战争指导思想。军队的治理以"礼"和"刑"为基础。"礼"主要适于上层的贵族和军官，讲究等级名分、上下有序；对下级和士兵的管理主要靠严酷的刑罚。这个阶段已产生了一些萌芽形态的兵书。商代甲骨文、商周的金文中就有大量关于军事活动的记载。西周时期已出现《军志》《军政》等军事著作，虽早已失传，但这是我国古代军事思想形成的重要标志。

2. 中国古代军事思想趋向成熟（春秋、战国时期）

公元前8世纪初到公元前3世纪末，即春秋战国时期。它是我国从奴隶制向封建制的过渡时期，是我国古代政治、经济、文化和科技大发展阶段，也是古代军事大发展时期。阶级矛盾的不断深化，使战争连绵不断，战争规模扩大，战争频繁又形式多样。许多代表新兴地主阶级的军事家和兵书著作不断涌现，从战争论、治兵论、用兵论及研究战争的方法论等方面，全面奠定了我国古代军事思想的基础，标志着我国古代军事思想的基本成熟。现存最早、影响最大的就是春秋末期孙武所著《孙子兵法》。它是新兴地主阶级军事理论的奠基作，标志着封建阶级军事思想的成熟，成为后世兵书的典范。其他影响较大的兵书还有《吴子》《司马法》《孙膑兵法》《尉缭子》《六韬》等著作。

3. 中国古代军事思想的进一步丰富和发展（秦—五代时期）

公元前3世纪初至公元10世纪中叶，是中国封建社会发展的上升阶段。这期间主要经历了秦、汉、晋、隋、唐等几个大的王朝。其中汉、唐两代是中国封建社会的盛世，军事思想也得到了进一步丰富和发展。

秦以后进入了以铁兵器为主的时代，骑兵成为作战力量主角，舟师水军参战也更多了。这就要求作战指挥必须加强步、骑、水军的配合作战。从汉到隋曾多次发生像赤壁

之战、淝水之战这样大规模、多兵种大集团的配合作战。在这些战争中，政治斗争与军事斗争的结合、谋略与决策的运用，以及作战指挥艺术都达到了相当高的水平。战争的发展使得战略战术的运用和指挥艺术都得到高度发展，战略思想也日臻成熟。诸葛亮的《隆中对》成为当时战略决策的一代楷模。

这个时期出现了许多总结军事斗争经验的兵书。其中汉初的《黄石公三略》和后来的《李卫公问对》等，是传世的重要著作。《黄石公三略》是一部从政治与军事关系上论述战争攻取的兵书，它进一步阐述了"柔能制刚，弱能制强"的朴素的军事辩证法思想，并指出最高统治者必须广揽人才，重视民众与士卒的作用。《李卫公问对》结合唐代初期的战争经验，对以往的兵书进行了探讨，对《孙子兵法》提出的虚实、奇正和攻守等原则及其内在联系，作了辩证的论述，而且在某些方面提出了更新的见解，发展了前人的思想，深化了先秦时期某些用兵原则与内涵。特别是它论从史出、以史例论兵的研究方法，开创了结合战例探讨兵法的新风，受到历代兵家的高度赞赏和效仿。

4. 中国古代军事思想形成体系化（宋—清前期）

公元960年到1840年，历经宋、元、明、清（前期）四个朝代。这期间，中国封建社会已进入后期。火器逐渐普遍使用，使战争进入了冷、热兵器并用的时代。宋朝之初，就面临着民族矛盾扩大、阶级矛盾激化和统治阶级内部矛盾加剧的局面。因此，当政者为了维护统治，确立了兵书在社会中的正统地位，武学开始纳入国家教育体系。北宋中叶开始重视武事，开办武学，设立武举，发展军事教育。统治者为了教习文臣武将熟悉军事，命曾公亮等编纂《武经总要》，总结古今兵法和本朝方略，颁布《孙子兵法》《吴子》《司马法》《六韬》《尉缭子》《三略》和《李卫公问对》为《武经七书》，并官定为武学教材。武举的设立，武学的兴办，武经的颁定，培养了大批军事人才，繁荣了军事学术。

这个时期，是中国古代军事思想历经漫长的丰富和发展之后，走上体系化的时期。其主要表现是兵书的数量繁多、门类齐全、概括性强和自成体系，这一时期成为我国古代兵书数量最多的时期。据《中国兵书总目》统计，宋元明清（不含近代）兵书总共有1 815种，占我国古代兵书总数的四分之三以上。而且内容丰富，分门别类地概括了军事思想的各个方面，形成了比较完整的体系。

二、中国古代军事思想的基本内容

1. 战争的起因、性质和作用

战争的起因。《吴子》兵法认为："一曰争名，二曰争利，三曰积恶，四曰内乱，五曰因饥。"就是说引起战争的原因有五个方面：一是争夺霸主地位；二是争夺土地、财产和人口；三是积恨深怨；四是国家发生了内乱；五是国家发生了饥荒。

战争的性质。《吴子》兵法指出："一曰义兵，二曰强兵，三曰刚兵，四曰暴兵，五曰逆兵。"即禁暴除乱、拯救危难的军队叫义兵；仗恃兵强、征伐列国的军队叫强兵；因君王震怒而出师的军队叫刚兵；悖理贪利的军队叫暴兵；不顾国乱民疲，兴师伐众而出征的军队叫逆兵。

战争的作用。《司马法》中指出:"是故杀人安人,杀之可也;攻其国爱其民,攻之可也;以战止战,虽战可也。"《尉缭子》则明确指出:"故兵者,所以诛暴乱,禁不义也。"

2. 战争与政治

《孙子兵法》指出:"用兵者,修道而保法,故能为胜败之政。"《尉缭子》指出:"兵者,以武为植,以文为种;武为表,文为里。"《淮南子·兵略训》指出:"兵之胜败,本在于政。……为存政者,虽小必存;为亡政者,虽大必亡。"《司马法》指出:"以义治之之谓正,正不获意则权,权出于战争,不出于中人。"意思是说采用合于正义的措施治理国家,这是正常的方法。用正常的方法达不到目的就采取特殊的手段,特殊手段是以战争方式表现出来的,而不是以和平方式表现出来。

3. 战争与经济

经济是战争的物质基础,战争是以巨大的物质消耗为代价的,这一点我国古代军事家认识是比较深刻的。《孙子兵法》指出:"凡用兵之法,驰车千驷,革车千乘,带甲十万,千里馈粮;则内外之费,宾客之用,胶漆之材,车甲之奉,日费千金,然后十万之师举矣。"因此,又指出"善用兵者,役不再籍,粮不三载,取用于国,因粮于敌,故军食可足也"。春秋时期的管仲也曾较深刻地论述"地之守在城,城之守在兵,兵之守在人,人之守在粟"。因此,他明确指出:"一期之师,十年之蓄积殚;一战之费,累代之攻尽。"

4. 战争与主观指导

《孙子兵法》明确指出,"因利而制权,……故兵无常势,水无常形,能因敌变化而取胜者,谓之神"。因为"兵无常势",指挥者必须不断根据敌情、我情的变化修正主观指导,采取克敌制胜的有效手段。《草庐经略》中则说得更明确,"夫敌情叵测,常胜之家必先翻敌之情也。其动其静,其强其弱,其治其乱,其严其懈,虚虚实实,进进退退,变态万状,烛照数计,或谋虑潜藏而直钩其隐状,或事机未发而预揣其必然。盖两军对垒,胜负攸悬,一或不审,所失匪细。必观其将帅察其才,因其形而用其权;凡军心之趋向,理势之安危,战守之机宜,事局之究竟,算无遗漏,所谓运筹帷幄,决胜千里也"。认为只有掌握客观规律,充分发挥主观指导作用,才能赢得胜利。

5. 将帅修养

古代军事家特别重视将帅在战争中的地位和作用,认为"知兵之将,民之司命,国家安危之主也"。为此,从封建统治阶级的利益出发,提出了将帅修养的标准。《孙子兵法》强调"将者,智、信、仁、勇、严也"。《吴子》兵法中则提出,"总文武者,军之将也"。故将之所慎者五:"一曰理,二曰备,三曰果,四曰戒,五曰约。"怎样考核将帅呢?《武经总要·选将》提出"九验":"远使之以观其忠,近使之以观其恭,繁使之以观其能,卒然问焉以观其智,急与之期以观其信,委之以货财以观其仁,告之以危以观其节,醉之以酒以观其态,杂之以处以观其色。"

6. 治军

一是法规法令的建设与实施。《尉缭子》中设有《重刑令》《伍制令》《勒卒令》《经卒令》和《兵令》，等等，就是为了"明刑罚，正功赏""鼓之，前如雷霆，动如风雨，莫敢当其前，莫敢蹑其后"，使军队"方亦胜，圆亦胜，错邪亦胜，临险亦胜"。二是教练。《吴子》兵法中指出："故用兵之法，教戒为先。一人学战，教成十人。十人学战，教成百人。百人学战，教成千人。千人学战，教成万人。万人学战，教成三军。"《兵略丛言提纲》中指出："不教则不明，不练则不习。"在训练方法上主张"教得其道""练心""练胆""练艺"。

7. 战略战术

古代兵书中关于战争谋略与战术的论述，有许多是很有见地的。如："上兵伐谋""以全争于天下"的全胜论；"不战而屈人之兵"的威慑论；"度势""料势""为势"的"胜可为"论；"先人有夺人之心"的"兵贵先"的先发制胜论；"后人发，先人至"的后发制胜论；"制人者，握权也；见制于人者，制命也""致人而不致于人"的掌握战争主动权论；"战势不过奇正，奇正之变，不正胜穷也""善用兵者，无不正，无不奇，使敌莫测"的奇正相变论；"我专而敌分，我专为一，敌分为十，是以十攻其一也"的"以众击寡"论；"避其锐气，击其惰归""以治待乱，以静待哗""以近待远，以佚待劳，以饱待饥""无邀正正之旗，勿击堂堂之阵"的"治气""治心""治力""治变"的四治论；等等。

8. 战争保障

物质储备和后方补给。《孙子·军争》指出，"军无辎重则亡，无粮食则亡，无积委则亡"。《六韬·军略》则说，"三军用备，主将何忧"。因此，古代军事思想家提出，"取用于国，因粮于敌"。

地形。《孙子·地形》指出，"夫地形者，兵之助也""知天知地，胜乃不穷"。《武经总要·九地》提出："夫顿兵之道有地利焉。我先据胜地，则敌不能以胜我；敌先居胜地，则我不能以制敌。"

用间。《孙子·用间》提出："三军之事，莫亲于间。""先知者，不可取于鬼神，不可象于事，不可验于度，必取于人，知敌之情者也"。又说，"无所不用间也"。《行军须知·用间》则说："间谍之法，于兵家尤为切要也。"此外，还有阵法、行军、安营、警戒等方面的论述。

三、《孙子兵法》简介

据史书记载，《孙子兵法》是我国古代军事家孙武所著。《孙子兵法》，史记为82卷，图9卷，现存仅为13篇，6 076字，其他如八阵图、战斗六甲法等已失传。13篇可分为三个部分：第一部分由《计》《作战》《谋攻》《形》《势》和《虚实》组成，侧重论述军事学的基础理论和战略问题，主要强调战略速决和伐谋取胜，另外包含对战争总体、实力计算和威慑力量的深刻认识。第二部分由《军争》《九变》《行军》《地形》和《九地》组成,侧重论述运动战术、地形与军队配置,攻防战术和胜败关系,具体包括奇正、虚实、勇怯、专分、强弱、治乱、进退、动静和死生等辩证关系。第三部分由《火攻》和《用间》组成,论述了战争中的两个特殊问题。

 延伸阅读

孙武生平

孙武,字长卿,春秋末期齐国乐安人(今山东惠民县)。孙武出生于一个精通军事的世袭贵族家庭,从小就受到家庭的熏陶。社会环境和家庭影响为孙武的成长提供了优越的条件,加之勤奋好学,青年时代的孙武就显露出卓越的军事才华。后来,齐国发生了"四姓(田、鲍、栾、高)之乱",孙武出奔吴国。公元前512年,经大臣伍子胥七次推荐,吴王阖闾会见了孙武并细读了孙武兵法的13篇,聆听了孙武对战争和时局惊世骇俗的见解,观看了孙武演兵,亲身感受到他的才华横溢,即委任孙武为将。孙武在近30年的戎马生涯中,为吴国的崛起和扩张立下了赫赫战功。如:公元前506年,吴楚柏举之战,吴军对楚国实施千里奔袭,以3万精兵破楚20万大军,连续五战五捷,攻入楚国都郢城,把一个长期雄踞江汉、称霸中原的头等大国打得落花流水;公元前484年,艾陵战役,吴军重创齐军,几乎全歼10万齐兵;公元前482年,黄池会盟,吴国威逼晋国,取代其霸主地位。这些都有孙武的重大战功。

《孙子兵法》是我国奴隶制向封建制过渡的社会大变革时代的产物,也是孙武革新进步的军事思想所结出的硕果。它被誉为古今中外现存古书中最有价值、最有影响的古代第一兵书,并在其他社会领域有着广泛的影响。《孙子兵法》的主要军事观点体现在以下几个方面。

(一)重战、慎战和备战思想

1. 重战思想

《孙子兵法》开篇就指出:"兵者,国之大事,死生之地,存亡之道,不可不察也。"战争是国家的大事,关系到军民生死,国家存亡,是不可不认真研究的。这段关于战争的精辟概括,是孙武军事思想的基本出发点。春秋末期,诸侯兼并,战乱频繁,战争不仅是各国维持其政治统治、向外扩张发展的主要手段,而且关系到国家的存亡。孙武总结了一些国家强盛、一些国家灭亡的经验和教训,提出"兵者,国之大事"的著名论断,这对于人类认识战争的实质,无疑是一个巨大的贡献。

2. 慎战思想

"亡国不可以复存,死者不可以复生,故明君慎之,良将警之。"国家灭亡了就不能再存在,人死了就不能再复活。所以,对待战争问题,明智的国君要慎重,贤良的将帅要警惕。从这点出发,孙武主张,"非利不动,非得不用,非危不战"。不是对国家有利的,就不要采取军事行动;没有取胜把握的,就不能随便用兵;不处在危急紧迫情

况下，就不能轻易开战。

3. 备战思想

"用兵之法，无恃其不来，恃吾有以待也；无恃其不攻，恃吾有所不可攻也。"用兵的原则，不要寄希望于敌人不会来，而要依靠自己有充分的准备；不要寄希望于敌人不会来攻，而要依靠自己有使敌人无法攻破的条件。战争的立足点要放在事先做好充分准备、严阵以待、使敌人不敢轻易向我发动进攻的基点上。

（二）"知彼知己，百战不殆"的战争指导思想

"知彼知己，百战不殆；不知彼而知己，一胜一负；不知彼，不知己，每战必殆。"了解敌人又了解自己，则百战不败；不了解敌人而了解自己，可能胜也可能败；既不了解敌人，又不了解自己，那就会每战必败。

孙武用简明扼要的语言，指明了战争指导者了解敌我双方情况与战争胜负的关系，从而揭示了指导战争的普遍规律。这一思想是极富科学价值的。自有战争以来，古今中外的战争指导者，都不能违背这一规律。毛泽东对此曾有高度评价，在《论持久战》一文中指出："战争不是神物，乃是世间的一种必然运动，因此，孙子的规律'知彼知己，百战不殆'乃是科学的真理。"这条规律，从哲学意义上讲，是实事求是的朴素的唯物主义思想；从战争理论上讲，是分析判断情况的根本规律；从指导战争的意义上讲，是先求可胜的条件，再求必胜之时机的重要抉择。

（三）以谋略制胜为核心的用兵思想

谋略，是指用兵的计谋。《孙子兵法》军事思想的核心是谋略制胜。它认为军事斗争不仅仅是军事力量的竞赛，而且是敌我双方政治、经济、军事和外交等综合斗争；也是双方军事指导艺术的较量，即斗智。

1. "庙算"制胜

"多算胜，少算不胜，而况不算乎！吾以此观之，胜负见矣。"战前，计算周密，胜利条件多，可能胜敌；计算不周，胜利条件少，不能胜敌；而何况于根本不计算，没有胜利条件呢！我们从这些方面来考察，谁胜谁负就可以看出来。庙算制胜，主要是指战前要从战争全局上对战争诸因素进行分析对比，决定打不打，怎么打，用什么力量打，在什么时间、地点打，打到什么程度，如何进行战争准备和后方保障，做到有预见、有计划和有保障，心中有数，打则必胜。也就是说先求"运筹于帷幄之中"，然后才能"决胜于千里之外"。

2. 诡道制胜

"兵者，诡道也""兵以诈立"。用兵打仗是一种诡诈行为，要依靠诡诈多变取胜。军事上的诡道是指异于常规的做法。"兵不厌诈"，乃古今常理。在战争的舞台上，如果对敌人讲"君子"之道，就必然被敌所制；如果能较好地运用诡道，造成敌人的过失，创造战机，那就会陷敌于被动。这种战例，举不胜举。如，马陵道之战，诸葛亮的"空城计"，日本偷袭珍珠港，诺曼底登陆，等等。孙武将诡道归纳为十二法，"能而示

之不能，用而示之不用，近而示之远，远而示之近，利而诱之，乱而取之，实而备之，强而避之，怒而挠之，卑而骄之，佚而劳之，亲而离之，攻其无备，出其不意，此兵家之胜，不可先传也"。

3."不战而屈人之兵"

"故百战百胜，非善之善者也；不战而屈人之兵，善之善者也。"在战争中，百战百胜，并不是好中最好的，不战而使敌人屈服才是好中最好的。所以，孙武主张"上兵伐谋；其次伐交；其次伐兵；其下攻城"。最好的是以谋制胜，使敌人屈服。其次是通过外交途径，分化瓦解敌人的同盟，迫使敌人陷入孤立，最后不得不屈服。例如，战国时，秦国采取"远交近攻"的政策，逐步灭了六国，就是以外交手段配合军事进攻而取得胜利的。再次是伐兵，即用武力战胜敌人。最下策是攻城，硬碰硬地攻坚战。孙武指出："善用兵者，屈人之兵而非战也，拔人之城而非攻也，毁人之国而非久也，必以全争于天下。故兵不顿而利可全，此谋攻之法也。"善于用兵的人，使敌人屈服不用直接交战，一定要用全胜的计谋争胜于天下，这样，军队就不至于疲惫受挫，而又能获得全胜的利益。这就是以计谋攻敌的原则和孙武全胜的思想。

当然，"全胜"的思想，不战而胜，是要以强大的武力作后盾的，如果没有强大的军事力量，就不可能达到不战而胜的目的。如，1949年平津战役时，之所以能使傅作义起义，取得和平解放北平的胜利，其前提条件是由于我军西克张家口、东夺天津、百万大军兵临城下，使北平之敌处于一无逃路、二无外援、战则必败的境地，加上我党的政策的感召等。

孙武还总结了若干作战用兵原则。如：先胜而后求战的原则；示形、动敌的原则；避实而击虚的原则；我专而敌分的原则；因敌而制胜的原则等。总之，孙武"不战而屈人之兵"的思想，对后世的影响很大，并为世界所公认。

（四）"文武兼施，恩威并用"的治军思想

"卒未亲附而罚之，则不服，不服，则难用；卒已亲附而罚不行，则不可用。故令之以文，齐之以武，是谓必取。""令素行者，与众相得也。"将帅还没有取得士卒的爱戴和拥护就去惩罚他们，他们就不会心服，心不服就很难使用他们去作战。将帅已经取得了士卒的爱戴和拥护，而纪律不能严格执行，也不能使用他们去作战。因此，一方面要用体贴和爱护使他们心悦诚服；另一方面要用严格的纪律使他们行动整齐。这样才能战必胜。平素命令之所以能贯彻执行，都是由于将帅与士卒相互信赖的缘故。

（五）朴素唯物论和原始辩证法思想

《孙子兵法》之所以具有极大的时空跨度，经久不衰，与它反映的朴素唯物论和原始辩证法思想是分不开的。兵法中反映的唯物论，主要包括三个方面：一是对战争的认识，冲破了"鬼神论"和"天命论"；二是把客观因素作为决定战争胜负的基础；三是注意到时间和空间在军事上的作用。原始辩证法思想主要表现在能够正确认识战争中各种矛盾的对立统一及相互转化的关系。《孙子兵法》中的辩证概念要领有85对，使用

260 次之多，如敌我、攻守、胜负、迂直、强弱、勇怯、奇正、虚实、分合、久速等，并充分论述了在一定条件下这些是可以互相转化的。

《孙子兵法》作为一部伟大的军事著作，它的科学价值和历史功绩是不可磨灭的。但由于它诞生在两千多年前的古代，难免存有时代和阶级的局限，其主要表现在：战争观方面未能区分战争的性质；治军方面的愚兵政策；军队补给方面的抢掠政策以及作战原则方面存有某些片面性等。我们在学习和运用《孙子兵法》时应注意剔析这些缺点，但在认识这部伟大著作时，绝不能求全责备。因为《孙子兵法》不仅是春秋战国时代军事思想中最光辉灿烂的部分和杰出的代表，而且它具有超越时间和空间的科学价值，它是我国乃至世界最宝贵的文化遗产之一。

第三节 毛泽东军事思想

一、毛泽东军事思想的科学含义

毛泽东军事思想是以毛泽东为代表的中国共产党人关于中国革命战争和军队问题的科学理论体系。它是毛泽东思想的重要组成部分，是马克思列宁主义普遍原理同中国革命战争和国防建设实践相结合的产物，是中国革命战争、军队建设和国防建设及国家防卫实践经验的科学总结和理论升华，是中国共产党人集体智慧的结晶。

（一）毛泽东军事思想是马克思主义的基本原理与中国革命战争具体实践相结合的产物

毛泽东军事思想来源于中国革命战争的伟大实践。当时的中国，是一个以农业为主体的半殖民地半封建国家，人民饱受苦难，社会矛盾尖锐。无产阶级的政党怎样组建军队，如何进行革命战争，如何按照中国革命战争的客观规律将革命引向胜利，这是摆在中国共产党人面前的一个特殊而又困难的任务。要完成这个任务，需要解决许多特殊而又复杂的问题，在马列主义的经典著作中不可能找到现成的答案，靠照抄照搬别国的经验，也是无法取得成功的。以毛泽东为主要代表的中国共产党人，适应中国革命战争的需要，在长期领导中国革命战争的实践过程中，创造性地应用马列主义的科学原理，正确地解决了这些问题，因而形成了具有鲜明中国特色的马列主义军事理论，即毛泽东军事思想。

（二）毛泽东军事思想是中国革命战争和军队建设实践经验的总结

军事理论产生于军事实践，中国革命战争的实践是毛泽东军事思想产生和发展的源泉和基础。中国共产党在领导全国各族人民为完成民主革命而斗争的过程中，经历了国共合作的北伐战争，独立地领导了土地革命战争、抗日战争和全国解放战争，推翻了帝国主义、封建主义和官僚资本主义三座大山在中国的反动统治，建立了新中国。这场革命战争，其时间之长，规模之大，情况之复杂，道路之曲折，内容之丰富，形式之多样，歼敌数量之多，在中国历史上都是空前的，在世界历史上也是罕见的。这是一场代表人民利益的、得到人民群众广泛参加和支持的人民战争。新中国成立后，又进行了将近三年的抗美援朝战争，以及抗击苏联、印度、越南侵犯边境和海疆的自卫反击作战，并从各方面进行了以现代化为中心的国防建设，积累了丰富的实践经验。毛泽东军事思想就是这些实践经验在理论上的科学概括和总结。

（三）毛泽东军事思想是以毛泽东为代表的中国共产党人集体智慧的结晶

在人类历史上起过进步作用的正确思想，从来不是某一个人的独创，毛泽东军事思想也是如此，它是毛泽东和他的战友们共同创造的。亿万人民群众和广大指战员的斗争经验和创造精神，全党、全军和全国各族人民在规模空前的人民战争中发挥出来的聪明才智，成为毛泽东军事思想最宝贵的源泉。

中国革命战争是分布在若干个彼此分割、互不相连的地区发生和发展起来的。从土地革命战争时期的"红色割据"区域，发展到抗日战争时期的各抗日民主根据地，再发展到解放战争时期的各解放区，基本上都是处于被敌人分割的状态。在这种斗争环境中，各革命根据地不仅独立地创造了适应本地区特点的各种斗争手段，而且造就了一大批能够独当一面的革命领袖人物，他们对毛泽东军事思想的形成和发展作出了重要的贡献。遵义会议后，党中央逐步形成了以毛泽东为核心的领导集体，但毛泽东提出的许多路线、方针、政策和其他重大决策，也都经过了党中央的集体讨论，凝聚着老一辈无产阶级革命家的集体智慧。

能把集体智慧凝聚成宝贵的结晶，有赖于最高领导人的正确引导和科学总结。我党在领导中国革命战争的过程中，涌现出了不少的军事家，但真正熟读兵书、精通兵法、用兵如神的当首推毛泽东。他善于博采众长，进行科学的归纳和总结，并在一系列军事论著中加以理论升华，发挥了别人所不能起到的最重要的主导作用。所以，中国共产党人以集体智慧形成的光辉的军事思想，冠之以毛泽东的名字又确实是当之无愧的。

（四）毛泽东军事思想是毛泽东思想的重要组成部分

在取得全国政权以前的二十八年里，我们党的历史实际上是一部武装斗争的历史。军事斗争是我们党的工作重心，占有突出的地位。毛泽东和他的战友，不得不以极大的精力关注战争，研究军事。毛泽东的军事活动，是他一生中最辉煌、最成功的部分。他的军事著作在其全部著作中占有大量篇幅，他的军事思想在其整个思想体系中占有重要地位。因此我们说，毛泽东军事思想是毛泽东思想的重要组成部分。

二、毛泽东军事思想的形成和发展

毛泽东军事思想的形成和发展，是同中国革命战争的实际、同党内"左"、右倾错误的斗争,以及新中国成立后国防建设和军事斗争的需要紧密联系在一起的。

(一) 毛泽东军事思想的产生

从中国共产党成立到党的遵义会议,是毛泽东军事思想的产生时期。在俄国十月革命的影响下,中国共产党从接受马克思列宁主义关于暴力革命学说开始,逐渐认识到军事工作在中国革命中的重要性。国共合作时期,帮助国民党创办黄埔军校,在军队中设立党代表和政治部,我党开始直接掌握和影响部分军队,对武装斗争和军队建设问题进行探索,培养了一批党的军事干部。第一次大革命失败的严酷现实,使中国共产党人进一步认识到武装斗争和掌握军队的极其重要性。1927年8月1日的南昌起义,打响了武装反抗国民党反动派的第一枪,开创了我们党独立领导武装斗争的新时期。同年8月7日,毛泽东在党的"八七会议"上,提出了"枪杆子里面出政权"的著名论断。9月,毛泽东又亲自发动和领导了湘赣边界的秋收起义。他带领秋收起义部队进军井冈山,建立了第一个农村革命根据地,实行"工农武装割据",开辟了一条以农村包围城市的崭新的革命道路。

从"三湾改编"到"古田会议",毛泽东提出并制定了一套较为完整的人民军队的建军原则。在反对敌人"进剿"和"围剿"的武装斗争中提出并实践了动员群众、依靠群众和武装群众的人民战争思想;总结出了游击战争的"敌进我退、敌驻我扰、敌疲我打、敌退我追"的十六字诀原则和诱敌深入、集中兵力、运动战、速决战、歼灭战等红军作战原则。经过斗争实践,形成了一条马列主义的军事路线。

这一时期,以毛泽东为主要代表的中国共产党人,从中国的实际情况出发,不断地探索和总结武装斗争和军队建设的经验,提出了中国革命战争的总方针,创造性地解决了中国革命的道路问题,提出了人民战争思想及一系列人民战争的战略战术原则。至此,毛泽东军事思想的基本内容已经产生,为其科学体系的形成奠定了坚实的基础。

(二) 毛泽东军事思想的形成

从遵义会议到抗日战争的胜利,是毛泽东军事思想的形成时期。遵义会议纠正了王明"左"倾冒险主义在军事领导上的错误,重新肯定了以毛泽东为代表的正确军事路线,确立了毛泽东在红军和中共中央的领导地位。这是中国革命由挫折走向胜利的一个伟大的历史转折点,也是毛泽东军事思想由产生到形成发展的起点。

红军长征到达陕北后,毛泽东在指挥作战之余,开始总结土地革命战争以来的经验,把土地革命战争时期产生的军事思想创造性地运用于抗日战争,制定了抗日民族统一战线的政治路线和军事战略方针,并完成了他一生中最辉煌的军事理论巨著。1936年12月,毛泽东在《中国革命战争的战略问题》一文中,阐明了无产阶级对待战争的根本立场、观点和研究指导战争的基本方法,深刻地分析了中国革命战争的特点和规律,系统地论述了中国革命战争的战略指导问题,确立了积极防御的基本原则。随后,毛泽东在《抗日游击战争的战略问题》《论持久战》和《战争和战略问题》等军事名著中,深刻分析了中国革命战争,特别是抗日战争的特点和规律,确立了指导战争的方针和原则及战略和策略问题，把游击战提高到战略地位，创立了系统的游击战争理论；还全面阐述了人民军队的建军宗旨、原则和人民战争的基本内容。至此，毛泽东军事思想所涉及的无产阶级战争观和方法论、人民军队建设理论、人民战争思想、人民战争的战略战术等方面，都已发展成为系统的理论，形成了比较完整的军事科学体系。

延伸阅读

《论持久战》简介

抗战全面爆发后，在国民党内出现了"速胜论"和"亡国论"等论调。在共产党内，也有一些人冀望于国民党正规军的抗战，轻视游击战争。抗日战争的发展前途究竟如何，一时成了人们关注的问题。1938年5月，毛泽东撰写的《论持久战》一文，初步总结了全国抗战的经验，批驳了当时盛行的种种错误观点，系统阐明了党的抗日持久战方针。在这篇著作中，毛泽东分析了中日两国的社会形态、双方战争的性质、战争要素的强弱状况、国际社会的支持与否，指出抗日战争是持久战，最后的胜利属于中国。他还科学地预见到抗日战争必将经过战略防御、战略相持、战略反攻三个阶段。他强调"兵民是胜利之本"，抗战胜利的唯一正确道路是实行人民战争。《论持久战》是中国共产党领导抗日战争的纲领性文献，它指明了抗战的前途，提出了正确的路线。随后，国民党军委会通令全国，将其作为抗日战争的战略指导思想，并邀请周恩来等给国民党将领讲授毛泽东的《论持久战》。抗战的实践充分证明了这篇著作的预见是完全正确的。

（三）毛泽东军事思想的发展

抗日战争胜利后，经过解放战争、抗美援朝战争以及社会主义建设时期，毛泽东军事思想得到了全面的丰富和发展。

在战争指导上，毛泽东相继发表了《抗日战争胜利后的时局和我们的方针》《以自卫战争粉碎蒋介石的进攻》《集中优势兵力，各个歼灭敌人》《大举出击，经略中原》《解放战争第二年的战略方针》《目前的形势和我们的任务》《评西北大捷兼论解放军的新式整军运动》《关于三大战役的作战方针》《将革命进行到底》等大量文章。其中在《目前的形势和我们的任务》一文中明确提出了著名的十大军事原则。解放战争时期，毛泽东军事思想得到了极大的发展，不仅使战略防御和运动战理论有了发展，而且还创立了战略进攻、战略决战和战略追击的系统理论。新中国成立前夕，毛泽东明确指出，"我们不但要有一个强大的陆军，还要有一个强大的空军和一个强大的海军"，为和平时期建军指明了方向。

抗美援朝战争是一场挫败现代化敌人的反侵略战争。毛泽东根据当时的情况和特点，提出了一系列在现代化条件下进行反侵略战争的理论及原则。如对英美军实行战术小包围，打小规模歼灭战；把阵地战提高到战略地位；建立强大的后勤系统，搞好后勤保障；军事打击紧密配合政治斗争等。

新中国成立后，毛泽东提出了建设现代化、正规化的国防军，发展尖端国防科技和全民皆兵的思想，指出要在大力发展国民经济、增强国家经济实力的基础上，建立完整的国防工业体系，发展现代化的技术装备，独立自主地建设强大的国防，做好反侵略战争的准备。

党的十一届三中全会后，以邓小平同志为核心的党的第二代领导集体、以江泽民同志为核心的党的第三代领导集体、以胡锦涛同志为核心的党的第四代领导集体和以习近平为总书记的新一代领导集体继承和发展了毛泽东军事思想，在建设现代化国防、制定新时期军事战略方针和打赢现代技术特别是高技术条件下局部战争等方面，均有新的建树和发展。

三、毛泽东军事思想的主要内容

毛泽东军事思想博大精深，是一个完整的科学体系，内容极为丰富。主要包括无产阶级的战争观和方法论、人民军队建设理论、人民战争思想、人民战争的战略战术和国防建设理论五个部分。

（一）无产阶级的战争观和方法论

以毛泽东为代表的中国共产党人，在指导中国革命战争的实践中，创造性地运用马列主义的辩证唯物论和历史唯物论，观察和分析战争的基本问题，认识和运用军事领域的辩证规律，阐明了无产阶级的战争观和方法论。

1. **无产阶级的战争观**

战争的起源、根源和本质。战争起源于私有制，战争的根源在于统治者的剥削和压迫，战争的本质是解决阶级矛盾、民族矛盾和国家矛盾的最高斗争形式。

战争与政治、经济的关系。战争是政治的特殊手段的继续，政治是不流血的战争，战争是流血的政治。经济是战争的物质基础，战争起源于一定的生产方式，战争依赖于社会的经济力量，战争的最终目的是为了一定的经济利益。

维护正义战争，反对非正义战争。毛泽东将历史上的战争分为正义和非正义两大类，指出一切进步的战争都是正义的战争，一切阻碍进步的战争都是非正义的战争。无产阶级对待战争的根本态度就是反对非正义的、反革命的战争，拥护正义的、革命的战争。

2. **无产阶级的战争方法论**

必须认真把握战争规律。战争是阶级社会的必然现象，它的产生和发展具有自身的规律，是不以人们的主观意志为转移的客观实际。战争规律分为一般战争规律和特殊战争规律。战争的一般规律与特殊规律之间是辩证统一的关系。在研究战争的一般规律时，要注意战争的特殊性，避免犯教条主义的错误；在研究战争的特殊规律时，要注意不凭个人主观臆断任意普遍化，避免犯经验主义的错误。

主观指导必须符合客观实际。战争的客观规律是随着社会政治、经济、军事、自然、地理诸条件，以及作战中的敌情、我情、民情和国际环境等情况的变化而变化的。

因此，战争指导规律也是不断发展变化的。正确解决主观符合客观的问题，是战胜敌人的关键，是人的因素在战争指导者身上的主要体现。要做到指导上的主客观一致，需要着重解决好三个问题：一是要熟识敌我双方的客观情况；二是要善于学习，勇于实践；三是要在客观物质的基础上，充分发挥主观能动性。

着眼特点，着眼发展。毛泽东指出："战争情况的不同，决定着不同的战争指导规律。""我们研究在各个不同历史阶段、各个不同性质、不同地域和民族的战争的指导规律，应该着眼其特点和着眼其发展，反对战争问题上的机械论。"由于各次战争的情况不同，有时间、地域、性质和对象的差别，因此，就各有其不同的特点和规律。

关照全局，把握关节。全局是事物的整体和发展的全过程，局部是组成事物整体的各个部分和发展全过程的各个阶段。全局统帅局部，局部从属全局，构成全局与局部之间的正确关系。战争总体上有全局，各个阶段各个战役本身也有全局，称为战争某阶段或某战役的全局。有时局部的失利，并不给全局以严重影响，而有的局部的失利，却对全局带来重大影响，甚至导致全局的失利。比如下棋，有时下一着错棋，尚可挽回，但有时一着不慎，全盘皆输。这个对胜负起关键作用的一着，就是关节。因此，关节就是对全局有重大影响的关键性环节。所以说，关照全局是战争指导的首要准则，把握关节是推动全面发展的重要方法。

（二）人民军队建设理论

以毛泽东为代表的老一辈无产阶级革命家、军事家，把创建人民军队作为进行武装斗争的首要问题和实现革命理想的最主要手段，强调没有一个人民的军队便没有人民的一切。为了把以农民为主要成分的军队建设成为一支无产阶级性质的新型人民军队，毛泽东在长期的战争实践中，总结和提出了一整套建军的理论和原则。

1. 人民军队的性质

毛泽东从"军队是国家政权的主要成分""是阶级压迫的工具"的原理出发，提出了"枪杆子里面出政权"和"党指挥枪"的思想，指明我军是中国共产党领导下的执行无产阶级革命政治任务的武装集团。坚持中国共产党对军队的绝对领导，是确保人民军队的无产阶级性质的根本原则。

2. 人民军队的宗旨

人民军队是为无产阶级利益服务的工具，由此决定了这支军队的无产阶级性和人民性的统一。毛泽东指出："紧紧地和中国人民站在一起，全心全意地为中国人民服务，就是这个军队的唯一宗旨。"全心全意为人民服务的宗旨，是我军建军原则的核心，是我军区别于其他任何军队的本质特征。我军在战争年代、和平年代和捍卫国家利益的长期实践中，始终遵循这一宗旨，从而赢得了人民群众的拥护和爱戴。

3. 人民军队政治工作的三大原则

进行强有力的政治工作，是毛泽东建军思想的一个突出特点，是保持我军无产阶级性质、提高战斗力、促进军队建设的可靠保证。我军的政治工作，随着革命战争的发展而逐步完善，形成了官兵一致、军民一致和瓦解敌军的三大原则。官兵一致的原则，体现了我军内部上下级之间政治上平等的关系，这是与旧式军队的根本区别之一；军民一致的原则，是人民军队本色的体现；瓦解敌军的原则，是从精神上征服敌人，是促进敌人从内部瓦解的有效武器，是加速敌人崩溃的战略性原则。

除以上三项重要内容以外，还有实行政治、经济、军事三大民主；实行三大纪律、八项注意；人民军队要不断提高革命化、现代化、正规化建设水平；发扬勇敢战斗、不怕牺牲和艰苦奋斗的优良传统和作风等。

（三）人民战争思想

人民战争是指广大人民群众为反抗阶级压迫或抵御外敌入侵而组织和武装起来进行的战争。人民战争具有两个基本特征：一是战争的正义性；二是战争的群众性。人民战争思想的基本精神是：在中国共产党的领导下，以人民军队为骨干，坚决依靠广大人民群众，实行主力兵团与地方兵团相结合，正规军、地方武装、民兵与游击队相结合，武装斗争与非武装斗争相结合的人民战争。总之，它是中国历史上最完全、最彻底的人民战争，是"真正的人民战争"。

1. 人民战争思想的理论基础

人民群众是战争胜负的决定力量。战争是力量的抗争，人民战争的主体是人民群众，人民群众是社会发展变革的决定力量，也是战争胜负的决定力量。中国革命战争的历史和实践证明，人民群众是人民军队赖以生存和发展的条件，是战争中一切力量的源泉，是战争胜负的决定力量。

战争的正义性是实行人民战争的政治基础。战争是政治的继续，是为一定的阶级、政治集团的利益服务的。正义战争是进步的，符合人民群众的根本利益，人民群众不但真心拥护、积极支持，而且踊跃参加。相反，非正义战争是退步的，必然要遭到人民群众的坚决抵制和反对。战争的正义性是实行人民战争的政治基础，只有正义的革命战争，才能实行最广泛的人民战争。

战争胜负的决定因素是人不是物。毛泽东根据历史唯物主义的基本原理批判了"唯武器论"的观点，科学地阐明了人在战争中的地位和作用。他指出："武器是战争的重要因素，但不是决定的因素，决定的因素是人不是物。力量对比不但是军力和经济力的对比，而且是人力和人心的对比。""决定战争胜负的是人民，而不是一两件新式武器。"这是毛泽东同志在战争问题上对人与武器关系的精辟论述和高度概括。人是战争胜负的决定因素，在一定的物质基础上，谁充分发挥了人的能动作用，谁就能赢得战争的胜利。毛泽东在强调人是战争胜败决定因素的同时，承认武器是战争胜败的重要因素，肯定武器装备在战争中的重要作用。

马克思主义政党的正确领导是实行人民战争的必要条件。人民战争作为战争的指导思想，不是群众站起来就可以自发形成的，它必须有战争的领导条件。人民战争的领导者必须具备两个条件：一是真正代表人民群众的利益，反映人民群众的根本愿望，全心全意为人民群众谋取利益；二是懂得和掌握群众路线的指导方法，善于制定有利于调动群众积极性的方针和政策。这两个条件，唯有马克思主义的政党才能具备。毛泽东的人民战争与一般意义上的人民战争有着本质的区别。中国共产党的正确领导是实行人民战争的必要条件。

2. 毛泽东人民战争思想的主要内容

毛泽东人民战争思想的内容极为丰富，主要有：坚持中国共产党对人民战争的统一领导；结成最广泛的革命统一战线；实行以人民军队为骨干的三结合的武装力量体制；以武装斗争为主与其他斗争形式密切结合；建立巩固的革命根据地；实行灵活机动的战略战术。

（四）人民战争的战略战术

人民战争的战略战术，体现了毛泽东人民战争思想的战略指导原则和作战方法，是毛泽东高超的战争指导艺术的总结，它揭示了中国革命战争的指导规律，是毛泽东军事思想中十分精彩的部分。其内容十分丰富。

1. 战略上藐视敌人，战术上重视敌人

毛泽东指出："从战略上看，必须如实地把帝国主义和一切反动派，都看成纸老虎。从这点上，建立我们的战略思想。另一方面，它们又是活的铁的真的老虎，它们会吃人的。从这点上，建立我们的策略思想和战术思想。"毛泽东关于帝国主义和一切反动派既是"纸老虎"，又是"真老虎"的论断，奠定了人民战争战略战术的基本原则。在战略上，敌人是纸老虎，我们要藐视它，树立敢打必胜的信心；在战术上，敌人又是真老虎，我们要重视它，讲究斗争策略和斗争艺术。

2. 保存自己，消灭敌人

保存自己，消灭敌人，是战争的目的。毛泽东指出："保存自己消灭敌人这个战争的目的，就是战争的本质，就是一切战争行动的根据。"进攻，是直接为了消灭敌人，同时也是为了保存自己。防御，是直接为了保存自己，同时也是辅助进攻或准备转入反攻的一种手段。保存自己，消灭敌人，是兵家公认的原则，然而真正加以辩证地认识和运用的并不多见。毛泽东用辩证唯物主义的方法，指明两者之间的关系是相辅相成的，是对立统一的。

3. 实行积极防御，反对消极防御

毛泽东在讲到攻防辩证统一这一积极防御战略思想的基本精神时说："积极防御，又叫攻势防御，又叫决战防御。消极防御，又叫专守防御，又叫单纯防御。消极防御实际上是假防御，只有积极防御才是真防御，才是为了反攻和进攻的防御。"

积极防御的战略思想，是把积极防御的一般原理、原则，作为战略指导思想，用于指导战争全过程的一种战略理论。它要求在敌强我弱和敌优我劣的情况下，首先经过战略防御，采取各种不同形式的作战，不断削弱和消耗敌人，逐步改变力量对比，摆脱战略上的被动局面，争取战争的主动权。尔后适时地转入战略反攻或进攻，在有利情况下实施决战，稳步地实现整个战争的目标。

战略战术的内容除以上三项外，还包括：游击战、运动战、阵地战三种作战形式密切配合，适时进行以改变主要作战形式为基本内容的战略转变；做好战争准备，不打无准备、无把握之仗；战略上持久，战术上速决；集中优势兵力，各个歼灭敌人；以歼灭战为主，辅之以消耗战；慎重初战，执行有利决战，避免不利决战；作战指导上的主动性、灵活性和计划性。

（五）国防建设理论

新中国成立前，在毛泽东军事思想的形成过程中，就有关于国防建设的论述。新中国成立后，毛泽东从实际情况出发，适应新形势新任务的需要，总结国防建设和国防斗争的实践经验，创立了国防建设理论。

1. 建设现代化、正规化的国防军，抵御外敌入侵

毛泽东指出"我们将不但有一个强大的陆军，而且有一个强大的空军和一个强大的海军"，并亲自领导了我军现代化、正规化建设。在他的亲自主持下，颁布了各种条令、条例，开办了各类正规的军事院校，加强了部队训练，颁布了新中国第一部兵役法，使我军实现了由步兵为主的单一陆军向诸军兵种合成军队的转变。

2. 发展国防科技战略

毛泽东指出，我们"不但要有更多的飞机大炮，而且还要有原子弹。在今天这个世界上，我们要不受人家欺负，就不能没有这个东西"。在这个战略思想的指导下，在自力更生的基础上，实行了常规武器与尖端武器相结合的发展模式，并提出优先发展尖端战略武器的方针，研制、生产出了原子弹、氢弹、卫星和导弹等一系列的新式武器和装备。

3. 积极防御战略思想有了新的发展

新中国成立后，毛泽东根据国家安全利益的需要，从国际形势、我国周边安全环境和我国的具体情况出发，确立了我国的国防战略、国防建设的目标和方针。1956年，毛泽东批准了中央军委提出的阵地战结合运动战为未来反侵略战争的主要作战形式的积极防御的战略方针。之后，他又反复强调这一思想。20世纪50年代以后，毛泽东又相继提出"大办民兵师""全民皆兵"和"深挖洞、广积粮、不称霸"的战略思想。

四、毛泽东军事思想的历史地位

毛泽东军事思想是马列主义军事思想宝库中一颗璀璨的明珠，在中国军事思想发展史上具有划时代的意义，在世界军事思想发展史上独树一帜，具有重要的历史地位。

（一）毛泽东军事思想对马列主义军事理论作出了重大而独特的贡献

毛泽东创造性地运用和发展了马列主义的军事理论，并将其发展到一个新的高度，极大地丰富了马列主义军事科学的理论宝库。毛泽东的主要贡献在于：开创了一条农村包围城市、武装夺取政权的革命道路；创建了一支新型的人民军队；丰富和发展了马列主义的人民战争思想；创造了适合中国特点的人民战争的战略战术；科学地阐明了关于研究和指导战争的战争观和方法论。

（二）毛泽东军事思想在世界上具有广泛而深刻的影响

在中国革命战争取得胜利后，毛泽东军事思想受到世界各国的普遍重视，特别是到了 20 世纪 50 年代后期，在世界范围内逐渐形成了一个研究和学习毛泽东军事思想的热潮，许多国家还成立了毛泽东军事思想的研究会和学习会。

在美国、英国、法国、德国和日本，出版了不少毛泽东的军事著作。在越南、莫桑比克、津巴布韦、安哥拉等第三世界国家的民族解放斗争中，毛泽东军事思想发挥了巨大的作用，受到普遍欢迎。毛泽东军事思想的理论和实用价值得到举世公认。它作为人类优秀文化的灿烂结晶，在世界军事理论殿堂中享有显赫的地位。

（三）毛泽东军事思想是我军克敌制胜的法宝

毛泽东军事思想运用辩证唯物主义和历史唯物主义的原理，批判地吸取了古今中外优秀的军事思想遗产，是我国最科学、最先进、最完整的军事理论。它既揭示了中国革命战争的特殊规律，又反映了现代战争和国防建设的一般规律，是经过实践检验过的科学真理。尽管当前国际国内形势都发生了巨大变化，科学技术发展日新月异，但它对我军打赢未来战争，仍具有普遍的指导意义。无论过去、现在和将来，毛泽东军事思想都是我军克敌制胜的法宝。

第四节　新时期军队建设思想

新中国成立后，特别是改革开放以来，我们党在领导国家建设和改革发展的进程中，运用马克思主义立场、观点、方法观察处理中国军事问题，在实践中形成了党的军事指导理论的创新成果。这些成果包括邓小平新时期军队建设思想、江泽民国防和军队建设思想、胡锦涛国防和军队建设思想、习近平关于国防和军队建设重要论述。党的军事指导理论的创新发展，开辟了马克思主义军事理论中国化的新境界，是马克思主义军事理论的继承和发展，是毛泽东思想和中国特色社会主义理论体系在军事领域的具体运用和展开，为在新的起点上不断开创国防和军队建设新局面，提供了科学指南。

一、新时期军队建设思想形成的时代背景

在各个不同的历史时期，党中央和中央军委都能够根据国内国际形势的变化，对既有的军事思想进行创新，不断地丰富和发展当代中国马克思主义军事指导理论。因此，了解中国当代军事思想形成的时代背景，对正确理解和科学把握中国当代军事思想的深刻内涵，并自觉地运用马克思主义军事指导理论指导国防和军队建设以及军事斗争，具有重要的意义。

(一）邓小平新时期军队建设思想形成的时代背景

1992年10月召开的中国共产党第十四次全国代表大会，正式提出"邓小平新时期军队建设思想"的概念，并要求按照这一思想指导新时期国防和军队建设。邓小平新时期军队建设思想，是在国际战略形势发生巨大变化、我国进入改革开放的历史阶段这一大背景下逐步形成的。

一是世界战略格局发生了巨大变化。20世纪70年代末80年代初，世界战略格局发生了深刻的巨大变化，和平与发展成为时代的主题，多极化趋势在全球和地区范围内，在政治、经济等领域都有新的发展。世界上各种力量出现新的分化和组合，大国之间的关系经历了重大而又深刻的调整，各种区域性、洲际性的国际合作空前活跃，广大发展中国家的总体实力不断增强。世界战略格局的发展变化有利于世界的和平、稳定和繁荣，各国人民要求平等相待、友好相处的呼声日益高涨，要和平、求合作、促发展成为时代的主流，维护世界和平的因素不断增长，在相当长的时期内，避免新的世界大战是可能的，争取一个良好的国际环境与和平的周边环境是可以实现的。邓小平新时期军队建设思想深刻反映了国际战略格局和时代主题的这一重大变化。

二是世界军事理论与军事实践发生了巨大变化。新技术革命的发展，高科技产业的兴起，带来了战争样式和作战手段的更新，先进的指挥系统、通信器材、作战平台使作战样式根本改观；核武器、激光、红外、航天、生化等新武器使作战手段日新月异。现代战争跨入了一个新的阶段，战争面貌和战争理论经历了一次质的变化。一方面，传统军事思想的许多基本原理得到了更为广泛的继承和运用，却又面临新的挑战；另一方面，新的作战样式必然需要新的指导思想，随之而来的必然是军事思想的相应发展。邓小平新时期军队建设思想，正是依据上述特点，运用马克思主义军事思想的基本原理，对未来战争和它的基本规律作出符合实际的科学预见，指明了现代战争条件下国防和军队建设发展的正确方向。

三是中国进入了以经济建设为中心的改革开放新时期。十一届三中全会后，党和国家的工作重心从过去长期"以阶级斗争为纲"转移到经济建设上来，经济建设成为社会主义现代化建设总体布局的中心，这就要求新时期军事工作的指导思想必须进行相应的调整。国防和军队建设同国家经济建设相比，国家经济建设是大局。加速社会主义经济建设是全国各族人民的头等大事，是压倒一切的中心任务，这就要求各行各业都要适应这个大局，服从这个大局。要保证经济建设这个大局不受干扰，就必须转变国防和军队建设的指导思想。如果国防和军队建设的指导思想仍然是准备"早打、大打、打核战争"，国防和军队建设仍然处在临战状态，经济建设就不可能不受干扰，经济建设的中心地位就很难保证。国防和军队建设指导思想的战略性转变，是党和国家工作重点转到经济建设上来以后，富国强兵之道的最优选择。随着这个转变的实现，我国实现国防和军队现代化的序幕拉开了，这就迫切需要有现代化的军事理论，特别是具有鲜明时代特色和符合中国国情的军事思想，来指导国防建设、军队发展、战备工作和军事斗争。邓小平新时期军队建设思想正是为适应我国这一需要而逐步形成的。

 延伸阅读

邓小平与百万大裁军

1984年11月1日,中央军委座谈会在首都京西宾馆会议厅召开。会上,时任中央军委主席的邓小平,表达了一个惊人的战略决心:裁减员额100万!中华人民共和国成立以来,在冷战等国际局势下,中国军队的建设一直处于紧张备战状态。历史发展到20世纪80年代,虽然战争危险依然存在,和平力量也日益增长。对此,邓小平在科学分析中国国情的基础上认为:国家的安全保障最终取决于一个国家的经济实力。在百业待举的当前,国家经济建设是大局,必须硬着头皮把经济搞上去,一切要服从这个大局。由于种种历史原因,人民解放军的"臃肿"问题由来已久。至1985年,人民解放军军费只有191亿元人民币,仅占同年美军军费的2%,不及苏联军费的零头,而人民解放军的员额却是美军的两倍,与苏军持平。对裁减100万,有些领导人担心会减弱军队的战斗力。邓小平作了一个生动的比喻:虚胖子能打仗?军队要多节省开支,改善武器装备,更要提高军政素质,这就必须减少数量。

(二)江泽民国防和军队建设思想形成的时代背景

自1989年11月党的十三届五中全会选举江泽民担任中央军事委员会主席,至2004年9月江泽民在党的十六届四中全会上辞去军委主席职务的15年间,国际国内形势发生了极其深刻的变化。

一是国际战略格局出现重大转变。国际战略格局的变化是江泽民国防和军队建设思想产生的根本动因。江泽民主持军委工作之初,正值苏联解体,两极格局瓦解,美国成为唯一的超级大国。世界各种力量重新分化组合,各种重大的战略关系也相继发生了调整和变化。在两极格局被打破后,世界向多极化发展,国际形势总体上由紧张变为缓和,由对抗变为对话,和平力量进一步增长。所有这些,都为我国的经济发展提供了比较好的国际环境。但在国际形势总体上趋向缓和的同时,局部战争和武装冲突此起彼伏,霸权主义给世界和平带来了新的威胁;军备竞赛在高新技术领域里持续升级,可能引发新的国际紧张局势和军事对抗;西方国家加紧对我国实行"西化""分化"和遏制政策,企图对中国"分而治之"。国内方面,"三股"势力活动猖獗、台海危机日益严重等,都对我国的国防安全带来了不小的挑战。

二是市场经济体制对军队建设带来巨大影响。在市场经济条件下,军队的体制编制、教育训练、后勤保障、战场准备、兵员补充等方面,面临着一些新情况、新问题;对外交流机会的增多,外军许多新的军事思想不断涌入,我军军事思想也在新形势下发生着一系列的变革。所有制结构、分配制度和国有企业改革,都会触及军人或者亲属的切身利益。随着改革开放的扩大和深化,西方资本主义腐朽思想文化的影响也乘隙而入,并且同我国历史上遗留下来的剥削阶级腐朽思想文化相结合,导致拜金主义、极端个人主义和腐朽生活方式等消极现象在社会上滋长蔓延,给官兵带来消极影响,使官兵

的人生观、价值观、道德观出现新的变化，军队思想政治工作面临着新的考验。

三是新的战争形态对国防和军队建设提出严峻挑战。海湾战争、科索沃战争、阿富汗战争和伊拉克战争等几场局部战争充分展示了高技术武器装备对现代战争的影响，使战争样式发生了深刻变化的同时，也对军事理论、军队建设、国防建设和战争准备等提出了更高要求。江泽民国防和军队建设思想是在现代战争发展到高技术局部战争以及未来要发展成为信息化战争的背景下形成的。可以说，没有高技术局部战争，没有信息化战争也就不可能有江泽民国防和军队建设思想的出现。

这些深刻变化，给我军既带来了更为有利的发展机遇，又提出了更为严峻的挑战。特别是我们打赢现代战争能力不足的问题更加突出，履行维护国家主权和安全利益职能面临着更大的压力和挑战。适应新的历史呼唤，江泽民国防和军队建设思想应运而生。

 延伸阅读

"三个代表"重要思想

2000年春，江泽民同志提出了"三个代表"重要思想：只要我们党始终成为中国先进社会生产力的发展要求、中国先进文化的前进方向、中国最广大人民的根本利益的忠实代表，我们党就能永远立于不败之地。"三个代表"重要思想进一步回答了在改革开放和发展社会主义市场经济条件下，"建设一个什么样的党和怎样建设党"这一直接关系党和国家前途命运的重大问题。它是深入思考世界社会主义运动历史经验、深刻总结我们党80年历史经验，特别是推进党的建设新的伟大工程的成功经验做出的科学结论；是对党的性质、根本宗旨和根本任务的新概括，对马克思主义建党学说的新发展，对新时期党的建设和建设有中国特色社会主义事业各项工作提出的新要求；是我们党的立党之本、执政之基、力量之源。

（三）胡锦涛国防和军队建设思想形成的时代背景

随着信息化时代的到来，建设信息化军队和打赢信息化战争成为我军现代化建设的根本目标。胡锦涛国防和军队建设思想不仅继承了毛泽东军事思想、邓小平新时期军队建设思想和江泽民国防和军队建设思想，而且是在我国处在新世纪新阶段的特殊历史时期产生的。

一是世界多极化和经济全球化的趋势进一步凸现，影响国家可持续发展的外部制约因素增加。新世纪新阶段，国际形势呈现总体和平、缓和、稳定的基本态势，和平、发展、合作仍是时代的主流；世界多极化和经济全球化的趋势进一步凸现；各国利益相互交织、相互依存，对话合作意愿不断增强。但是，随着国际形势的发展变化，我国可持续发展面临的外部制约因素也在增加。主要表现在：西方敌对势力加紧对中国实施西化、分化和遏制政策，千方百计对中国加以牵制；我国周边安全环境存在诸多隐患，围绕海洋权益的斗争加剧；随着国家利益的拓展，保护海外利益的任务更加艰巨。

二是国家社会和经济发展形势总体良好,影响国家安全和稳定的不确定因素增多。进入新世纪新阶段,我国政治安定、民族团结、经济发展、社会和谐的局面得到进一步巩固,但影响国家安全和发展的不稳定、不确定因素也在增多。主要表现在:"台独"等民族分裂势力猖獗;恐怖势力、宗教极端势力等邪恶势力加紧勾连聚合,不断组织策划渗透、瓦解和破坏活动;我国人口、就业和"三农"等问题凸现,社会矛盾和犯罪问题增多;国内安全与国际安全的互动性增强,一些国内问题如果处理不当,可能会演变为国际问题,一些国际问题也可能诱发国内社会稳定问题;传统安全威胁和非传统安全威胁因素相互交织,对我国安全与发展构成新的威胁。

三是我军所处环境和面临的任务发生了重大变化,国防和军队建设面临时代性挑战。如何在国际上单边主义和强权政治仍然存在、多极化趋势日渐呈现、区域化和全球化经济机遇与挑战并存、竞争大于合作的复杂形势下,坚决有效地维护国家的战略利益;如何在我国改革发展进入关键时期,特别是"台独"分裂势力严重威胁祖国和平统一大业的背景下,更好地履行党和人民赋予军队的神圣使命,有效维护国家主权、统一和稳定;如何在世界新军事变革加速推进、战略主动权竞争日趋激烈的形势下,大力推进国防和军队现代化建设,不断增强应对危机、维护和平、遏制战争、打赢信息化战争的能力;如何在我国经济实力、科技实力、国防实力和民族凝聚力不断增强、国防和军队建设取得巨大成就的基础上,继续抓住机遇、乘势而上,推动国防和军队建设迈上新的台阶,这些都给我国国防和军队现代化建设带来了时代性的挑战。

 **延伸阅读**

科学发展观

科学发展观,是胡锦涛同志在 2003 年 7 月 28 日的讲话中提出的"坚持以人为本,树立全面、协调、可持续的发展观,促进经济社会和人的全面发展",按照"统筹城乡发展、统筹区域发展、统筹经济社会发展、统筹人与自然和谐发展、统筹国内发展和对外开放"的要求推进各项事业的改革和发展的一种方法论,也是中国共产党的重大战略思想。在中国共产党第十七次全国代表大会上写入党章,成为中国共产党的指导思想之一。科学发展观第一要义是发展,核心是以人为本,基本要求是全面协调可持续性,根本方法是统筹兼顾,指明了我们进一步推动中国经济改革与发展的思路和战略,明确了科学发展观是指导经济社会发展的根本指导思想,标志着中国共产党对于社会主义建设规律、社会发展规律、共产党执政规律的认识达到了新的高度,标志着马克思主义的中国化,标志着马克思主义和新的中国国情相结合达到了新的高度和阶段。

(四)习近平关于国防和军队建设重要论述的时代背景

党的十八大以来,在我国坚持和发展中国特色社会主义、实现中华民族伟大复兴中国梦的重大历史关头,习近平同志站在党和国家事业全局的高度,围绕强军兴军提出了一系列重大战略思想、重大理论观点、重大决策部署,深刻阐述了国防和军队建设根本性方向性全局性的重大问题，丰富发展了党的军事指导理论。

一是国防和军队建设在党和国家事业全局中的重要战略地位，要求我们把国防和军队建设放在实现中华民族伟大复兴这个大目标下来认识和推进。国防和军队建设是实现中华民族伟大复兴中国梦的内在要求。中国梦是国家的梦、人民的梦，也是强军梦。富国与强军，是坚持和发展中国特色社会主义、实现中华民族伟大复兴中国梦的两大基石。中国梦包含强军梦，强军梦支撑中国梦。历史经验表明，任何一个国家要真正强大起来，没有坚强的军事实力作后盾是决然不行的。对我们这样一个发展中的社会主义大国，越是发展壮大，面临的阻力和压力就会越大，遇到的风险和挑战就会越多，没有一个巩固的国防，没有一支强大的军队，中华民族伟大复兴就没有安全保障。必须深刻揭示军队的目标任务与党的目标任务一致性，尊重建设强大军队与国家富强、民族振兴、人民幸福相统一的客观规律，提出新的国防和军队建设的纲领性、方向性思想。

二是适应国际战略形势和国家安全环境发展变化的迫切需要。当今世界，求和平、谋发展、促合作已成为不可阻挡的时代潮流，但世界还很不安宁，霸权主义、强权政治和新干涉主义有所上升，我国安全和发展的国际环境更加复杂。世界新军事革命仍在加速推进，主要国家都在加紧推进军事转型，对我军提出了严峻挑战。我国周边特别是海上方向安全的不稳定性、不确定性增大，国家安全面临的现实和潜在威胁增多，维护国家统一、领土主权、海洋权益和发展利益的任务更加艰巨。我国安全形势的复杂性和严峻性，要求国防和军队建设必须有一个大的发展。强军目标重要思想，从时代发展和国家利益全局的高度思考军事问题，充分体现了放眼世界的战略视野，居安思危的战略清醒，强军兴军的战略筹划。我们必须强化忧患意识、危机意识、使命意识，努力建设强大军队，有效应对风险挑战，牢牢把握战略主动权。

三是解决军队建设面临的突出矛盾和问题、加快推进国防和军队现代化的必然选择。经过不懈努力，我军已发展成为诸军兵种合成、具有一定现代化水平并加快向信息化迈进的强大军队。我们从来没有像今天这样接近强军梦想，更加有信心、有能力实现强军目标。但要清醒地看到，目前我军正处于机械化建设尚未完成、信息化建设加速发展阶段，我军现代化水平与国家安全需求和世界先进军事水平相比还有较大差距。同时，面对意识形态复杂形势和官兵成分结构变化，如何确保部队政治坚定、纯洁巩固；面对世界新军事革命加速发展和战争形态深刻演变，如何提高打赢信息化条件下局部战争的能力；面对社会环境变化和不良风气影响，如何保持我军光荣传统和优良作风，都是需要努力破解的重要课题。我们必须准确把握国防和军队建设的历史方位和阶段性特点。强军目标重要思想，准确把握了我军建设的基础和现状，抓住了建设强大军队的关键和要害，为解决军队建设面临的突出矛盾和问题、加快推进国防和军队现代化提供了强大动力和科学指南。

> **延伸阅读**
>
> **中国梦**
>
> 中国梦，是中国共产党第十八次全国代表大会召开以来，习近平总书记所提出的重要指导思想和重要执政理念。2012年11月29日，在国家博物馆，中共中央总书记习近平在参观"复兴之路"展览时，第一次阐释了"中国梦"的概念。习总书记把"中国梦"定义为"实现中华民族伟大复兴，就是中华民族近代以来最伟大梦想"，并且表示这个梦"一定能实现"。"中国梦"的核心目标也可以概括为"两个一百年"的目标，也就是：到2021年中国共产党成立100周年和2049年中华人民共和国成立100周年时，逐步并最终顺利实现中华民族的伟大复兴，具体表现是国家富强、民族振兴、人民幸福，实现途径是走中国特色的社会主义道路、坚持中国特色社会主义理论体系、弘扬民族精神、凝聚中国力量，实施手段是政治、经济、文化、社会、生态文明五位一体建设。实现中华民族伟大复兴的中国梦，是以习近平为总书记的新一届中央领导集体对全体人民的庄重承诺，是全党全国各族人民共同的奋斗目标。

二、新时期军队建设思想的内容体系和最新成果

邓小平新时期军队建设思想、江泽民国防和军队建设思想、胡锦涛国防和军队建设思想、习近平关于国防和军队建设重要论述这四大军事思想都是以毛泽东军事思想为基础，伴随着国家的改革开放产生和发展的，具有丰富的思想内涵，构成了严密科学的理论体系。

（一）丰富的思想内涵

改革开放以来，党的军事指导理论紧紧围绕建设什么样的军事力量、怎样建设和运用军事力量的问题，在国防观、战争观、建军治军思想、现代战争制胜之道等方面，取得了一系列相互贯通又层层递进的理论创新成果。

1. 坚持马克思主义战争观，作出对当代战争与和平问题的新判断

对战争与和平的总体判断是思考筹划国防和军队建设的根本前提。党的十一届三中全会后，邓小平同志高屋建瓴地指出"在较长时间内不发生大规模的世界战争是有可能的"。此后，我们党进一步形成了和平与发展成为时代主题的战略判断。基于这一判断，国防和军队建设实行战略性转变，由随时准备应对大规模战争转到和平时期建设轨道上来。江泽民、胡锦涛坚持和深化了邓小平的战略判断，进一步指出求和平、谋发展、促合作成为时代潮流，但局部战争的危险依然存在；强调根据国际形势变化和世界军事发展，制定和调整新时期军事战略方针，掌握战略主动权。关于当代战争与和平的战略判断，无论在社会主义现代化建设史上，还是在国防和军队建设史上，都具有划时

代意义。习近平主席把国防和军队建设的全部内容浓缩和聚焦为党在新形势下的强军目标，是对我国国防和军队建设思想的新的发展。

马克思主义研究战争的根本目的在于消灭战争。20世纪80年代，邓小平通过对战争与和平这两种力量矛盾运动的辩证考察和对国际形势的科学判断，创造性地提出，当前世界和平力量的增长超过了战争力量的增长，科学技术和经济发展成为制约战争、防止战争以至消除战争的重要因素。江泽民继承邓小平这一重要思想，进一步提出，要以和平方式来解决国家间的分歧，以和平、平等和协商的方式来解决争端，使"遏制战争、维护和平"的战略思想更具有现实可操作意义。进入新世纪新阶段，胡锦涛正确把握时代主题，结合时代新特点，鲜明地提出"和平、发展、合作"，构建和谐世界的新理念。这是摒弃西方殖民道路、反对霸权主义和强权政治的新思想，是遏制战争、维护世界和平的新思想，是对马克思主义战争观的重大创新。习近平主席着眼坚持和发展中国特色社会主义，从实现中华民族伟大复兴中国梦的战略高度，鲜明提出建设一支听党指挥、能打胜仗、作风优良的人民军队这一党在新形势下的强军目标，展示了党在新形势下建设强大军队、保障国家和平发展的决心意志和使命担当，顺应了全党全军全国各族人民的期盼，开拓了马克思主义军事理论和当代中国军事实践发展的新境界。

2. **着眼国家战略全局，形成富国强军相统一的新思想**

十一届三中全会以后，我们党确立了以经济建设为中心的发展战略，强调这是解决中国所有问题的关键；同时紧紧把握经济社会发展对国家安全不断提出更高要求的发展趋势，对富国与强军关系作出调整，在经济发展基础上加强国防建设，使国防实力与经济实力同步发展。改革开放初期，邓小平明确提出，军队要服从和服务于经济建设大局，自觉在大局下行动。随着经济发展和国家安全形势变化，江泽民进一步提出，国防建设与经济建设要两头兼顾，协调发展。胡锦涛同志、习近平主席均着眼于国家战略全局，强调富国和强军是发展中国特色社会主义、实现中华民族伟大复兴的两大基石，要在全面建设小康社会的进程中实现富国与强军的统一。强调提升我国的综合国力和国防实力，保证社会主义中国在风云变幻的国际环境中立于不败之地。

3. **适应党的历史任务调整，赋予人民军队历史使命新内涵**

改革开放后，我们党深刻分析时代特征变化、正确把握党和人民事业发展要求，及时赋予我军历史使命新的内涵。十一届三中全会以后，围绕经济建设这一党的中心任务，邓小平同志强调，"我军是人民民主专政的坚强柱石，肩负着保卫社会主义祖国、保卫四化建设的光荣使命"，强调军队要担当起维护国家主权和安全的历史责任；同时，军队要服从国家经济建设大局。江泽民把我军的历史使命概括为，"我们党领导的人民解放军是人民民主专政的坚强柱石，是捍卫社会主义祖国的钢铁长城，是建设中国特色社会主义的重要力量"。胡锦涛根据党的三大历史任务，继承和发展马克思主义关于军队使命思想，提出了新世纪新阶段我军的历史使命，实现了面向信息化时代党的军事指导理论的重大创新。

4. **应对形势环境的发展变化，拓展国家安全战略的新内容**

邓小平在改革开放的大背景下，强调稳定是压倒一切的问题，提出了一系列保障和平与发展的战略思想，创立了新时期我国安全战略的基本理论框架。江泽民进一步发展了邓小平国家安全战略思想，提出了一整套谋求国家综合安全的战略、策略原则，使国家安全战略的内容进一步拓宽，理论体系更加丰富完善。胡锦涛继承毛泽东、邓小平、江泽民国家安全战略思想，进一步指出，要清醒地认识到我国不仅面临着传统安全威胁，而且面临着众多的非传统安全威胁；不仅要关注国家生存利益，还要关注和维护国家发展利益；不仅要关注和维护领土安全、领海安全、领空安全，还要关注和维护海洋安全、太空安全、电磁空间安全及其他方面的国家安全；要建立一支"以增强打赢信息化条件下局部战争的能力为核心，不断提高应对多种安全威胁、完成多样化军事任务的能力，确保能够在各种复杂形势下有效应对危机、维护和平、遏制战争、打赢战争"的军事力量。胡锦涛的国家安全战略思想极大地丰富和发展了我国国家安全战略理论。

5. 永葆人民军队性质与宗旨的重要思想

改革开放后，面对敌对势力加紧对我国实施"西化""分化"的新挑战，面对社会主义市场经济发展给部队建设带来深刻影响的新情况，邓小平要求，军队要始终不渝地坚持自己的性质。江泽民提出，党对军队的绝对领导是我军永远不变的军魂，要把思想政治建设摆在军队各项建设的首位，确保官兵始终听党话、跟党走。胡锦涛把我军优良传统概括为"听党指挥、服务人民、英勇善战"，并多次强调，坚持党对军队的绝对领导是我军建设和发展的首要问题，这个问题要始终关注、抓住不放。我军在建设发展中坚决贯彻这一要求，坚持用中国特色社会主义理论体系武装全军，进一步巩固了"听党指挥、服务人民"的思想基础，保持了军队建设的正确方向。

6. 全面推进军队革命化现代化正规化建设的重要思想

邓小平依据国际形势变化，提出了新时期我军建设的总目标，要以现代化建设为中心大力加强军队的质量建设，走有中国特色的精兵之路。江泽民针对现代战争呈现出的新特点，提出了科技强军战略，努力实现国防和军队建设"从数量规模型向质量效能型、人力密集型向科技密集型"两个根本性转变，提出"政治合格、军事过硬、作风优良、纪律严明、保障有力"总要求，从理论上回答了信息时代国防和军队建设的发展方向、发展动力和发展途径等重大问题。胡锦涛提出要把科学发展观作为加强国防和军队建设的重要指导方针，统筹好中国特色军事变革与军事斗争、机械化建设与信息化建设、诸军兵种作战力量建设、当前建设与长远发展、主要战略方向建设与其他战略方向建设，着力推动军事理论创新、军事技术创新、军事组织体制创新和军事管理创新，加快转变战斗力生成模式，实现国防和军队建设又好又快发展。要大力培育"忠诚于党，热爱人民，报效国家，献身使命，崇尚荣誉"的当代革命军人核心价值观，为新形势下军队建设特别是思想政治建设赋予了新的重大战略任务。习近平主席提出了"听党指挥、能打胜仗、作风优良"的强军总目标，为新形势下推进国防和军队建设进一步指明了方向。

7. 立足打赢战争，探索加强军事斗争准备、提高军队战斗力的新举措

十一届三中全会后，邓小平坚持和贯彻积极防御的战略方针，坚持人民战争的基本思想，着力建设强大的国防后备力量和有效的国防动员体制。江泽民领导制定新时期军

事战略方针，提出要把军事斗争准备的基点放在打赢现代技术特别是高技术条件下的局部战争上来，使军事斗争准备有了更明确的目的和方向。新世纪新阶段，面对复杂多变的国际局势和国家安全形势，胡锦涛提出了一系列维护国家安全的新思想、新论断，形成了以文攻武备为核心，威慑与实战并举，政治、经济、文化和外交手段相配合的军事斗争准备总方略，奠定了当前军事斗争准备的思想理论基础，丰富和发展了党的三代中央领导核心关于做好军事斗争准备的重要思想。习近平提出以强军梦的实现助推强国梦的实现，把强军与中华民族的伟大复兴和中国特色社会主义伟大事业紧密结合起来，又一次体现了马克思主义的宽广视野。

8. 依靠科技进步转变战斗力生成模式、加强军队质量建设的重要思想

改革开放后，我们党确立了加强军队质量建设的方针，要求把依靠科技进步提高战斗力摆在国防和军队建设的战略位置，努力实现我军建设由数量规模型向质量效能型、由人力密集型向科技密集型的转变。根据质量建设要求，我军确立了科技强军战略，大力加强国防科研，改善武器装备，提高官兵科技素质，建立科学的体制编制，提高科技创新能力和科学管理水平，推进机械化条件下军事训练向信息化条件下军事训练转变，军队建设朝着建设信息化军队、打赢信息化战争的战略目标不断迈进。

9. 推进中国特色军事变革、深化国防和军队改革的重要思想

把改革作为推动军队建设发展的强大动力，是新时期我们党在军队建设指导上贯穿始终的重要要求。邓小平指出，军队要提高战斗力，不"消肿"不行；要"消肿"，不改革体制不行。江泽民敏锐洞察世界新军事变革的趋势，提出积极推进中国特色军事变革，加快我军由机械化半机械化向信息化转变。胡锦涛进一步提出，要主动适应世界军事发展潮流和国内改革发展大势，进一步加大国防和军队改革力度，解决体制机制和政策制度上制约军队建设发展的深层次矛盾和问题，为国防和军队发展不断注入新的生机和活力。

改革开放以来中国军事思想的创新成果具有鲜明的实践性、时代性、创新性，开辟了马克思主义军事理论中国化的新境界，指导国防和军队建设取得了新的历史性成就。

（二）科学的理论体系

邓小平新时期军队建设思想、江泽民国防和军队建设思想、胡锦涛国防和军队建设思想、习近平关于国防和军队建设重要论述，是一个一脉相承而又与时俱进的科学体系。

一脉相承，体现为它们都坚持以马克思主义军事理论、毛泽东军事思想为指导，在理论渊源上一脉相承；都坚持解放思想、实事求是、与时俱进，在理论品质上一脉相承；都坚持党对军队的绝对领导，始终把军队的思想政治建设摆在各项建设的首位，在理论的根本上一脉相承；都坚持积极防御的战略方针，立足遏制战争和打赢高技术特别是信息化条件下的局部战争，在理论的主要特征上一脉相承；都坚持从严治军、依法治军和科技强军的方针，积极推进中国特色军事变革，走中国特色的精兵之路，在理论的主题上一脉相承；都坚持为建设现代化正规化的革命军队、为维护国家主权和领土完

整、为维护国家根本利益而奋斗，在理论的目标上一脉相承。

与时俱进，体现为邓小平新时期军队建设思想、江泽民国防和军队建设思想、胡锦涛国防和军队建设思想、习近平关于国防和军队建设重要论述都坚持从实际出发，注重总结改革开放不同时期、不同阶段的新鲜经验，注重探索和回答不同时期、不同阶段遇到的新矛盾、新问题，在军事理论创新和发展上都作出了各自的独特贡献，都发挥了指导军事实践、引领军事变革的重要作用。它们既相互贯通又层层递进，充分体现了改革开放以来我们党军事理论创新成果的科学性体系、阶段性成果和发展性要求的内在统一。

20 世纪 70 年代末以来，世界形势风云变幻，中国特色社会主义建设全面推进，给国防和军队建设提出了前所未有的崭新课题。概括起来就是：和平与发展成为时代主题，我们党确立了集中精力进行社会主义现代化建设的大战略，军队如何服从服务于国家建设大局，同时肩负起维护国家安全、捍卫国家主权和领土完整、维护世界和平的使命责任，要求从战略全局上处理好富国与强军的关系；国家安全问题的综合性、复杂性、多变性日益增强，维护国家统一面临新的挑战，敌对势力对我国实施"西化""分化"政治战略，我国改革发展既面临"发展机遇期"、又面临"矛盾凸显期"，维护国家安全和发展利益的任务更加艰巨，对国防和军队建设提出了新的更高要求；高新技术特别是信息技术加速发展并广泛应用于军事领域，世界范围内军事发展竞争更加激烈，加快军队现代化建设步伐、提高我军军事能力显得更加紧迫；改革开放和社会主义市场经济深入发展，为国防和军队建设注入了新的活力，也对保持人民军队性质与宗旨提出了新的考验。党的军事指导理论创新成果，正是立足于为坚持和发展中国特色社会主义提供重要力量支撑和坚强安全保证，着眼解决国防和军队建设的地位作用、目标任务、指导方针、根本途径等重大问题而提出的。

一切正确的思想和理论，本质上都是实践经验的升华、发展规律的揭示。党的军事指导理论创新成果的形成与发展，与国防和军队建设不断推进的实践紧密相连。改革开放以来，我们党把握国防和军队建设实践的阶段性特征，把握中国特色社会主义事业对党的军事工作的新要求，对国防和军队建设方针原则作出科学回答，不断以新的实践经验丰富发展党的军事指导理论。邓小平新时期军队建设思想，科学回答和解决了在和平与发展成为时代主题、我国进行改革开放的历史条件下，如何走中国特色精兵之路，建设强大的现代化正规化革命军队的重大课题。江泽民国防和军队建设思想，科学回答和解决了在世界新军事变革汹涌澎湃、我国社会主义市场经济深入发展的历史条件下，如何积极推进中国特色军事变革，保证人民军队打得赢、不变质的重大课题。胡锦涛国防和军队建设思想，科学回答和解决了在我国发展的机遇和挑战都前所未有、影响国家安全的因素更具综合性、复杂性的情况下，如何推进国防和军队建设科学发展，实现富国和强军相统一，确保人民军队有效履行"三个提供、一个发挥"历史使命的重大课题。习近平关于国防和军队建设重要论述回答和解决了在世界形势发生深刻复杂变化、我国全面建成小康社会进入决定性阶段新的历史条件下为什么要强军、强军目标是什么、怎样走中国特色强军之路的重大课题。

三、以强军目标为统揽,推进国防和军队建设

在党的旗帜指引下,我军走过了近90年的光辉历程,为民族独立、国家富强、人民幸福作出了不可磨灭的贡献。经过一代代人持续奋斗,国防和军队建设取得了辉煌成就,站在了新的历史起点上。党的十八大以来,以习近平同志为总书记的党中央高度重视国防和军队建设,作出一系列决策指示。习主席着眼坚持和发展中国特色社会主义,从实现中华民族伟大复兴中国梦的战略高度,鲜明提出建设一支听党指挥、能打胜仗、作风优良的人民军队这一党在新形势下的强军目标,展示了党中央、习主席建设强大军队、保障国家和平发展的决心意志和使命担当,顺应了全党全军全国各族人民的期盼,开拓了马克思主义军事理论和当代中国军事实践发展的新境界。我们必须深入学习贯彻习主席关于党在新形势下的强军目标重要思想,深刻把握其重大意义、科学内涵和基本要求,切实贯穿到部队建设全过程和各领域,进一步凝聚起强军的坚定意志和磅礴力量。我们必须紧紧围绕实现党在新形势下的强军目标,全面加强部队革命化现代化正规化建设。

 延伸阅读

强军目标解读

习主席提出的党在新形势下的强军目标为:建设一支听党指挥、能打胜仗、作风优良的人民军队。这一目标明确了加强军队建设的聚焦点和着力点,指明了新形势下建设强大人民军队的前进方向。

听党指挥是灵魂。坚决听党指挥,是我军的立军之本、建军之魂,决定军队建设的政治方向。任何时候任何情况下,我军都必须铸牢强军之魂,把听党指挥作为军队建设的首要要求,确保部队绝对忠诚、绝对纯洁、绝对可靠。

能打胜仗是核心。能打胜仗反映军队的根本职能和军队建设的根本指向。战场打不赢,一切等于零。必须扭住能打仗、打胜仗这个强军之要,强化官兵当兵打仗、带兵打仗、练兵打仗思想,牢固树立战斗力这个唯一的根本的标准,按照打仗的要求搞建设、抓准备。紧紧扭住核心军事能力建设不放松,提高信息化条件下威慑和实战能力,统筹安排和抓好非战争军事行动能力建设。

作风优良是保证。作风优良是我军的鲜明特色和政治优势,关系军队的性质、宗旨、本色。作风优良才能塑造英雄部队,作风松散可以搞垮常胜之师。必须夯实依法治军、从严治军这个强军之基,把作风建设作为一项基础性长期性工作抓紧抓实,永葆人民军队政治本色。要弘扬传统,改进作风,严肃军纪,加强反腐倡廉建设,把部队建设和战斗力的基础打得更加牢固。

听党指挥、能打胜仗、作风优良,抓住了建设强大人民军队最根本最紧要最现实的问题,三者相互联系、密不可分,是一个内在统一、不可分割的整体。听党指挥的不变

军魂,敢打必胜的英雄血脉,作风优良的红色基因,是我军最为宝贵的精神财富。强军目标重要思想,与我军一以贯之的建军治军指导思想和方针原则是一致的,为我军革命化现代化正规化建设赋予了新的时代内涵,提出了更高的标准要求。

建设强大的人民军队是我们党的不懈追求。习近平同志关于党在新形势下的强军目标重要思想,是对毛泽东、邓小平、江泽民和胡锦涛建军治军思想的继承与发展。习近平同志关于党在新形势下的强军目标重要思想,高瞻远瞩,继往开来,从历史与现实、理论与实践的结合上,科学总结我们党建军治军成功经验,鲜明回答了在世界形势发生深刻复杂变化、我国全面建成小康社会进入决定性阶段新的历史条件下为什么要强军、强军目标是什么、怎样走中国特色强军之路的重大课题,具有重大而深远的意义。

(一)目标昭示方向,凝聚力量,引领发展

坚持用发展的马克思主义军事理论指导军事实践,是我们党领导国防和军队建设的一条根本经验。我们必须深入学习贯彻党的十八大精神和习近平同志一系列决策指示,把学习贯彻习近平同志关于党在新形势下的强军目标重要思想,作为当前和今后一个时期一项重大政治任务,自觉用以统一思想和行动,凝聚意志和力量,坚定不移地走中国特色强军之路,努力把国防和军队建设提高到一个新水平。

(二)更加注重从思想上、政治上建设和掌握部队

思想政治建设是强军兴军的政治保证和精神动力。要着眼当前意识形态领域尖锐复杂形势和部队实际,围绕高举旗帜、听党指挥这个根本,把思想政治建设抓得更加扎实有效。深化中国特色社会主义理论体系,持续培育当代革命军人核心价值观,大力发展先进军事文化,增强官兵理想信念的坚定性、思想道德的纯洁性和思维方法的科学性,自觉把个人理想抱负融入强军梦,使人生在献身强军实践中出彩。毫不动摇地坚持党对军队绝对领导的根本原则和制度,坚决抵制"军队非党化、非政治化"和"军队国家化"等错误政治观点,坚决听从党中央、中央军委和习主席指挥,做到平时听招呼,战时听指挥,关键时刻不含糊,任何时候都对党忠诚老实。把党组织和干部队伍搞坚强,按照"照镜子、正衣冠、洗洗澡、治治病"的总要求,扎实开展党的群众路线教育实践活动,务必取得实效。

(三)坚持不懈拓展和深化军事斗争准备

军事斗争准备是实现强军目标的重要抓手。要按照能打仗、打胜仗的要求,把各项准备工作往前头赶、朝实里抓,全面提高以打赢信息化条件下局部战争能力为核心的完成多样化军事任务的能力,坚决维护国家主权、安全和发展利益。加强战略指导和作战问题研究,大力开展实战化训练,做到信息化条件下仗怎么打兵就怎么练,什么在实战中最管用就把什么练过硬。持续实施科技强军战略,加速推进信息化建设,加快发展新型作战力量,加强国防科技和武器装备建设,加快全面建设现代后勤,培养大批高素质

新型军事人才。狠抓日常战备工作落实，确保边海空防安全。强化随时准备打仗思想，练就革命军人的血性胆气，做到脑子里永远有任务，眼睛里永远有敌人，肩膀上永远有责任，胸膛里永远有激情。

（四）不折不扣落实依法治军、从严治军方针

从严治军是建设强大军队的铁律。要以纪律建设为核心，扭住依法治军、从严治军不放松，不断提高部队正规化水平。严格落实条令条例和规章制度，积极研究新形势下治军带兵特点规律，扎实做好抓基层打基础工作，保持部队高度集中统一和安全稳定。要保持作风建设的良好势头，一天不放松地抓下去，去虚功，出实招，使长劲。坚持严字当头、标本兼治，在解决深层次矛盾和问题上狠下功夫，制定科学合理、符合实际、便于操作的刚性措施。坚持领导带头，注重抓本级、严自身，以各级领导的模范行动带出部队的虎虎生气、融融暖气、堂堂正气。

（五）积极稳妥推进国防和军队改革

改革是强军的动力和活力。要围绕实现强军目标，加快推进中国特色军事变革深入发展，不断在重要领域和关键环节实现改革新突破。把改革创新精神贯彻到各项工作中，努力推动军事理论、武器装备、组织体制、军事训练和保障方式创新。深入推进军队组织形态现代化，建立健全联合作战指挥体制、联合训练体制、联合保障体制，优化作战力量结构，构建中国特色现代军事力量体系。继续推进以军事人力资源为重点的政策制度调整改革，深化国防动员和后备力量调整改革，为建设巩固国防和强大军队提供体制机制保障。

（六）进一步走开军民融合式发展路子

军民融合式发展是实现富国和强军相统一的重要途径。我军战争年代打胜仗，人民是靠山；和平时期军队建设和军事斗争准备，同样离不开人民群众的关心和支持。要更加主动地将国防和军队建设融入经济社会发展体系，加强军民融合式发展战略规划、体制机制和法规制度建设，努力形成基础设施和重要领域军民深度融合的发展格局。要大力弘扬我军拥政爱民光荣传统，积极参加和支援地方经济社会发展和生态文明建设，协助地方做好维护社会稳定工作，坚决完成抢险救灾等急难险重任务，巩固发展军政军民团结的良好局面。

强军路在脚下，实干铸就梦想。在阔步迈向强军之路的新征程上，我们要更加紧密地团结在以习近平同志为总书记的党中央周围，高举中国特色社会主义伟大旗帜，以邓小平理论、"三个代表"重要思想、科学发展观为指导，坚决贯彻习主席一系列决策指示，真抓实干，埋头苦干，奋力建设一支听党指挥、能打胜仗、作风优良的人民军队，为全面建成小康社会、实现中华民族伟大复兴中国梦提供坚强力量保证！

 **思考题**

1. 从社会历史发展的角度来看,军事思想的发展可以划分为哪三个阶段?
2. 《孙子兵法》中"重战、慎战、备战"思想的主要观点有哪些?
3. 毛泽东军事思想的科学含义和基本特征是什么?
4. 毛泽东军事思想的主要内容是什么?
5. 新世纪新阶段,军队的历史使命是什么?
6. 习近平关于在新形势下的强军目标重要论述的主要内容是什么?

第三章 战略环境

战略环境是制定战略的客观基础。研究战略环境，揭示其特点和规律，可辨析影响国家生存与发展的有利条件和不利条件、积极因素和消极因素、现实威胁和潜在威胁、主要矛盾和次要矛盾，更好地把握时代主题，从维护国家安全与发展的根本利益出发，建设强大的现代化国防，促进世界和平。战略环境研究中，国际战略环境是重点，对国际战略环境的分析和判断是制定战略决策和实施战略过程中必须特别重视的一个至关紧要的问题。

第一节 战略环境概述

一、战略

（一）战略的基本概念

战略亦称军事战略，是指筹划和指导战争全局的方略。按作战类型和性质，分为进攻战略和防御战略。在军事战略下一层次，还可以分为军种战略和战区战略等。战略的另一个意思是泛指对全局性、高层次的重大问题的筹划与指导，如国家战略、国防战略、经济发展战略等。

战略是从全局上对军事领域的活动进行谋划和运筹。军事战略应当解决的主要问题是：判明国家（集团）安全面临威胁的性质和程度，确定战略上的主要对手和作战对象，提出军事斗争所要达到的总体目标和主要任务，规定战略上的重点方向、地区，确定准备与实施军事斗争的指导方针和基本原则，明确斗争的主要手段、形式和协同、保障的主要方法等，并依此制定总体的行动计划和实施步骤。

> **延伸阅读**
>
> **"战略"探源**
>
> "战略"一词，最早见于西晋史学家、军事思想家司马彪的《战略》一书，主要指作战谋略，属军事范畴。战略在军事斗争的实践中产生，并随着社会的演变、环境的变

化以及军事斗争的发展而逐渐完善。《战争论》的作者克劳塞维茨为战略所下的定义是:"为了达到战争目的而对战斗的运用。"《战争艺术概论》作者若米尼认为:"战略是在地图上进行战争的艺术,是研究整个战争区的艺术。"20 世纪 30 年代,毛泽东在《中国革命战争的战略问题》中指出:"战略问题是研究战争全局的规律的东西。"以上定义都围绕作战谋略而展开,由此可见,战略产生于战争实践,长期植根于军事领域,本义即军事战略。但由于近年来被其他领域广泛使用,为了便于对不同领域的战略做出明确区分,在军事领域之外使用时,须在"战略"二字之前冠以领域的名称,如政治战略、外交战略等。

(二) 战略的构成要素

战略的构成要素,即构成战略的基本成分。它是战略本质属性的集中反映,也是战略内容和形式的具体展现。

1. 战略目的

战略目的是指战略行动所要达到的预期结果,是国家一定时期内总的路线、方针、政策在军事上的反映。它既是制定战略的出发点,也是实施战略的归宿点。战略目的是根据国家利益和战略形势的需要来确定的,必须体现国家利益的时代特点,并要与战略形势相适应。

2. 战略方针

战略方针是指导战争全局的方针,是指导军事行动的纲领和制定战略计划的基本依据。战略方针制定正确与否,对军事斗争的进程、结局有着决定性的影响。在和平时期,正确的战略方针可以使国家在复杂多变的国际斗争中站稳脚跟,创造、赢得并保持战略上的主动地位。在战争时期,战略方针则往往决定着战争的胜败。战略方针是在分析国际战略形势和敌对双方战争诸因素基础上制定的,对不同的作战对象、不同条件下的战争,应采用不同内容的战略方针。

3. 战略力量

战略力量是战略的物质基础和支柱。它以国家综合国力为后盾,以军事力量为核心。军事力量与战略有着密不可分的联系,是战略的基本要素。军事力量既是确立战略的重要物质基础,又是实行战略的主要工具;战略既决定着军事力量建设与运用的性质和方向,又主要依靠军事力量得到具体的贯彻和落实。因此,必须在发展经济和科学技术的基础上,根据战略目的和战略方针的要求,确定其建设规模、发展方向和重点,并与国家的总体力量协调发展。

4. 战略措施

战略措施也称战略手段,是为准备和进行战争而实行的具有全局意义的战略保障措施;是战略决策机构根据战争的需要,在政治、军事、外交、经济、科学技术和战略领导与指挥等方面,所采取的各种全局性的切实可行的方法和步骤。战略目的和战略方针是战略行动的方向、目标、纲领与准则,但还不是行动本身,只有通过战略措施,才能将其付诸实施,使其得以贯彻落实。因此,战略措施是任何一个战略都不可缺少的重要组成部分。

二、战略环境

战略环境，是指影响国家安全或战争全局的客观情况和条件，主要包括国际和国内的政治、经济、军事、外交、科技、地理等方面综合形成的客观情况和条件，以及由此而形成的战略态势。战略环境包括国际战略环境和国内战略环境两部分，其中国际战略环境对国家安全起到主要的影响，是一个国家关注和研究的重点。

（一）国际战略环境

国际战略环境是一个时期内世界各主要国家（集团）在矛盾、斗争或合作、共处中的全局状况和总体趋势。国际战略环境的范围极其广泛，但对于某一国家（集团）来说，主要研究以下几个方面。

1. 时代特征

所谓时代，是指世界整体在发展进程中所处的阶段。不同阶段之间相互区别的标志就是时代特征。时代特征反映了世界发展总进程中的矛盾领域和斗争状况。时代特征是世界性的、阶段性的，它所反映的都是世界的总貌，是整个世界在一定历史阶段的总的标志，而不是个别国家的个别现象，也不是国际社会一时一事的情节或短时期的形势变化。正确认识时代特征，有助于战略指导者从宏观上把握当代世界的主要矛盾和总的发展趋势，从而对国际战略环境作出正确的判断，避免战略指导的重大失误。

2. 世界战略格局

战略格局，是世界各国政治、经济、军事力量在其消长和分化、组合过程中所形成的，对世界战略全局具有重大影响而又相对稳定的力量结构。世界战略格局反映了一定时期内各国间的力量对比、利益矛盾和需求，以及基本的战略关系。对世界战略格局进行分析与研究，有助于从总体上了解世界各主要国家在世界全局中的地位以及战略利益方面的矛盾和需求，有助于对世界形势及其可能的发展趋势作出基本的估计。

3. 主要国家的战略动向

世界各国之间由于战略利益和政策的异同，既可能是对手，也可能是朋友。各国的战略动向，既互为条件、相互依存，又相互影响和制约。其中，一些实力较强的世界性或地区性大国，特别是超级大国所推行的战略，对地区安全乃至世界的安全与稳定都有重大的影响，对其他国家的战略也有不同程度的影响。因此，一定时期内各主要国家的战略及其发展趋向，是国际战略环境的重要组成部分。了解主要国家的战略动向，有助于从世界各国特别是大国关系上具体地研究国际战略环境，进而对世界形势作出正确判断。

4. 周边安全形势

周边安全形势是指周边国家（集团）直接、间接影响本国安全的条件和因素。周边安全形势中最值得注意的是周边国家与本国的利益矛盾、对本国的政策企图、与本国密切相关的军事力量及其部署等直接影响本国安全的情况和因素。

从上述几个方面入手研究国际战略环境，对于洞察国际斗争特别是战争与和平的基本趋势，进而判明对本国战略利益的影响，具有十分重要的意义。本章将重点展开对国际战略格局、周边安全环境的论述。

（二）国内战略环境

国内战略环境是指对谋划、指导、实施带有影响全局性的军事斗争的国内社会环境和自然条件。研究国内战略环境应重点把握以下情况。

1. 国内政治环境

国内政治环境主要是指对国家安全战略环境影响较大的国家政治体制、经济、法制和国防建设。新世纪新阶段，党中央抓住重要战略机遇期，在全面建设小康社会进程中推进实践创新、理论创新、制度创新，强调坚持以人为本、全面协调可持续发展，提出构建社会主义和谐社会、加快生态文明建设，形成中国特色社会主义事业总体布局，着力保障和改善民生，促进社会公平正义，推动建设和谐世界，推进党的执政能力建设和先进性建设，成功在新的历史起点上坚持和发展中国特色社会主义。

2. 综合国力

综合国力是一个国家全部物质力量和精神力量的实力和潜力的总和。综合国力由经济力、军事力、科技力、社会发展力、生态力、政府控制力和外交力等组成。一切军事活动和军事斗争都要依赖综合国力，特别是经济、科学技术和军事实力。在筹划国家战略决策、军事力量的建设与运用中，必须与国家综合国力的实际发展总体水平相适应。

3. 地理环境

地理环境不仅是制定战略的重要依据，而且是影响战争胜负的重要因素。地理环境包括国家（战区）的地理位置、幅员、人口、资源、地形、气候等状况。军队的集结、机动、作战、训练等一切军事活动都离不开地理空间，都要受地理环境的影响和制约。因此，应加强对地理环境的研究与开发利用，使战略指导符合地理环境的客观实际需要，使地理环境发挥更大的作用。

三、战略与战略环境的关系

1. 战略环境是制定战略的客观基础

战略环境是战略指导者意识之外的客观存在，战略则是军事斗争规律在人们头脑中的反映。为此，世界各国的战略，无不受一定战略环境的制约和影响。我国自新中国成立以来，也曾根据战略环境的变化，进行了多次的战略调整。可见，战略是随着战略环境变化而变化的，任何战略都是一定战略环境的产物，从来就没有脱离一定战略环境而凭空产生的战略。

2. 战略环境是正确制定战略的先决条件

战略环境是影响战略的客观因素，制定战略要对战略环境进行客观的、全面的、系统的了解，认真分析各种因素的内在联系，坚持正确的世界观和军事唯物辩证法，才能找出其中的特点和规律，制定出主观符合客观的正确战略并能实施正确的指导。

3. 战略对战略环境变化具有重大的能动作用

战略与战略环境两者互为作用，相互推定。战略作为军事斗争全局的谋划与指导，不论其正确与否，都对维持或改变战略环境有重大影响。实践证明，在一定的物质条件下，正确的战略可以改变险恶、不利的战略环境，化险为夷，转危为安；反之，不适宜的战略也可能使战略环境变得复杂、凶险，甚至危及国家安全。

第二节　国际战略环境

一、国际战略环境的历史演变和发展趋势

（一）历史演变

国际战略环境并不是古已有之，它的形成需要一定的条件。只是到了15世纪以后，随着哥伦布等人的地理大发现，世界才从分散走向整体，人类才逐渐开始有了世界意识。同时，划时代的资产阶级工业革命，极大地解放了生产力，为资产阶级强国在世界上的扩张奠定了丰厚的物质基础。随着世界贸易的迅速发展，资本主义的世界市场也日趋成熟，国际分工日益明显，国际政治开始形成。伴随着几个欧洲强国在世界范围内的殖民扩张，欧洲由此演变成了国际战略环境变化的中心地带。

1. 19世纪及其以前的自由资本主义阶段

以拿破仑战争的失败、维也纳会议召开为标志的自由资本主义阶段，世界上的重要战略力量是俄国、英国、普鲁士、奥地利和法国。拿破仑的失败导致欧洲列强重新建立起政治军事的均势格局。俄国、英国、奥地利成为当时国际政治中的主导力量。各列强都企图利用维也纳会议来达成自己的战略目标。最后，形成了维也纳体系。其主要目的就是要防止法国的重新崛起，维持欧洲大陆的均势，避免发生新的战争。同时，消除18世纪法国大革命的一切后果，并在欧洲大陆上恢复封建专制制度，对欧洲版图进行重新分割。维也纳会议形成的均势格局在较长时期内确保了欧洲列强之间没有爆发新的战争。但是，由于维也纳会议没有解决列强之间的内在矛盾，因此，到了19世纪50年代，这个均势格局就开始走向崩溃。

2. 20世纪上半叶的帝国主义阶段

自19世纪60年代开始，普鲁士经过三次王朝战争，最终于1871年完成了德意志的民族统一，成为德意志帝国。德国的崛起打破了已有均势，不仅彻底改变了欧洲格局，也使世界战略格局发生了变化，促使帝国主义列强重新进行势力范围划分。新兴强国德国开始挑战老牌强国英法等国。在19世纪后30年瓜分世界的狂潮中，欧洲列强的

矛盾日趋加剧，帝国主义集团终于形成以英、法、俄为一方的协约国集团和以德、奥、意为另一方的同盟国集团相互抗争格局，并最终引爆了第一次世界大战。第一次世界大战结束后，为了瓜分战败的德国、奥匈帝国和土耳其帝国的遗产，帝国主义列强召开了巴黎和会及华盛顿会议，形成了"凡尔赛—华盛顿体系"，成立了以战胜国主导的国际联盟，形成了多极格局。

第一次世界大战导致了第一个社会主义国家苏联的诞生，并成为世界战略格局中的一支重要力量，从而打破了帝国主义国家一统天下的局面。世界大战使英国和法国逐渐开始衰落，德国暂时削弱，美国开始崛起，加入了争夺世界的行列。由于对"凡尔赛—华盛顿体系"的不满，以及世界经济危机的爆发，法西斯政治思想势力在欧洲兴起和发展。1922年，意大利法西斯夺取了政权；1933年，希特勒掌握了德国的政权，成立了第三帝国；日本法西斯军国主义也十分猖獗。德、日、意三国形成了轴心国同盟，决心称霸世界。1939年，第二次世界大战爆发，世界开始分为两个战争集团。一个是以德、日、意为主的法西斯同盟，一个是以苏、美、英为主的反法西斯同盟，双方进行了长时间的激烈战争。

3. 20世纪50至90年代的两极对立阶段

第二次世界大战后，美苏两国的战时同盟关系迅速破裂，形成了长期的冷战局面。在意识形态上，美国和苏联根本对立；在政治经济体制上，双方完全不同；在军事上，北约和华约两大军事集团相互对峙。20世纪60年代末70年代初，在美苏两极之外，世界出现了西欧、中国和日本等新的力量中心，再加上第三世界力量的增长及因各种动荡所造成的全球不稳定因素的增加，使美苏两个超级大国再也没有足够的能力去控制世界。因此，美苏在这一时期的对外政策都出现了较大变化。美国，尼克松至布什政府的对外政策均处于不断调整之中，但坚持全球扩张的总体战略目标并未根本改变；苏联，从勃列日涅夫到戈尔巴乔夫的对外政策则转向全面收缩。1991年，苏联解体，两极格局崩溃，促使世界格局重新构建，世界各种战略力量重新定位和整合。目前的世界格局正处于动荡和调整时期，多极格局是世界格局的发展方向。

4. 20世纪90年代至21世纪初

冷战的结束并没有停止在冷战过程中已经出现的世界多极化的发展趋势。美国作为世界上唯一的超级大国，认为由美国领导的国际关系体系的"单极阶段"终于到来了，于是要依靠美国的权势和价值观来建立"世界新秩序"。但是，继承了苏联主要遗产的俄罗斯仍然是唯一拥有能够与美国相抗衡的核武器的国家，作为联合国的常任理事国，俄罗斯在世界事务中的作用仍然不可低估。与此同时，欧共体向欧盟的成功发展有力地表明了西欧是国际政治中的一极重要力量。

以中国、韩国和东盟成员国为代表的亚洲的崛起，同样显示出该地区除了日本以外的其他国家正在确立和发挥它们在世界事务中的重要作用。占有联合国多数席位的第三世界国家作为一个整体对国际事务的影响也不容忽视。因此，自20世纪60年代末就初露端倪的世界多极化发展趋势，便更加清晰地显现出来。同时，一个以全球化为基础的"无国界经济"正在世界范围内形成，出现了经济全球化浪潮。由此，自"二战"结束以来人类社会就向往的世界和平与社会发展,在冷战结束之后,终于更加突出地成为时代的主题和世界人民共同追求的目标。

(二) 发展趋势

1. 和平与发展在前进中面临挑战

当前,和平与发展是世界人民共同追求的目标和不可逆转的世界潮流。霸权主义和强权政治越来越招致大多数国家特别是广大发展中国家的不满和抵制。广大发展中国家坚决反对霸权主义,绝大多数都希望在一个相对和平稳定的环境中尽快发展本国的经济,主张对话、避免对抗。因此,总的看来,国际形势继续趋向缓和,维护和平与稳定的力量继续增长,和平与发展已成为世界人民的共同要求和不可阻挡的历史潮流。但是,和平与发展两大主题却仍面临重大挑战。霸权主义和强权政治依然存在,领土、民族、宗教、资源等因素引发的武装冲突和局部战争连绵不断。不公正、不合理的国际政治经济秩序没有得到根本改变,发展中国家仍有亿万人民处于贫困状态。特别是美国倚仗自己在经济、军事、科技等方面的优势,极力鼓吹奉行"新干涉主义""单边主义",干涉别国内政,推行新的"炮舰政策"。先后发动了科索沃战争、阿富汗战争、伊拉克战争等多场局部战争,导致某些地区的局势长期动荡,各种矛盾进一步复杂化。此外,诸如某些局部地区固有的民族矛盾、宗教对立、领土争端、资源纠纷等依然存在,有些矛盾甚至有激化的趋势。另外,因南北贫富差距拉大引起的某些社会动乱,以及恐怖活动、毒品走私趋向"全球化"等等,均成为当今世界不稳定的重要因素。和平与发展两大主题在前进中仍面临严峻挑战。

2. 国际战略关系随着经济全球化发生深刻变化

经济全球化,是充满矛盾和冲突的过程,它正在改变着人类社会的生存和发展环境,带来人类社会关系的重大变迁。经济全球化使各国在经济领域相互联系、相互渗透、相互影响、相互制约,既促进了共同发展,同时也带来了极大的不稳定因素。经济全球化要求在全球范围内实现产品、资源、资金、科学技术等生产要素的流动和优化配置,国与国之间不同程度地形成了"你中有我,我中有你""有福共享,有难同当"的利益格局,"一荣俱荣,一损俱损"的互动效应日趋增强。但各国在经济全球化中的相互依存关系又是不均衡、不对称和不平等的。由此导致全球范围内的各种矛盾凸显。一是霸权与反霸权之间的矛盾尖锐化;二是南北矛盾突出,面临更严峻的挑战和更大的风险;三是激化了民族矛盾;四是全球性问题日益突出。

3. 世界力量分化组合加剧,使单极与多极之争更趋激烈

单极与多极矛盾的实质是美国霸权主义同世界各国人民反对霸权主义的斗争,具有对抗性特征。但在当代历史条件下,这一矛盾可以通过"软竞争"的方式,即通过和平竞赛与外交上合纵连横的政策、策略来缓和。"多极化"与"一超"的矛盾将成为本世纪相当长一个时期内国际斗争的焦点。走向多极化是当今世界的一个重要特征,是不可抗拒的历史潮流,也是许多大国的共识。但是,目前处于强势的美国致力否定并坚决阻挠多极化发展,理论上鼓吹并宣扬"单极稳定论";政治外交上以"恐"画线,借大

国合作反恐，以单边主义谋霸；军事上公然违反国际法，悍然发动了伊拉克战争，对现有国际关系准则和国际安全机制造成严重损害。与此同时，美国借反恐为名，挺进中亚，增强了对欧亚大陆的地缘布局战略优势；加强了西太平洋的战略部署，围堵和遏制其他大国的崛起。种种迹象表明，美国凭借其政治、经济、军事上的强大优势，利用反恐这个前所未有的机遇，抓紧打造美国主导的世界新秩序。但"多极化"趋势不可逆转，美国致力维护其霸权地位与其他国家争取和平共处的斗争也一直没有停止。其他大国尽管原则上认同并支持美国反恐，但对美国诉诸武力、"先发制人"等单边主义行径和谋霸企图也不无戒备和抵制，围绕"失败国家论""邪恶轴心论"及如何判定和消除恐怖主义根源等问题，法、德、俄等国敢于公开在理论上质疑、政策上抵制，借助联合国等多边外交舞台，与美单边主义周旋。可以预见，制衡美国"一超"的力量将越来越强大并且趋于自发联合，特别是欧盟和其他大国将不可避免地成为美国的主要竞争对手。"一超"与"多极化"的斗争将长期存在，目前霸权主义占上风，但某些大国为维护自身利益、加快自身的发展，"多极化"的发展进程将不可避免地加快，这种斗争将日趋激烈。

二、国际战略格局

国际战略格局，是指对国际事务具有重要影响力的力量，在一定历史时期内相互联系、相互作用而形成的较为稳定的力量结构。它又分为国际政治格局、国际经济格局和国际军事格局，国际战略格局是这几种格局的综合，也称"国际格局"。

国际战略格局的形成，是国际斗争和国际战略运作的结果。同时，新的国际战略一经产生，又会对国际战略形势产生直接的影响。因此，要想从整体上把握国际斗争的基本情况和基本形势，揭示国际斗争的一般规律，就必须注重研究国际战略格局问题。

（一）国际战略格局的构成要素

国际战略格局作为国际斗争的直接产物和国际战略运用的必然结果，其构成要素是国际战略力量，而不是一般意义上的国际行为主体。

国际战略力量是指在国际关系中能够独立地发挥作用，并对国际形势及国际战略的运用和发展具有巨大影响的国家或国家集团。国际行为主体，亦称国际关系行为主体，是指能够独立参与国际事务，并能独立行使国际权利、承担国际责任与义务的实体。在国际舞台上，存在着众多国际行为主体，主要分为两类，即国家行为主体与非国家行为主体。前者即主权国家，后者有国际组织、跨国公司、国际性政党、国际性运动和国际性宗教等。任何国家或政治、经济实体，只要它在国际事务中具有独立的行为能力，就可以构成为国际行为主体，就可以成为一般国际政治要素。但一个国际行为主体，只有当它的能力达到一定程度，能对国际战略的形成和发展、对其他行为主体产生重大影响时，才能成为一种国际战略力量，并成为国际战略格局的构成要素。

(二) 国际战略格局的现状和特点

当前国际战略格局的主要态势，是美国构筑单极世界的战略正在推进，但它没有也不可能阻断世界多极化的发展趋势。两极格局结束后，世界出现了一超和多强并立的态势，大国关系在不断变化与调整，世界上各种政治力量在不断进行分化组合。多极化趋势的发展，有利于世界的和平、稳定和繁荣，有利于推动建立公正合理的国际政治经济新秩序。

1. 美国推行单边主义，谋求建立单极世界

冷战后，美国成为唯一的超级大国。美国经济连续高速增长，国力日益增强，军事实力强大，政治影响广泛，综合实力处于绝对领先地位，为其称霸世界提供了雄厚的基础。因此，美国极力保持一超的局面，构建美国领导下的单极世界。

20世纪90年代初，老布什提出了建立"世界新秩序"的构想。强调美国在"新秩序"中要发挥领导作用，将维护美国的领导地位作为建立新秩序的首要任务。克林顿、布什政府继续加强单极世界的构建。为了实现建立单极世界的目标，美国现在已制定并实行了一整套战略措施。在政治上，极力推行以美国为模式的所谓"全球民主化"；在经济上，倚仗其强大的经济实力，以进行经济制裁为手段，迫使别国无限度地开放市场，利用高科技和不等价交换等手段剥削发展中国家；在军事上，保持庞大的"防务"开支，努力发展高、新、尖武器，在世界各地部署军事力量并建立军事联盟，插手干涉别国内部事务。在全球战略方面，既联合又试图控制欧洲；既利用又要制约日本；以北约东扩为手段，进一步挤压、削弱俄罗斯；将中国视为主要竞争对手，向台出售武器升级。不顾欧洲国家的强烈反对，拒绝接受《京都议定书》，谋求建立美国主导下的单极世界的企图不断膨胀。

2. 欧盟势力影响日益扩大

通过2004年和2007年两次扩展，欧盟实际上已将绝大多数欧洲国家和幅员统合在自己麾下。2004年，欧盟首脑会议一致通过《欧洲宪法》草案。这是欧盟一体化的重大成果，为欧洲第一部宪法的出世做好了铺垫。欧盟的经济形势比较稳定，经济实力大幅提升，欧元在国际金融体系中的地位大幅攀升。这些表明欧盟在提升实力地位和统合欧洲的道路上实现了一次历史性跨越，朝着建设"欧洲人的欧洲"和世界独立一极目标迈出了实质性步伐。

随着一体化的扩大、深化和实力的壮大，欧盟独立自主意识日益增强。它不再甘当美国的伙计，要求在北大西洋联盟中进行权利再分配和角色重新定位，力争与美国建立新的平等伙伴关系。由于战略利益的差异，欧盟在国际秩序观、格局观、安全观、对待非西方大国和发展中国家及中东局势等当代世界重大问题上，同美国的距离越来越大，对美国说"不"也越来越多。法国、德国等欧盟核心国家在伊拉克战争问题上甚至同美国分道扬镳。特别是欧盟不认同美国的单极战略而主张多极化，并阔步朝着世界独立一极的目标迈进，对美国的单极战略构成有力挑战。因此，欧盟在国际上发出的声音更为响亮有力，地位、作用日益增强。无疑，未来欧盟可能成为国际社会具有重要影响力

的一极。

3. 俄罗斯意欲重振大国地位

20世纪90年代以后，俄罗斯国内形势不稳，金融危机严重、生产停滞、经济滑坡，大国地位受到严重削弱，但它毕竟拥有良好的工业和科技基础，拥有丰富的资源和巨大的发展潜力，在军事上，它仍然是唯一能够和美国抗衡的核大国。普京执政后，俄罗斯社会趋向稳定，经济开始恢复性增长，而且增长的质量明显提高。同时，近几年呈现出各行业全面增长的态势，一系列宏观经济指标有较大的改善。自2010年以来，俄罗斯国民经济实现连续3年增长，年增速稳定保持在3%～4%之间。俄罗斯总统普京在2012年年底表示，"尽管世界经济依然存在许多不确定因素，但俄罗斯经济已经积累了稳定增长的巨大潜力"。俄罗斯在财力有限的情况下，利用高科技提升防务能力，保持了世界第二大军事强国地位。随着经济的复苏，俄罗斯加快了军队建设和武器装备更新换代的步伐，重振大国的意图更加明显。俄罗斯的发展将证实邓小平同志的预言："未来多极世界，俄罗斯算一极。"2014年3月，俄罗斯总统普京签署了克里米亚加入俄罗斯联邦的法案，克里米亚并入俄罗斯，使俄美、俄欧关系变得更加复杂，俄罗斯也面临更多的困难与挑战。同时，俄罗斯也通过此举再次向世界展现了其重振大国地位的决心。

4. 日本走向政治军事大国步伐加快

虽然日本国民生产总值目前位居世界第三，但人均国民生产总值仍超过美国。从长期的发展来看，日本经济仍将走在世界的前列。但由于历史等原因，日本在国际社会的政治军事影响却远未达到其经济上对世界的影响。它在外交上依附于美国，唯美马首是瞻，亦步亦趋，人们很少在国际问题上听到日本与美国不同的声音。然而，近年来日本通过对内对外政策的调整，积极改变这种状态，国际影响力不断扩大，加速走向政治、军事大国的迹象比较明显。日本正在由经济大国向世界政治大国和军事大国转变。

5. 中国综合国力稳步上升

中国经济持续保持快速增长，综合国力迈上新台阶。中国改革开放几十年来保持了持续发展的强劲势头，经济总量明显增大，与世界经济的关系更加紧密。中国的发展和开放，为世界商品和资金提供了广阔市场，为许多国家的企业创造了商机，也为世界创造了众多的就业机会。作为当今世界经济重要的拉动力，中国经济发展状态已与全球息息相关。中国坚持走和平发展的道路，努力与世界各国平等互利合作，不单纯追求己方利益，而是力主双赢，并积极加强区域合作，推动共同发展，不断为促进全球发展和繁荣作出重要贡献。中国高举和平、发展、合作的旗帜，坚持原则，伸张正义，更加积极地参与国际事务，在力所能及的范围内支持和援助其他国家，充分发挥出一个负责任大国的作用，国际影响日益增大。

6. 地区大国不断壮大

印度、巴西、南非等地区大国幅员辽阔，近年来经济持续强劲发展，外交空前活跃，争当联合国安理会新的常任理事国。它们的快速崛起不但加强了其在相关地区的龙头地位，而且将促进世界战略力量的调整和重组，成为推进世界多极化进程的重要新因素。

7. 区域一体化组织蓬勃发展

广大中小国家为了在新的形势下有效地维护自己的独立和主权,提升本国的国际地位,在致力于自身发展的同时,强化了联合自强、走区域一体化道路的势头。除了区域组织不断发展外,大区域一体化组织也在形成和加强。除欧盟、东盟外,近年还涌现出非洲联盟和南美洲联盟。

从长远看,美国的霸权主义战略和单极世界的目标,必然受到诸多因素的制约,不可能得逞,多极化势头无法阻挡。除了美国外,当今世界各国都主张多极化。就是在美国内部,也有相当多的战略家逐渐意识到单极世界的目标很难实现。此外,虽然与多强之中任何一方的单独力量对比起来,美国的力量明显地高出一筹,而且这种势头还将保持一段时间,但是,与多强的整体力量对比起来,美国的力量已呈相对下降趋势。以美国国民生产总值占世界国民生产总值的比重为例,1970年美国曾占世界国民生产总值的38%,而现在则是28%左右。并且中国和第三世界的一些大国总体实力也正处在上升阶段。印度、巴西等国有可能在不远的将来加入到多强的行列。

第三节 世界军事形势

世界军事形势是指当前整个世界总的军事状况和未来发展趋势。它是国际战略环境的一个重要组成部分。世界各国和各国家集团军事实力的消长,决定它们在国际政治中的地位和作用。冷战结束后,世界军事力量的总体规模呈下降趋势,但多数国家军队的质量水平却在不断提高,加强军事力量仍是维护和扩展各国利益的重要手段,被作为争夺多极化格局中重要地位的战略筹码。

(一)美军未雨绸缪,以"亚太再平衡"应对崛起大国

美国拥有一支全球进攻性军事力量,2013年其现役部队约为138.7万人,文职人员近80.2万人,此外还有一支素质较高、装备齐全的85.9万人的预备役部队(包括国民警卫队和军种后备队)。近年来,尽管美国军费有所削减,但2013年美国国防预算总额高达6 310亿美元,占世界各国军费总和的36.6%。美军现实行"前沿存在"战略,有四分之一的现役作战部队部署在海外。美军将全球划为6大战区,即太平洋战区、欧洲战区、中央战区、南方战区、北方战区和非洲战区;在世界各地保持着数百个军事基地,以控制战略要点,扼守全球海域的16个咽喉要道;在亚太地区的驻军主要战略意图在于应付东北亚可能发生的地区性冲突,同时也有针对亚太某些大国的战略考虑。

2012年1月,美国发布《维持美国全球领导地位——21世纪的防务重点》的战略指南文件,阐述美国的目标是塑造"2020年的联合部队",增强美军的适应力,使之在资源紧缺的时代,能以创造性的作战概念,更好地应对未来挑战,维护美国全球利益和

霸主地位。美国国防部将该战略定名为"亚太再平衡战略",标志着美国加快将全球战略重点转向亚太地区。"亚太再平衡战略"具体措施:一是全面整合地区联盟体系,企图建立美、日、韩、澳多边军事联盟体系,借此强化亚太地区主导权,加强对盟国的控制,同时将盟国推向前台,借助其力量来减轻美军的军事负担;二是加强与印度、越南、蒙古等国军事合作,加强对我周边邻国的影响;三是调整亚太兵力部署,强化前沿军事威慑,包括持续或增强在亚太地区的兵力,加快亚太地区军事基地建设等。美国"亚太再平衡战略"的实质是以中国为主要潜在威胁和军事对手,以应对中国"反进入"和"区域拒止"挑战为备战基点,基本目标是重建一个防范中国的亚太安全体系,长远构想是建立一条从西太平洋、东亚延伸到印度洋、南亚的"弧度"防线。这既是美国针对国际战略力量对比变化和自身实力相对衰落的被动应对,也是其应对中国快速崛起的主动选择。

为实现其"亚太再平衡战略",美国一方面加强该地区的军事存在,计划到2020年将其60%的战舰转移到该地区,不断部署新型战略轰炸机、无人侦察机到该地区,同时加紧完善亚太反导体系,强化对地区大国的战略防御与威慑能力。另一方面,美国不断深化与亚太盟友的军事合作,频繁举行军事演习,增加重返亚太的筹码。2013年3月,美韩举行"关键决断"的联合演习,加强了对朝鲜的监视和威慑;2014年1月,美日"利刃"演习启动;2014年2月,以美泰为首的"金色眼镜蛇"多国军演在泰国举行;2014年4月,美韩举行最大规模的"超级雷霆"军演;2014年5月,美菲在南海争议地区举行"肩并肩"联合演习,剑指南海。

2014年3月4日,美国国防部发布《四年防务评估报告》(简称《报告》),《报告》制定了面向2020年的美国防务战略,其基本目标是要保持美国的全球领导地位、维持美国的军事优势。该战略有三大目标:保卫美国本土,塑造全球安全环境,投送力量并取得决定性胜利。《报告》指出了美国战略的几个重点,其中包括继续推进"亚太再平衡战略",以应对中国国力的不断提高;打击恐怖主义,使其远离美国本土和海外目标机构;继续保持对核心尖端军事科技的投入;重估伙伴关系,巩固传统联盟,发展新型关系。为此,美国在经费下降的情况下,仍要坚持发展具有比较优势的军事能力,如加强反导系统研发布置,提高升级核武器运载系统、加强开展网络战、空间战、空海一体战的能力。

在当前国际格局东升西降的战略背景下,美国国防战略的根本核心仍是如何在不断变化的战略对比态势下,在防务经费不断削减的情况下,组织调动有限资源最有效地捍卫国家利益,维持美治下的全球霸权。2013年11月,美国国防部提出六个优先防务重点。一是继续专注于防务机制改革,即改革和重建防务机制。二是重新评估军力规划建设指导思想。三是做好应对由于削减军费所带来的军事准备不足的长期挑战。四是保证对空间战、网络战、特种作战等新兴军事能力建设和情报、监视、侦察的经费保障。五是对各军种和作战体系要素进行平衡。六是继续完善军队人事和补偿政策。

为维护其军事霸权,美国在大幅裁减地面部队、重点发展海空军的同时,始终加强对高精尖技术的投入和对新装备的研发。2013年11月,美国福特级航空母舰正式下水。该舰全长约333米,排水量逾9万吨,被誉为"世界最强战舰"。2013年10月,美国新一代驱逐舰朱姆沃尔特级驱逐舰下水(DDG-1000驱逐舰)。该舰隐身性能良好,监视能力高超,动力和电力系统强劲,攻击力凶狠。2013年11月,SR-72双发无人侦察机被美高调宣传。它是高超音速情报、监视、侦察和打击平台,一旦研发成功,通过改进、改型可成为中型轰炸机,完成一小时打遍全球的目标。2014年8月,F-35JSF飞行试验项目在武器分离、软件兼容性和飞行小时等方面均取得了新的突破,证实了该项目日益成熟。

(二)俄军紧握"杀手锏",彰显大国地位

俄罗斯仍拥有世界上与美军实力最接近的军事力量。俄罗斯武装力量由陆军、海军、空军三大军种和空降兵、太空兵、战略导弹兵三个独立兵种组成。2012年俄罗斯总兵力达113.4万人。俄军常规力量虽已明显削弱,但仍拥有一支强大的战略核威慑力量,具有较强的作战能力。目前,俄军在欧洲地区部署的驻军,其战略意图是以强大的战略核力量和保持较高戒备程度的常规力量作为威慑手段,遏制北约继续压缩其战略空间。同时准备应付国内和独联体各国出现的突发事件或武装冲突。在亚洲地区也部署了较多兵力,目的是对付某些国家的扩张性军事力量和应付东北亚可能发生的武装冲突。

随着经济的复苏,为了保持和彰显其大国地位,俄罗斯加紧军事实力建设。2013年俄罗斯军费开支为878亿美元,位列全球第三。俄罗斯军事力量建设一方面继续推进武装力量的改革发展,优化军队体制编制,推行军事转型。包括调整作战指挥体制,重点发展新型作战力量,调整军事教育体系改革内容,恢复废弃的军事基地等。其中也包括对新型常规武器的研制开发。俄罗斯正在研发的第五代新型歼击机T-50,采用了隐形技术,结构材料、人工智能、电子元器件等领域的先进技术,目标直指美国最先进的战斗机F-22。另一方面,俄罗斯加快战略核力量现代化进程,提升战略威慑能力。核武器是俄罗斯目前唯一有效的全球性战略威慑力量,也是俄罗斯支撑大国地位、与美国保持低水平的战略平衡的王牌。俄前任国防部长罗季奥诺夫曾指出:"遏制对俄罗斯的可能侵略是一个非常重要的战略概念。"核力量建设方面主要做法是加快第五代导弹系统换装步伐和新型导弹的研制进程。俄罗斯计划到2020年,装备400多枚现代化陆基和海基洲际弹道导弹,能装备28个团S-400防空导弹系统、装备38个营的"勇士"防空导弹系统和装备10个旅的"伊斯坎德尔"战役战术导弹系统。目前俄罗斯正在研制的新型导弹发射重量约100吨,有效载荷多达5吨,将加装高超声速分道式多弹头,采用固体燃料推进,可携带10枚核弹头,该导弹预计2018年完成研制,2022年前完成部署。此外,俄罗斯还不断加大战略核力量演训力度,以验证俄罗斯战略核力量的可靠性和威慑力。2012年和2013年分别进行了陆海空三位一体战略核力量联合演习,通过试射洲际弹道导弹、演练操控程序等展示俄罗斯战略核力量的可靠性和威慑力。

总之,俄罗斯把战略核力量和常规力量作为其实现军事战略目标的主要军事手段。在战略指导上,俄军突出战略核力量的威慑作用和常规力量的实战作用,遏制和反击来自任何方向的侵略,以维护和保卫俄罗斯的大国地位和传统利益。

(三) 日军借美重返亚太，打造"军事强国"

日本2013年国防预算47 500亿日元，折算美元约522亿元，占GDP比约为5.1%。日军2014年总兵力约22.5万人，拥有300多架第三代作战飞机，编有4个"八八舰队"（即由8艘驱逐舰和8架反潜直升机及其他舰艇组成），是一支装备精良、体制灵活、便于扩充的军事力量。目前，日军兵力部署已将重心由北向西和向南调整，其战略意图主要是应付朝鲜半岛及其他方向上可能发生的"周边事态"。

在美国重返亚太的战略大背景以及中日领土、历史争端不断持续发酵的情况下，日本意图加强防卫力量建设，特别是将发展海军力量建设作为提高军队战斗力的重要任务，凸显了日本在领土问题上与中国持续对峙的意志，同时加强对其南部岛屿链的管控。根据日本2014年版《防卫白皮书》，日本认为其周边安全环境越发严峻，需要加强防卫能力，同时与日美安保体制相协调。2014年7月1日，日本内阁通过了修改宪法解释、解禁集体自卫权的内阁决议案，提出"武力行使三条件"，日本战后以防卫为主的安保政策发生重大变化。"武力行使三条件"较抽象，延伸拓展空间很大，在武力使用的程度和范围上不符合其宪法第九条的精神，此举将给亚太安全形势带来消极的影响。

为提升军事实力，日本着力加速武器装备更新换代。陆战武器方面，日本开始自主研发"10式"第四代坦克，该坦克造价9.5亿日元，据称"具有世界最高水准"；同时还计划采购美国海军陆战队的AAV7系列两栖坦克，可用于登陆作战。海战装备方面，开始建造大型直升机驱逐舰，排水量达1.95万吨，满载排水量2.7万吨，接近轻型航母。空战武器方面，日本计划采购42架美国的F-35战斗机，并着力研发国产第五代战斗机"心神"。此外，日本在大幅放宽"武器出口三原则"的基础上，加紧武器出口以及与美国以外其他国家联合研发武器，使日武器研发步入快车道。

日本军事战略的实质，是借助美国的力量，扮演一个能够遏制并干预地区不稳定因素的角色，采取"主动先制"的军事战略，努力实现军事大国，最终实现政治大国的战略目标，扩大日本在亚太地区乃至全球的影响，从而更加有效地维护日本的国家利益。从日本现行军事战略的内容可以看出，日本已把我国实现统一纳入它的干预范围。

(四) 印军突出"惩戒威慑"，提升军事实力

印度2013年总兵力约128.1万人，数量居世界第3位。现有230多架第三代作战飞机和1艘航空母舰等先进武器装备；并已拥有核武器。同时经过多年发展，印度卫星的研发和应用技术已达到或接近国际先进水平，其运载火箭技术也不断取得突破性进展。2008年，印度首个月球探测器"月船1号"发射升空；2009年，印度成为继美国、俄罗斯、欧洲航天局和中国之后第五个掌握"一箭多星"发射技术的国家。在其主要邻国方面，印军重点部署了主力作战部队，装备有数量质量均占优势的主战坦克和作战飞机，经常举行针对邻国的军事演习，声称要谋求"对等的核威慑"、打低、中、高三种强度的战争和全方位的战争。

印军以"惩戒威慑"为战略指导,以边境地区军事力量建设为牵引,明确军队发展目标,深化体制编制调整,加速推进弹道导弹和反导力量建设,加快装备现代化进程,频发进行实战性军事演习,不断提升军事力量。一是加大国防经费投入,2012年到2013年年度国防开支达1.93万亿卢比(约合430亿美元),比上一年度增长17%。未来10年印度计划耗资1 000亿美元从美、俄等国购买军火,以实现武器装备现代化。二是加强中印边境地区和印度洋东部海域军事力量建设,包括建立独立步兵旅,部署特制无人机和组建新的山地作战部队,以及在中印边境地区部署"布拉莫斯"导弹营等。三是加强弹道导弹和反导系统建设,提升战略威慑能力。仅2012年印度就进行了16次弹道导弹和巡航导弹试射。其中"烈火-5"型弹道导弹射程5 000千米,经历10年研制首次试射并取得成功。2012年印度还进行了两次反导拦截试验,均获得了成功。四是加大演训力度,提高部队实战能力。此外,印度还放宽了外资在军事研发中的限制,极大地为军事研发注入新的活力。

(五)欧盟共同防务稳步推进

在经济和政治一体化的带动下,欧盟正力求实现军事一体化。欧盟军事一体化的目的首先是为了维护欧洲地区安全,其认为欧盟迫切需要有一支具有自主行动能力的军队来处理可能发生的地区冲突和危机;其次是谋求逐步与美国建立平等关系,提升国际政治影响力;最终实现不但在本地区事物中发挥主导作用,而且谋求在世界格局中成为一支有影响的力量。

近年来,欧盟军事一体化缓慢推进。2003年12月,欧盟通过的第一份安全战略性文件——《更加美好世界中的欧洲安全》指引着欧盟安全战略发展的方向。2004年欧盟通过了《欧盟宪法草案》,进一步规定了欧盟的安全、防务政策,确定走防务一体化的道路是大势所趋。

为实现安全战略目标,欧盟决心加快军队建设步伐。2004年5月17日,欧盟扩展后的首次国防部长会议通过了"欧盟2010年军事能力建设的总目标"和"2004年军事能力建设纲要",决定逐渐建立和完备欧盟独立的军事力量,提高欧盟联合作战、快速部署、后勤保障和战略运输与通信兼容能力。欧盟将采取的具体措施如下:

一是组建快速反应战斗分队。2004年10月22日,欧盟国防部长会议决定,从2005年到2007年,分阶段组建13支跨军种快速反应战斗分队,每个分队由1 500人组成,可在15天完成部署,并可开赴距欧洲6 000千米外的任何地方执行作战任务。

二是筹建欧洲统一情报网络。2004年3月马德里恐怖事件发生后,欧盟决定实施全欧洲范围的侦察措施,设立反恐总协调官;11月又提出筹建欧洲情报网,在布鲁塞尔建立中央情报指挥部和间谍卫星系统。

三是打造特种精锐部队。目前欧洲各国的特种部队在编制、武器装备和作战理念等方面差距甚大,无法在战场上合作行动。因此,2004年11月召开的欧盟国防部长非正式会议决定,建设欧洲统一的特种精锐部队。

四是组建欧盟宪兵部队。2004年9月16日,法、意、西、葡、荷5国国防部长在欧盟国防部长非正式会议上签署意向声明，决定组建一支约 3 000 人的宪兵部队，2005 年投入行动，负责维护地区治安以及预防和处理地区危机。

此外，欧盟成员国之间的军事合作与一体化进程也在逐步推进。为加强军事合作和节约军费开支，英、法两国政府于 2010 年签署防务合作协议，同意创建联合部队，共用航空母舰以及共同开发新的核实验设施。根据协议，英、法两国共同创建"联合远征军"快速反应部队。2011 年 7 月 5 日，德国、法国、波兰三国在欧盟总部布鲁塞尔签署协议，同意共同组建一支 1 700 人的名为"魏玛战斗群"的快速反应部队。"魏玛战斗群"将由波兰指挥，从 2013 年起开始部署，并成为欧盟快速反应部队的一部分，以加强欧盟针对全球范围内危机和冲突的军事行动能力。

为实现独立防务，欧盟积极介入全球安全事务。在 2011 年利比亚危机中，法国率先对卡扎菲部队发动进攻可见端倪。欧盟也多次表示只要联合国需要，将随时派出"欧洲部队"参与利比亚的人道主义援助行动。欧盟希望通过建立独立而完整的军事体系，对欧盟国家的军队实施独立于北约之外的军事指挥，以便获得对全球事务更大的影响力。

欧盟成员国虽然加紧了军事合作和资源整合，有效推动了欧盟防务一体化发展，但欧盟要实现完全的独立防务、在军事上与美国"并驾齐驱"不可能一帆风顺。一方面美国不放弃对北约的领导权和欧洲安全的主导权，另一方面欧盟内部对一体化防务的态度存在差异会影响到防务一体化进程。此外，正确处理欧盟防务一体化与北约的关系也是一个两难的问题。

第四节　我国周边安全环境

周边安全环境，是指在一定时期内，国家周边地区对国家安全产生影响的外部及内部条件的总和，包括与相邻国家矛盾冲突、边界纠纷，军事渗透、颠覆甚至入侵等情况。正确分析与认识国家周边安全环境，是制定国家发展战略、军事战略和外交政策的前提和基础，对于国家经济建设和社会安全稳定具有重要的意义。

一、我国周边安全环境概述

（一）我国周边安全环境基本特征

1. 邻国众多，安全环境受周边国家影响较大

我国陆地和海上邻国数量仅次于俄罗斯，居世界第二位，且体现出人口密集的国家多、军队规模大的国家多、涉及国际和地区热点的国家多这"三多"特征。在这些邻国中，有的国家之间存在积怨甚至对立，一旦他们之间发生冲突，势必影响我国的周边

安全。有的国家内部不稳定，一旦发生动乱，将对我国周边安全造成压力。有的国家过去曾经对我国发动过侵略战争或与我国发生过边界冲突。有些国家与我国存在着历史遗留下来的边界领土争端和海洋划界争议。这些因素都会对我国安全环境产生影响。

2. 边界漫长、海域辽阔，安全环境受边界争议和海洋权益纠纷影响较大

我国是位于欧亚大陆东南部、亚洲东部、太平洋西岸的濒海大国。陆地面积约960万平方千米，管辖海洋面积约470万平方千米。有2.2万千米的陆地边界线和1.8万千米的海岸线，6 000余个海岛。历史上我国就因为边界问题和海洋争端与周边国家发生过战争或冲突。目前主要边界争议已基本解决或正在谋求解决方案，但海洋权益正在面临巨大挑战。边界争议和海洋权益纠纷问题处理不好，国家安全环境就难以保障。

3. 地处大国利益交汇区，安全环境受外部影响因素大

我国所处的亚太地区是中、美、日、俄、印战略利益的交汇区，安全环境受外部因素影响较大。美国作为全球大国，在该地区具有重要的政治、经济和安全利益。俄罗斯的战略重心在欧洲，但其大部分国土位于亚洲，在太平洋有着漫长的海岸线和大片的海洋国土，这决定了俄罗斯在该地区具有重要战略利益。日本是位于大陆边缘的狭窄岛国，防御纵深短浅，资源贫乏，战略资源和产品主要依赖国外，亚太地区是其主要贸易对象所在地，日本也希望在亚太地区和国际事务中发挥更大的作用，以确保日本在该地区的安全利益。印度位于欧亚大陆外缘弧形地带的中心部位，靠近石油宝库中东，是东南亚和西亚路上交通要冲，扼守着"海上生命线"的印度洋战略通道。印度虽然不是一个直接的太平洋国家，却不可避免地在这里发挥重要影响。由此可见，该地区大国利益交织，矛盾重重，现实和潜在威胁与冲突不断。我国安全环境受外部影响的因素复杂多样。

（二）我国周边安全环境的历史演变

1. 我国因特殊环境形成了重陆轻海国防观

我国是一个陆海兼备的濒海大国，理应既重视陆地又重视海洋，形成陆海并重的安全观和国防政策。但是，特殊的地理、历史和社会情况，使我国长期以来形成了重陆轻海的观念。我国陆地面积大，资源丰富，气候条件良好，有足够的生存空间，在世界进入现代文明之前，中华民族完全可以依靠江河流域发展自给自足的农业文明。以小农生产方式为经济基础的中央集权的封建社会形成较早，体制和制度严密，政治和思想上统治力量强大，极大地限制和束缚了资本主义生产方式的发展，使我国缺乏向海洋谋求经济利益的社会动力。

在古代的中国，对中央王朝的主要威胁来自陆地，致使我国历代中央王朝都十分重视陆地边防的建设。直至近代中国屡遭西方列强从海上的大举入侵，才迫使中央政府开始重视和加强海上的防御。早在明代，我国就开始遭到倭寇从海上的入侵，但由于王朝的海军力量薄弱，一代抗倭名将戚继光只能采取以陆战为主、以海战为辅、待敌人上陆以后再加以歼击的御敌方略。清朝后期，为了对付列强从海上入侵，我国从国外购买了先进的铁甲战舰，组建了实力雄厚的北洋水师。但是，由于清王朝腐败和作战指导上的

消极被动，甲午一战导致北洋水师全军覆灭。

新中国成立后，毛泽东提出建立强大海军的战略思想。进入20世纪60年代，中苏关系急剧恶化，力量对比强弱悬殊，我国被外敌入侵的危险性增大，只能采取诱敌深入的防御方针对付可能的侵略战争。在这种情况下，我国海军的任务只能是配合和保障以陆军为主的陆上防御，从而形成了一支近岸防御型海军力量。

海洋是强国富民的宝库，是联系世界各国的重要纽带。现代条件下，大海对于人类再也不是障碍。21世纪是海洋的世纪，各国现代高新科学技术和经济快速发展，对海洋开发利用的步伐将进一步加快。我们必须重视海洋，进一步强化海洋意识，维护我国海洋权益不受侵犯；我们必须经略海洋，充分发挥海洋在国家建设中的重要作用。

2. 我国近代屡遭帝国主义列强入侵

我国有2.2万千米长的陆地边界线和1.8万千米长的海岸线，除了北方游牧部落对中原的入侵外，我国历代封建王朝几乎感受不到漫长边界和海岸的危险。但当世界进入近代，西方列强凭借坚船利炮，开始从陆上和海上同时蚕食中国这个古老的国度。近代西方工业化快速发展，先进的军事技术和航海能力彻底粉碎了中国封建统治者传统的安全观。

自1840年后的100余年里，帝国主义列强屡屡入侵中国。过去认为最安全的浩瀚海疆，成为敌军入侵成功次数最多的突破口。第一次鸦片战争，英法联军攻占广州、厦门、定海、镇海、宁波和镇江，从长江口入侵南京；第二次鸦片战争，英法联军攻占广州、大沽口、天津，从天津侵入北京；中法战争，法军攻占我国福建马尾港；甲午战争，日军攻占旅顺、威海；1897年德国军舰侵占胶州湾，俄国军舰闯进旅顺口；1900年八国联军攻陷天津和北京；1914年日军攻占济南、青岛；1937年以后日军发动全面侵华战争。以上战争的共同之处都是敌首先从海上入侵。

在同一历史时期内，中国的陆地边疆也不安全。沙俄和日本曾先后侵占我国东北地区；英国军队曾先后两次从亚东方向入侵中国西藏地区，并曾在第二次入侵时攻占拉萨；英、日军曾先后越过中缅边境侵入云南；法军从中越边境侵袭云南；等等。在中国近代史上，我国台湾、海南岛等岛屿和海洋，由于经济、军事战略地位重要，更是被帝国主义列强侵占和瓜分的重灾区。

二、我国周边安全环境现状

（一）和平发展是我国目前周边安全环境的主流

进入新世纪以来，世界格局和安全形势正发生变化，和平与发展成为新时代的主题。一个相对和平的安全环境已经出现。中国与所有邻国的关系得到全面改善。我国周边安全环境处于新中国成立以来最好的时期之一，呈现出和平发展的新局面。

1. 世界大国与我国建立了合作伙伴关系

中美关系是当今世界大国关系中最为重要的关系之一，也经历了跌宕起伏的坎坷历程。两国曾是共同抗日的盟友,从新中国诞生到中美建交前,两国关系从长期对峙逐渐趋向缓和。中美建交后,两国关系出现了历史性的改善。两国关系尽管曾因台湾问题而出现波折,但共同利益特别是双方的经济合作,使两国关系又重新走上了正轨。

中美军事关系发展受到诸多因素影响。中美两国在维护世界和平与稳定、地区安全和防止核扩散等重大问题上存在的共同利益,是两国关系发展的基础。两国各自的战略需求是其发展的动力,大国关系的互动和意识形态因素等都对其带来影响。另外,美国国内因素,如决策圈内的总统、国会和军方,决策圈外的利益集团、新闻媒介、公众舆论等,也对中美关系影响极大。台湾问题始终是中美关系中最重要、最敏感的核心问题。

中俄关系对中国安全的影响深远。冷战结束以后,中俄关系发展顺利。两国保持着良好的国家关系,两国领导人保持互访,发表了一系列联合声明。1996年双方建立了"平等信任、面向21世纪的战略伙伴关系",由原来"建设性伙伴关系"上升到"战略协作伙伴关系"。中俄已经建立不对抗、不结盟,以"和平共处五项原则"为基础的友好和互利合作关系。2001年7月,两国元首在莫斯科签署了具有历史意义的《中俄睦邻友好合作条约》。该条约以"永做好邻居、好朋友、好伙伴,永不为敌"的战略思想为核心,全面总结了20世纪中俄关系的历程,并对未来双边关系发展确定了指导原则。中俄两国已经建立了良好的国家关系,在普京访华期间双方签署的《联合声明》曾重申:"无论国际风云如何变幻,无论中俄各自国内发生什么样的变化,双方决心恪守《中俄友好合作条约》所确定的方针和原则,不断推进、扩大并以新的内容充实和深化两国全面战略协作伙伴关系,在双方关切的问题上协调立场,相互支持。"未来,两国关系必将更加稳固,合作领域将更加宽广。

中日关系是今天国际关系中的重要组成部分。中日复交后,两国关系发展基本平稳,双方都把发展长期稳定的友好关系作为各自的基本国策。1998年11月,双方曾在我国领导人访日的联合宣言中明确"建立致力于和平与发展的友好合作伙伴关系"。中日两国的根本利益,决定中日关系必将克服一切困难向前发展。

中国与欧盟各国保持着良好的关系。中国与欧盟领导人就建立中、欧长期稳定的建设性伙伴关系达成共识。鉴于中国社会经济发展情况,欧盟2001—2003年优先对华合作的领域:为中国加入WTO提供支持和援助、反偷渡和非法移民、社会保险改革、电讯、环境、能源以及人力资源开发等。这些合作项目的开发促进了中国相关领域的发展,亦提高了"欧盟在中国的知名度"。在2001—2005年期间的合作预算约为2.5亿欧元。欧盟对华合作项目集中于支持中国的人力资源开发;向与中国经济和社会改革关系密切的部门提供培训及技术援助;通过鼓励地方经济发展,帮助解决农村及城市贫困问题;环保合作以及加强中欧商业对话和产业合作等。

2. 我与邻国友好关系发展顺利

我国在坚持"和平共处五项原则"基础上与一切国家发展友好关系,特别注重发展与邻国的睦邻友好关系。目前,我国与所有邻国的关系均得到改善。20世纪90年代以来,我国分别与俄罗斯、哈萨克斯坦、吉尔吉斯斯坦签订了国界协定,与哈萨克斯坦的国界问题已经得到完全解决。中、俄、哈、吉、塔 5 国领导人多次会晤，签署了关于边境地区加强信任及相互裁减军事力量的协定。

我国同越南、印度的关系也得到发展，全面加强政治、经济、文化交往，国家领导人正常互访。1999 年与越南签署了《中越边境条约》，使中越边界问题得到较好解决。中印有着两千多年的友好历史，作为世界上两个人口大国和重要的发展中国家，两国有足够空间实现更大规模的共同发展，在地区和国际事务中发挥各自作用。目前长期困扰中印关系的边界和西藏两大问题正在逐步得到解决。作为正在形成中的多极化国际秩序中的两个主要国家，中印同时发展将对未来国际体系产生积极影响。同时，我国与韩国、日本等国在经济贸易和文化等领域进行了广泛的交流与合作。

3. 我国周边"热点"逐渐降温

所谓"热点"，是指一些经常或多年发生战争的地区或国家。我国周边的"热点"较多，如 20 世纪 50 年代初的朝鲜半岛问题，70 年代末的阿富汗、柬埔寨战争，90 年代暴发印巴冲突等。这些战争和冲突，不仅发生在我国周边，也不同程度地威胁我国边界地区的安全。冷战结束后，这几个热点地区先后出现了不同程度的逐渐降温，目前，尽管朝鲜问题还存在着多种矛盾，甚至矛盾可能会进一步激化，但总的形势是趋于缓和，对外部的影响越来越小，减缓了对我国有关边界地区安全的威胁。

新形势下，周边的"热点"中，对我国安全影响较大的是朝鲜核问题。2006 年 9 月和 2009 年 5 月朝鲜先后进行两次核试验。朝鲜新任领导人金正恩上台执政以来，采取了一系列改变朝鲜半岛局势的措施，特别是 2013 年 2 月 12 日再次进行了第三次核试验。解决该问题将是长期、复杂的过程，需要中国政府更多的外交努力。另外，对我国影响较大的另一热点问题是印度与巴基斯坦的严重对立。两国关系曾有一定程度的改善，但仍未能根本解决已存在的对立。尽管热点问题还很突出，但总的看来，我国周边安全环境趋于和平与稳定。

（二）相对稳定的安全环境中存在着不安全因素

我国的安全环境存在着两重性。一是相对和平稳定的安全环境不断得到巩固和发展；二是我国仍面临着一些不安全因素和潜在的威胁。

1. 西方军事强国对我国安全环境影响深远

在世界军事强国中，美国对我国安全环境的影响尤甚。美国与我国虽远隔重洋，但对我国安全的影响却无处不在。在各大国与我国关系向前发展的同时，在以美国为首的西方世界仍然有一股企图遏制中国的逆流，顽固地坚持冷战思维，不愿意正视我国政治、经济的发展以及在国际社会中的积极作用。散布所谓的"中国威胁论"，以"人权"为幌子，干预中国的内政，继续坚持对台军售，阻挠中国统一大业。随着亚洲经济的整体性崛起，美国"亚太再平衡战略"对中国遏制的指向性更为明显。在政治安全领域，美国强化与日本、韩国、菲律宾、泰国、澳大利亚的军事同盟关系，重点推进日本、澳大利亚、印度等国在再平衡战略中发挥更大作用。其中包括支持日本行使集体自卫权，强调《日美安保条约》第五条适用于"钓鱼岛防卫"；与澳大利亚签署一份为期 25 年的军事部署协定；同意向印度提供军事技术转让，支持印度申请成为联合国常任理事国，谋求与印度一起构筑制衡、牵制中国崛起的准同盟关系。在经济领域，美国与其他 8 个国家在 2011 年 11 月举行的 APEC 夏威夷峰会上正式确定了跨太平洋经济伙伴关系协定（TPP）的框架，并在近几年积极推进 TPP，试图削弱中国在亚太地区的经济影响力。美国重返亚洲的动机是双重的：既要分享亚洲经济高速增长的收益，又要遏制中国的崛起。同时，根据所谓的"亚太再平衡战略"，美国将在 2020 年前向亚太地区转移一批海军战舰，届时将 60% 的美国战舰部署在太平洋等。这一系列动作，围堵遏制中国的意图十分明显，从目前来看，美国是我国安全环境不稳定的主要因素之一。

2. 周边热点地区仍有发生情况突变的可能

我国周边地区热点之一的朝鲜半岛，由于在核问题的立场与国际社会相差甚远，特别是金正恩就任朝鲜国家领导人以来，随着朝鲜发动新一轮导弹试射和核实验，使多方谈判举步维艰，军事对峙的僵局很难打破。如果各方对话得不到及时恢复，在朝鲜半岛局势持续紧张、军事高度对峙的情况下，不排除擦枪走火的可能。一旦这种情况发生，必将对我国安全造成影响。

印度与巴基斯坦的对立一天不解决，我国这一边境地区的安全隐患就无法排除。由于历史原因，印巴两国既存在民族怨恨，又存在宗教纠纷，还存在着领土争端，在短时间内难于得到解决。多年来，印巴军事摩擦时有发生。印度作为地区大国，1996 年拒绝在《全面禁止核武器条约》上签字，并以"中国威胁论"为借口，大力发展核武器，积极谋求世界核大国地位。印巴核军备竞赛的升级和对立的加剧，对我国的安全环境产生了不利影响。印巴双方陈兵于边境，相互对峙，克什米尔地区是印度和巴基斯坦争夺的焦点，如果战争爆发，必然会对我国边境安全构成较大威胁。另外，伊朗核问题、伊拉克战争造成的地区安全问题等也不可避免对我国安全环境带来影响。

3. 边界和海洋权益争端尚存

我国坚持在"和平共处五项原则"的基础上愿与一切国家发展友好关系，特别注重发展与邻国的睦邻友好关系。但也必须看到，我国与邻国的边境争议和关于海洋权益的争议情况复杂，解决起来难度很大，这些争议始终是可能影响到我国边境和领海安全的不稳定因素。在这些争议中，陆地边界问题的争议，尤以中印边界争议较为突出。关于海洋权益的争议则更为复杂。我国与朝鲜、韩国之间关于黄海、东海大陆架划分，与日本之间关于东海大陆架划分和钓鱼岛的归属问题，都存在着争议。中国的南海处于岛屿被侵占、海域被分割、资源被掠夺的严重局面。我国南沙群岛的海面岛礁几乎被瓜分殆尽。2012 年爆发的"中菲黄岩岛对峙"和日本"购岛"闹剧都是我国周边国家企图窃取我国海洋权益的具体体现。这些突发事件如果处理不当，还有可能引起国际争端或诱发武装冲突甚至局部战争。

延伸阅读

三沙市简介

2012年6月21日民政部发布公告，宣布国务院批准撤销海南省西沙群岛、南沙群岛、中沙群岛办事处，设立地级三沙市，下辖西沙、南沙、中沙诸群岛及海域。设立地级三沙市是我国对海南省西沙群岛、南沙群岛、中沙群岛的岛礁及其海域行政管理体制的调整和完善。未来的三沙市的海域范围将逾200万平方千米，大约相当于全中国陆地面积（960万平方千米）的四分之一。

三沙市的设立，标志着中国继浙江省舟山市之后，出现了第二个以群岛为行政区划设立的地级市，它也是中国地理纬度位置最南端的市；也意味着中国在对南海各大群岛、岛礁有关领海的控制，迈出了重要一步，标志着中国对南海及其附属岛屿、岛礁及有关领海的控制，有了更为有利的法理依据；更重要的是，三沙市的设立不仅有利于使国家维护南海固有领土主权的阵线向南疆前移，而且有如宝镇南溟，国志弥坚。

4. 外国势力插手台湾问题影响我国统一大业

台湾是我国第一大岛，位于我国东南海域，西隔台湾海峡与福建省相望，东临太平洋。她是我国东南的海上屏障，扼西太平洋南北航线之要冲，战略地位十分重要。自古以来，台湾就是中国领土的一部分。台湾问题事关国家主权和领土完整、国家现代化进程和民族复兴大业。在国际反华势力的支持下，台湾分裂分子大肆进行分裂活动。某大国长期坚持"以台制华"的政策，利用台湾问题干涉中国内政，不断提升售台武器的数量和质量，阻碍我国统一。由于外部势力插手，致使台湾问题复杂化。20世纪80年代末以来，海峡两岸关系由对抗走向对话，由紧张走向缓和，由隔绝走向交往。台商在祖国大陆的投资项目增多，两岸人员交流大幅度增加，从探亲、旅游、扩大到经济、科技、文化、教育、新闻、学术等多方面的合作与交流。2008年马英九再次"执政"后，两岸关系得到进一步改善，但祖国统一仍然面临巨大障碍。2005年3月14日我国人大通过并颁布实施的《反分裂国家法》对反对和遏制"台独"，维护两岸关系的稳定发展、维护台海和亚太地区的和平、稳定和繁荣有着深远的意义。

5. 恐怖主义和民族分裂活动威胁我国安全

我国是一个多民族的国家，国家统一、民族团结、社会稳定始终是国家安全和发展的重要前提。但恐怖主义和民族分裂势力对我国安全统一的危害不容低估。当前，出现了民族分裂主义、国际恐怖主义和宗教极端主义合流的趋势。这"三股势力"内外勾结、相互借重，对世界和平与发展构成了更加严重的威胁。中东、中亚、南亚和东南亚成为恐怖活动的高发区。我国也处于恐怖主义和民族分裂势力活动的威胁之中，境外"东突"恐怖组织和"藏独"分子正加紧向我国境内渗透。恐怖主义和民族分裂势力活动，已对我国改革、发展、稳定构成最直接和最现实的威胁。

三、更新国家安全观念,营造睦邻友好环境

更新国家安全观念,营造睦邻友好环境,是我国安全政策的基本着眼点。保持和维护本区域的安全利益,是我国和周边国家共同追求的目标。我国需要长期和平、稳定的周边环境,把同周边国家发展睦邻友好关系作为既定国策,积极参与构建地区安全体制,营造良好的周边安全环境。

(一) 构筑软实力,强化新战略安全观

国家安全涉及哲学问题,其往往体现国家大战略的总体思想。随着全球化的发展,围绕国家安全问题产生了新的现代战略文化。着眼需要,我国树立并遵循"综合安全观"这一新战略安全观。综合安全观认为国际安全问题除了以主权概念为核心的政治安全和军事安全之外,还有经济安全、环境安全、文化安全、社会安全等一系列新的安全问题。其中经济安全是综合安全的基础和持久安全的根本保证,各国在维护经济安全方面有着越来越多的共同利益。我国的新战略安全观主要包括:

以国家为安全主体,突出主权安全;以和平共处五项原则为政治基础;以相互安全为理论前提;以综合安全为安全维护的内容;以合作安全为实现安全的途径;以"共同安全"和"普遍安全"为目标;以"互信、互利、平等、协作"为新安全观的核心。

安全观对国家的软实力具有很强的依赖性。一个国家所倡导的安全观念能否为多数国家所接受,与该国软实力的强弱有着非常直接的关系。"软实力"是一种吸引力,让别的国家不由自主地跟随你。我国传统文化中有很多非常吸引人的地方,具有极强的凝聚力,它在东亚地区的影响非常广泛。特别是随着改革开放以来我国发展模式的巨大成功所产生的广泛影响,已成为我国软实力的重要组成部分。但是,我们仍必须正视我国的"软实力"还有待进一步加强和完善。

(二) 致力于发展新型大国关系

我国历来重视与大国关系的发展,面对冷战后国际体系复杂化的挑战,在发展大国关系政策上也有新的定位。

一是不对抗、不结盟、不针对第三国的原则定位,建立大国间健康、稳定的关系。《中俄联合公报》声明:中俄的合作并不针对第三国。中美两国政府和人民对中美关系的态度和立场都同样重要。中国出于共同利益的考虑,重视与大国加强合作与协调,改善和发展与各大国的关系,提出不对抗、不结盟、不针对第三国的大国关系原则,不仅符合今后大国关系发展主流,也为中国塑造良好的国际形象发挥了积极的作用。

二是包容整体利益的"双赢"策略定位。冷战思维包含霸权思想、"零和"游戏、迷信实力或武力,支持"单赢"的思想。冷战虽已结束,但种种冷战思维并未销声匿迹。冷战没有毁灭世界,但冷战思维仍会制造灾难性的后果。因此,与时代潮流合拍的高度政治智慧应当是包容整体利益的"双赢"策略。我国在发展大国关系中努力构筑

伙伴关系框架，为我国营造一种良好的国际环境发挥积极作用，也不失为一种实现"双赢"的理念基础。

三是多重角色并举、灵活多变、变不离宗的角色定位。我国注重在国家利益基础上构筑良性互动、多边平衡的新机制，并在内外战略上向以经济、科技为导向的综合国力倾斜。我国注重多重角色并举、灵活多变、万变不离其宗的大国关系战略，就是以国家利益作为对外行为的根本出发点。可以在政治领域是对手而在经济领域是伙伴，或昨天是对手而今天是伙伴。美国学者戴维·香博认为："对手的确可以在某些有限的领域进行合作，而同时保持着竞争性的、有时引起争议的关系。"

延伸阅读

"零和"理论

"零和"是博弈论的一个概念，意思是双方博弈，一方得利必然意味着另一方吃亏，一方得益多少，另一方就吃亏多少，双方得失相抵，总数为零，所以称为"零和"。"零和"理论认为，世界是一个封闭的系统，财富、资源、机遇都是有限的，个别人、个别地区和个别国家财富的增加必然意味着对其他人、其他地区和其他国家的掠夺。"零和"思维导致"囚徒困境"，即每个人或国家都在你输我赢的博弈中，都在追求自身利益的最大化。在"零和"博弈中，双方是没有合作机会的。这一理论在世界政治领域导致国家与国家之间的矛盾此起彼伏。但在经历两次世界大战之后，"零和"观念正逐渐被"双赢"观念所取代。人们开始认识到，通过有效合作，可以达成互利互惠的"双赢"局面。

（三）稳定周边，改善安全环境

我国的睦邻政策是以"和平共处五项原则"为核心。"近者悦，远者来""四邻安，国乃兴""亲仁善邻，国之宝也"等是我国传统的立国方略。

营造稳定的周边环境是我国发展经济的必要前提，也是进一步发展与全球性大国合作关系的基础。首先稳定陆地边界，继续加强与俄罗斯的经贸、科技、能源及战略利益"捆绑"；维护南亚战略平衡，争取与印度关系有新的改善，继续发展与巴基斯坦的传统友好关系；在东部濒海战略带，一方面在东北亚继续推进与朝、韩友好合作关系，并与美国合作，防止竞争失控；增进与日本的信任度，对两国间的具体争端，力避向全局扩散，而对日本军事大国化问题，则要继续保持高度警惕。同时加强在东南亚的战略投入，以经贸为基础，落实中国—东盟贸易区计划，在推动区域化的同时，加强安全对话，举办博鳌亚洲论坛等，来加强与东盟和周边国家的联系。我国是亚太地缘政治区域中心的政治和经济大国，立足亚太是我们坚定不移的方针。

（四）重塑国家安全体制和区域合作机制

全球化是客观和不可逆转的历史进程。国家安全的挑战已经涉及全方位。以国防为主导，包括军事、政治和社会的传统安全仍然是国家安全的支柱。以经济为中心包括科技与信息安全、金融安全、石油安全、生态与环境安全、粮食安全等非传统安全是国家安全的基石。文化安全是国家安全必须坚守的精神阵地。国家综合安全没有平时、战时之分，也没有前方、后方界限，需要动员综合国力，建立包括危机预警、反应评估、管理保障在内的指挥控制与协调机制，并由国家立法，形成对国家安全体制机制和各要素的规范化。国家安全体制和机制的建立是保证国家安全的必要条件，它也随着全球化的发展不断发展。所以，我国把践行新安全观的重点放在积极推进安全体制的重塑和建设上，通过重塑国家安全体制和区域合作机制固化新安全观所取得的成果。

一是深化"上海合作组织"的机制化建设。自《上海合作组织成立宣言》等一系列文件签署以来，这一地区性的国际组织已经向机制化的方向迈出了坚实的步伐。但总体而言，这些文件只是确立了这一合作组织的基本原则，缺少可操作性的具体安排。作为对冷战后新型国家关系和新安全合作模式的探索性外交实践，要应对不断出现的新挑战、新问题，这一组织还需要进一步明确其在地区和国际政治舞台上的位置，并进一步加强该组织的机制化、制度化建设。继续健全会晤与协商机制，在组织内部形成统一的合作管理系统。规范常设机构的工作职能和运作方式等方面，都是重塑国家安全体制机制亟待解决的重要问题。

二是积极推动东盟地区论坛的机制化进程。东盟地区论坛成立以来，通过不同层次、不同形式的对话，为各成员国提供了一个相互了解和表明各自对安全问题的观点、立场，以及增加信任、防止冲突的广阔舞台。但是，由于亚太地区各国社会制度和经济体制的差异，文化传统和宗教习俗的多样性，政治安全形势的复杂性，以及国家利益的交错性等诸多原因，东盟地区论坛至今仍是一个较为松散的安全对话与合作的组织形式，因此还不能算是一个完整意义上的区域性国际安全组织。但东盟地区论坛不可能长期处于一个"清谈馆"的状况，而且随着成员国间信任措施的逐渐建立，论坛不可避免地会向对其成员国更有约束性的预防性外交方向发展。预防性外交要求实施某些具有约束力的措施，如建立"减少危机中心"，派出调查事实的"特别代表"，论坛主席国获得"斡旋权"，等等。由于这一阶段将会涉及地区内的一些具体安全问题，如南中国海问题，因此中国方面的相关机制应该积极主动地施加自己的影响，推动机制建立朝着公正合理的方向发展。

（五）独立自主和平推进多极格局

独立自主、和平外交是中国外交的首要方针，也是我国对外开放的重要保证。独立自主的关键在于不置于任何一个国家的影响之下。新中国成立后，曾一度采取"一边倒"的战略，但没有成为苏联的卫星国。《中美联合公告》后，中、美、苏之间形成了著名的"大三角"关系。我国在国际战略平衡中强调多种文化的共融，加强多边协商和合作机制,主张通过谈判和协商解决国际争端,不诉诸武力,等等。

在多极化格局中,有多个独立的权力中心,这些权力中心没有一个强大到可以统治别的国家,这个格局可能相当稳定,维持同样的互动模式,因而发生战争的几率小,在一定程度上限制了某些大国的一意孤行,给某些小国在特殊情况下发挥较大作用提供了条件。因此,推动多极制衡战略有利于我国开拓外交活动空间,拓宽战略回旋余地;有利于合纵连横,制止霸权;有利于地区稳定和世界和平。

在新的历史时期,中国坚持独立自主、和平外交和不结盟政策;坚持所有国家不论大小、贫富、强弱一律平等;反对以大欺小,以富压贫,以强凌弱;尊重别国的独立自主,尊重别国的民族利益和民族尊严。和平与发展已成为当今世界主题,和平与安全因素进一步增长,总趋势走向缓和。在世界形势趋于缓和的环境中,我国安全环境既有机遇,又有挑战,而机遇大于挑战。抓住有利机遇,利用和争取一个较长的和平环境,发展经济,增强综合国力,加强国防现代化建设,为维护祖国统一和保卫国家安全作出新的贡献。

第五节 世界核化生环境

冷战结束后,美国继续奉行核威慑战略,不断提高核武器的质量,大力发展反导系统,谋求战略核力量的攻防一体化,致使世界核化生武器扩散进一步加剧,谋求拥有核化生武器的国家和地区不断增加,我国面临着更加复杂、多元的核化生武器环境威胁。了解世界核化生武器发展及对我国安全威胁及影响,对增强国防意识,巩固和建设国防具有重大意义。

一、核化生武器威胁客观存在

当今世界,虽然有些武器杀伤威力空前增大,但从整体上看仍然无法与核化生武器相提并论,军事强国仍然将核化生武器威胁与实战作为其军事战略的支柱,特别是美国将核武器视为全球战略的基石,作为推行强权政治的工具。

(一)世界拥有强大的核化生武器库

1. 核武器达到超饱和状态

目前,世界上公认美国、俄罗斯、英国、法国、中国、印度和巴基斯坦等国家拥有核武器,核弹约有3.5万枚,总爆炸量以亿吨计,可摧毁地球上所有目标25次,美、俄两国核武器占世界核武器总量的95%以上。

1991年美俄《第一阶段削减战略核武器条约》(STARTI)的实施,使美俄部署的核弹头数量减少到6 000~7 000枚;2002年5月,美俄《战略进攻性武器削减条约》

的签订，要求 2012 年美俄部署的核弹头数不超过 1 700～2 200 枚。但由于这些条约没有关于削减、销毁核弹头的条款，实际上只不过是把处于作战状态的核弹头，转移到其他状态或库存状态，而核武库中核武器总数基本上保持不变。2002 年至 2012 年期间，美国核武库中核弹头总数始终保持在 10 000 枚左右。美俄在很大程度上是在搞更新换代。

2. 数万吨化学武器难以销毁

美国宣布有化学武器 3 万多吨，俄国宣布有 4 万多吨，严重地威胁着世界安全。《全面禁止化学武器公约》中规定在公约生效后 15 年内销毁这些化学武器。但美俄销毁化学武器各需要 150 亿～200 亿美元，俄罗斯表示没有能力销毁化学武器。据《真理报》报道："即使总统和议会批准全面禁止化学武器公约，仍难预料俄完成销毁化学武器将会拖至何年何月。"美俄还贮备大量的二元化学武器，这些化学武器还不在约定销毁之列。因此，美俄在相当长的时间内仍保留大量的化学武器，对国际社会仍然构成严重威胁。

3. 致病微生物列为标准生物战剂

美俄等国军队把致病微生物列为标准生物战剂，同时改进了生物战剂施放技术，大大增强了生物武器的攻击作用。近年来，由于微载体、中空纤维等哺乳动物细胞大量培养技术的成功以及各种浓集和提纯技术的进步，病毒能够大量培养。而且，对人畜致病的新病毒经常有发现，其中有些可能成为新的生物战剂。美俄将从非洲等地搜集的埃博拉病毒、马尔堡病毒等，作为新的生物战剂。另外，多种生物病毒和一些人工合成的生物活性肽也有可能成为新的生物战剂。

（二）军事强国推行核威慑战略

美俄都把核化生武器的威慑与实战作为其军事战略的支柱。1997 年 11 月美国克林顿总统调整了战略武器使用的新指令，"放宽"了对中国使用核武器的范围，把中国的核基地、领导机构、石油补给、发电系统、军工企业以及所有的常规部队等，都作为美国的核打击目标。布什上台以后，单方面退出反导条约，竭力推行导弹防御计划，以谋求攻防兼备的核力量体系。2002 年 12 月 10 日，布什政府提出要在敌人使用大规模杀伤性武器之前，先发制人地以秘密或公开的方式动用军事力量。美国国防部修改核战略报告，首次将中国、俄罗斯、朝鲜、伊拉克、伊朗、利比亚和叙比亚等国列为打击目标，并要求制定必要时动用核武器的应变计划。报告强调："美国将在阿拉伯国家与以色列的冲突、中国大陆同台湾的战争和朝鲜对韩国的攻击中使用核武器。"2000 年俄罗斯颁布的《俄联邦军事学说》强调"保留使用核武器的权力，以便回击对俄联邦及其盟友使用核武器和其他大规模毁伤性武器的攻击；当俄联邦及其盟国遭到使用常规武器的大规模侵略而处境危急时，有权力首先使用核武器进行打击"。

（三）核化生武器的发展仍然方兴未艾

1. 核武器向小型化、多样化方向发展

美国发展高命中精度、威力可调和低威力的深钻地小型核武器。企图用这种武器有效地打击深埋于地下的目标，并尽量减少间接损害，从而缩小核武器与常规武器的差别，使核武器变得实用化。美军新装备的 B6-11 型核航弹可在 0.3 万～34 万吨范围内随时调成四个当量值使用，还能钻入地下 50 英尺后爆炸，以保证既能取得需要的毁伤效果，又不危及己方的安全。核武器小型化，缩小了核弹与常规弹威力的差距，降低了"核门槛"，增强了使用的广泛性和灵活性。

2. 化学武器向高毒性发展

世界一些国家把高毒作为新毒剂的研究重点。一是发展毒性更强的新毒剂。虽然《禁止化学武器公约》已经生效，而公约不能完全限制住化学武器的发展和扩散。美、俄等国都在寻找毒性更强、作用更快的新毒剂，使遭袭者来不及防护，只要吸一口气即可致死。如俄罗斯研制的代号为新手的神经性毒剂，其战斗性能比美国的 VX 毒剂强 5～10 倍，能穿透世界上各种防毒面具，而且目前尚无特效急救药。二是发展二元化学武器。二元化学武器是把两种或两种以上的液体或固体分装于弹药内由隔膜隔开的小室中，发射时隔膜破裂，几种组分在弹药飞行中靠弹体旋转进行混合，通过化学反应生成毒剂。二元化学武器的出现使许多毒性很强但性质不稳定的毒剂被重新利用，也解决了生产、运输和储存过程中毒剂对人员的危害问题。

3. 生物武器向基因武器方向发展

随着对基础生命过程的深入了解，世界上一些国家利用某些化学、生物战剂制造和发展基因武器。基因武器就是把致病力强、耐药性强的基因，移植到细菌中，制造出致病力更强的生物战剂。美国完成了在大肠杆菌中接入炭疽病基因的研究。俄罗斯也研究出在酿酒菌中投入裂谷热病菌基因，再让发酵后香甜的酿酒菌传播灭族亡种的裂谷热病毒。由于每一种基因武器就像一把特制的锁，只有研制者才掌握这个遗传密码，方能开得了这把奇锁，对方是很难窥破其秘密加以防治的，所以基因武器更难防难治。

（四）使用或威胁使用核化生武器仍然有禁不止

近百年来，国际上签署了几十个禁止核化生武器的条约。然而，核化生武器威胁和可能使用却一直没有停止。

自从美国在日本广岛和长崎使用核武器以后，有美国参与的 200 多次军事事件和局部战争中，美曾 30 多次威胁使用核武器，对我国比较严重的威胁就有 3 次。苏联也曾对我国威胁使用核武器。50 多年来，核战争虽然未爆发，但来自霸权主义的核威胁始终存在，企图使用核武器的幽灵一直在徘徊。在朝鲜战争中，美军使用化学武器和生物武器。在越南战争中，美军把越南作为化学武器的试验场，使用毒剂 7 000 吨，植物杀伤剂 12 万吨，造成越南 153.6 万多人中毒，约 25 000 平方千米的森林遭到了污染，约有 13 000 平方千米的农作物被破坏。美军在阿富汗战争中，除使用大量先进武器外，还对坑道内的塔利班军队使用化学武器。

（五）工业核化设施易造成次生核化危害

次生核化危害，就是以常规武器对工业核化设施摧毁、破坏，造成放射性和有毒物质泄漏所形成污染的危害。这种危害不仅能破坏国家的战争潜力，而且产生核化武器使用后的某些杀伤因素效应，形成战场的特殊核化环境。海湾战争中，伊拉克的化学工业设施始终是被打击的重点目标，11个地点的化学工业生产厂全部被摧毁破坏。科索沃战争，北约从发动空袭第三天开始，就全面地对南联盟的贝尔格莱德、诺维萨德、卢查尼、潘切沃和普里什蒂纳等20多个城市的近30个化工厂、炼油厂和油库进行频繁轰炸。居民被迫撤离，整个潘切沃成为一座空城。据国外评论说，北约"打了一场没有使用化学武器的化学战"。

（六）核化生恐怖袭击的可能性增大

现代恐怖主义已成为国际安全的重大威胁。随着世界核化生科学技术不断进步和广泛应用，世界核化生恐怖活动的现实威胁正日益增大，这对我国稳定与安全形成重大影响。核恐怖，是指恐怖势力以获得武器级核材料、使用放射性散布装置、粗糙核装置或攻击核设施等手段，造成人员、财产巨大灾难或社会恐慌，破坏社会安全和稳定的严重犯罪活动。据不完全统计，1993年至2004年，发生在国外的核恐怖事件就有625起。化学、生物恐怖，是指恐怖势力使用化学毒物或致病微生物体对人、农作物、环境等进行破坏，造成死亡或非致死伤害的犯罪活动。据统计，从1960年至2001年间，世界发生化学、生物恐怖事件有1 300多起。如，1995年3月20日，日本东京地铁遭受到奥姆真理教沙林毒剂袭击，造成11人死亡，5 500人中毒，引起日本全国上下谈毒色变。2001年美国以"炭疽芽孢邮件"为标志的"生物恐怖袭击"，震惊了全世界，迫使世人关注生物防御体系构建和对人为蓄意使用微生物危害活动的防范。

二、应对核化生威胁的主要对策

核化生武器虽然具有较大杀伤破坏性，但它也是可防的。1945年8月6日，日本广岛突然遭到美国原子弹的袭击，损失惨重。人们发现，靠近爆心投影点的地面建筑物全部倒塌，而防空洞却完好无损。一个日本少女从防空洞中出来安然无恙。可见，只要采取有效的防护措施，就能减轻或避免伤害。

1. 提高认识，加强思想准备

叶剑英元帅早就指出："人们如果对原子武器不了解，就可能引起慌张，要教育部队和人民群众，了解这种武器，掌握它的规律。"要教育军民正确认识核化生武器的作用，既要看到核化生武器具有巨大杀伤破坏性，又要看到核化生武器具有局限性和可防性。只要充分认识这一点，才能消除恐惧心理，克服麻痹思想，增强敢打必胜的信心。

2. 做好物质准备

防化装备器材和防化物资储备是作战物资储备的重要方面。但由于核化生武器的非常规性和长期慎用的现实,造成了防化装备和物资储备的不确定性,平时准备往往与战时要求相距甚远。因此,除克服麻痹思想加紧平时准备之外,必须在发生战争前夕采取紧急措施,筹划建立各级的防化物资储备。如,1990年的海湾战争,美军在战前即从其部署在世界各战区的物资储备中抽调了2.5亿美元的防化装备,包括从英国采购的S10防毒面具7.2万具,从各战区调来防护服110万套,赶制20万套,化学监测器1 300部、XM～21报警器、狐式侦察车等。

3. 建立健全各种群防组织

建立健全各种群防组织,开展群众性的自侦、自防、自消和自救活动。战时,武装部、街道组织建立"三防"小组,区(县)以上单位应建立抢救抢修队。"三防"小组一般由单位受过防化训练的3～5人组成,配有专门的仪器,主要负责本部门的观察、报警和指导全体人员的防护。抢救抢修队是由防化、工程、通信、修理、卫生和运输等专业人员组成。

4. 积极有效开展三防训练

实施严格的"三防"防护训练是提高人民群众整体防护素质的有效途径。既要重视平时训练,又要强化临战训练;不仅要使所有参战人员掌握防护技能,还要根据核化生武器威胁情况结合地区地形、气象特点进行有针对性的演练,提高指挥员的组织指挥能力,以及部队和人民群众的适应能力。

 思考题

1. 简述战略的定义,其构成要素是什么?
2. 什么是战略环境?什么是国际战略环境?
3. 什么是国际战略格局?当前国际战略格局的主要特点有哪些?
4. 美军和俄军当前的军事战略是什么?
5. 我国周边安全环境有哪些主要特点?
6. 我国相对稳定的周边安全环境中存在哪些不安全因素?
7. 如何构建周边安全机制改善稳定周边环境?
8. 我国应对核化生威胁的对策主要有哪些?

第四章 军事高技术

随着社会的发展进步、科学技术的迅猛发展,高技术正以锐不可当之势冲击着人类社会的各个方面。这场技术革命来势之凶猛、作用之巨大、影响之深远都是以往历次技术革命所不能比拟的。它一登上军事舞台,就引发了一场前所未有的新军事革命,使军事领域出现许多革命性的变化。近年来发生的几场局部战争表明:现代战争已进入信息时代,战场对话已经成为高技术武器装备的较量;谁拥有军事高技术,谁就能占据更大的战争主动权,为获取战争胜利奠定物质技术基础。

第一节 军事高技术概述

一、军事高技术的概念与分类

军事高技术是指建立在现代科学技术成就基础上、处于当代科学技术前沿、以信息技术为核心、在军事领域发展和应用的、对国防科技和武器装备发展起巨大推动作用的高技术总称。军事高技术是当今高技术在军事领域的延伸。

当代军事高技术发展日新月异,范围十分广泛,分类也有各种各样。根据中国高技术发展计划,即"863"计划,按照从高科技向军事领域自然延伸的角度,军事高技术可分为六大领域:军用信息技术、军事航天技术、军事海洋开发技术、军用生物技术、军用新材料技术、军用新能源技术。其中,信息技术是当今高技术群体的核心,新材料技术、航天技术和新能源技术是军事高技术发展的主要推动力,而生物技术和海洋技术在未来军事高技术的发展中将占据十分重要的地位。

延伸阅读

"863"计划与我国高技术发展

"863"计划是在世界高技术蓬勃发展、国际竞争日趋激烈的关键时期,我国政府组织实施的一项对国家的长远发展具有重要战略意义的国家高技术研究发展计划,在我国科技事业发展中占有极其重要的位置,肩负着发展高科技、实现产业化的重要历史使命。"863"计划从世界高技术发展的趋势和中国的需要与实际可能出发,坚持"有限目标，突出重点"的方针，选择了生物技术、航天技术、信息技术、激光技术、自动化技术、能源技术和新材料7个高技术领域作为我国高技术研究发展的重点（1996年增加了海洋技术领域）。"863"计划实施以来，造就了一批新一代高水平人才，缩小了同世界先进水平的差距，极大地带动了我国高技术及其产业的发展，为传统产业的改造提供了高技术支撑，产生了巨大的经济和社会效益。

如果从军事高技术与武器装备的关系出发，军事高技术也可分为两大类型：一是支撑武器装备发展的共性基础技术，主要包括微电子技术、光电子技术、计算机技术、新材料技术、高性能推进与动力技术、仿真技术、先进制造技术等；二是直接用于武器装备并使之具有某种特定功能的应用技术，主要包括侦察监视技术、伪装与隐身技术、精确制导技术、信息战技术、指挥控制系统技术、军事航天技术、核化生武器技术、新概念武器技术等。

二、军事高技术的主要特点

军事高技术是高技术的重要组成部分。它既具有高技术的共同特征，又有其自身的特点。除体现高技术"高效益、高智力、高投入、高竞争、高风险、高潜能、高速度"的基本特征外，军事高技术还体现出以下特征。

1. 发展的超前性

军事上的需要是军事高技术发展的主要动力。因此，军事高技术的研究、开发和应用通常总是超前于民用高技术。军事上的需求或国家安全的特殊重要性决定了各国都试图将军事高技术置于优先发展的战略地位，这就导致了军事高技术的发展往往超前于民用技术的发展，即大多数高技术成果或者直接产生于军事领域，或者首先应用于军事领域，这已成为一种普遍规律。

2. 效果的突然性

翻开人类战争史可以清晰地发现，当军事高技术的发展，特别是理论上和技术上取得重大创新性突破时，往往会在军事上给对手造成突袭性或突然性，给对手以沉重打击。历史上，坦克、化学武器、原子弹、雷达、精确制导武器等新型装备的研制成功并在战争中得以使用，都曾带来过这种突然的作战效果。目前，美国、俄罗斯等军事大国和强国都高度重视从基础研究入手来发展军事高技术，如特别重视发展高能激光武器等新概念武器，主要目的就是力图获得能对别国造成军事上的突然性或突袭性的技术手段，以此来获得和保持军事上的明显优势。

3. 应用的双重性

作为高技术主要组成部分的军事高技术，也可大量地运用于民用领域，两者没有严格的界限区分。正是由于军事高技术的军民两用性，才为军事科研和军事工业转为民用提供了可能。冷战结束后，许多国家都把经济建设置于优先发展的战略地位，并将大量军事高技术成果转为民用，"军转民"成为一种时代潮流。军民结合已经形成并将进一步成为各国军事高技术发展的主要途径和基本模式。

4. 高度的保密性

由于军事高技术在国家安全和军事上的特殊重要性,致使各国都不遗余力地为获得最先进的军事高技术而努力,同时千方百计地刺探别国军事高技术的发展情况,以掌握对别国的技术优势或防止在技术上落后于人。为此,世界各国都从国家战略利益出发,保持对军事高技术的严格控制,而不会像民用高技术那样为了获取利润而轻易转让。例如,美国将军事高技术划分为渐进性技术、突破性技术和王牌技术三类,三类技术都严格保密,而且保密期限依据其作用不同而不同,更不会轻易向别国转让。可见,军事高技术的保密性远远超过民用高技术。

三、高技术对现代作战的影响

(一)高技术对武器装备的影响

高技术对武器装备的影响最迅速、最明显,它将直接促进武器装备的改进和发展。主要表现在以下几个方面:

一是提高了武器的杀伤效能。高技术的应用,将使各类武器向重量轻、体积小、射程远、速度快、威力大、精度高、机动能力强的方向发展,从而极大地提高了武器的杀伤破坏效能。

二是提高了武器系统的综合作战能力和自动化水平。以计算机为中心的自动化系统,把各种武器系统联为一体,把各军兵种联为一体,已被广泛地运用于战略、战役和战术各个领域,促使战场指挥控制一体化,从而提高了武器系统的综合作战能力。并实现了信息的获取、传输、处理和显示的自动化,武器管理、控制的自动化,作战指挥、决策的自动化。

三是提高了武器装备的生存能力。主要是运用高技术对武器装备进行抗毁加固,并提高其灵活机动和防探测的性能,从而使其生存能力得以提高。

四是提高了武器装备全天时、全天候的作战能力。夜视技术、红外热成像和雷达成像等各种高技术的广泛应用,大大提高了武器装备夜间和不良气象条件下的作战能力。

五是提高了武器装备的可靠性和可维修性。可靠性和可维修性是武器系统持续作战能力的两个关键条件。高技术的发展,为提高可靠性和可维修性提供了有效的手段,如采用模块设计技术、故障诊断技术、计算机辅助设计技术及内部自测技术等,可减少武器装备的故障和返修率,并便于检查和维修。

六是促使新型武器系统的诞生。高技术的应用,将直接促使新型武器系统的诞生,如人工智能武器系统、隐身武器、计算机病毒武器、基因武器等,已经部分应用或即将装备部队。

(二) 高技术对作战理论的影响

由于高技术在军事领域的广泛运用,有力地推动了军事理论的变革和发展。主要表现在以下几方面:

一是改变了空间观。高技术条件下,更加强调夺取作战胜利必须夺取对作战空间的控制权,其中主要是信息控制;同时,由于信息技术和远战兵器的广泛运用,使远近观也发生了明显的变化,作战对手不但有来自对面的,还有来自空间各个领域的,未来作战指挥必须建立"多维"的战场空间观。

二是改变了集中观。高技术条件下,不再是简单的兵力、兵器和作战物资的集中,而是以信息优势为主的战斗效能的集中,如美军把"在决定的时间与地点集中战斗力"这一点改为"在决定的时间与地点集中优势战斗力的效能"。

三是改变了对时空观的传统认识。传统的以空间换取时间或以时间换取空间的认识都会被改变,只有综合考察信息技术所强调的高节奏、高速度,同时把握时间和空间上的优势,才能取得作战的胜利。正如海、空军和核武器的出现推动了"制海论""制空论"和"核威慑论"出现一样,高技术兵器的出现和发展,必然产生与其适应的军事理论。一方面高技术的开发为军事理论的发展提供了物质基础,另一方面军事理论的发展又为高技术的开发起到了导向作用。

(三) 高技术对作战方式的影响

高技术在军事上的应用将有力地改变战争的面貌,引起作战方式的变革。可能出现诸如外层空间的军事冲突和更多的小型局部战争。但也不能完全排除全面战争、特种战争、星球大战和规模较大的高技术战争等新的战争样式。至于核武器,人们正从高技术中寻找积极的防御手段。高技术的发展有可能成为核武器的克星,从而打破核垄断、核均势,避免核大战。

军事高技术使现代战争呈现无人、无形、无声的新特点。如,2011年北约空袭利比亚和美军斩杀拉登、奥拉基等恐怖头目时,或使用巡航导弹、无人机、隐形飞机实施精确打击,或派遣隐形直升机实施长途奔袭。美军2008年至2010年间在巴基斯坦使用无人机实施了204次精确打击,在利比亚战争中投入70余架无人机实施了145次精确打击。这种军事高技术带来的高收益、低成本的战争样式,为西方军事强国实施新型军事干预提供了高效、即时、全域的威慑和打击手段。

(四) 高技术对作战指挥的影响

由于战争手段的高技术化,使军队的侦察能力、预警能力、机动能力、快速反应能力、突击能力大为提高,战争也更具有突然性、立体性、协同性;战争规模更大、强度更高、节奏更快;作战方向和战场态势瞬息万变,捕捉战机极为困难,战斗空前紧张激烈;作战指挥范围大、内容广、头绪杂、信息多、决策难。这对指挥的时效性、隐蔽性、稳定性、协同性提出了更高的要求,因而使战争的组织指挥空前复杂。为了赢得战争的胜利，建立现代化的指挥系统，提高指挥效率，保证指挥灵活、可靠、高效、稳定、隐蔽、保密地进行是一个关键问题。高效能的指挥取决于及时而准确的情报，安全而通畅的联络，正确的分析、判断和决策。传统指挥手段很难满足以上需要，因而必须求助于指挥控制的现代化。

军事高技术的发展给现代战争带来的新变化，还远远不止这些。随着新军事革命的兴起及在全球范围内的迅速拓展，未来战争还将出现更多新的变化。

第二节　高技术在军事上的运用

一、精确制导技术

精确制导技术是在复杂的战场环境中，利用目标的特征信号，发现、识别和跟踪目标，并将武器直接引导至目标实施有效打击的技术。采用精确制导技术，直接命中概率在50%以上的武器叫精确制导武器。

精确制导武器被誉为"现代兵器之星"。它的出现是第二次世界大战后军事技术发展最引人注目的进展之一。精确制导武器迅速发展，大量装备部队并广泛运用于现代战争中，对战争进程乃至结局都产生了巨大的影响。

（一）精确制导武器的特点

精确制导武器的特点是相对于非制导武器而言的，其基本特点突出表现在如下方面。

1. 直接命中概率高

直接命中概率高是精确制导武器名称的由来，也是精确制导武器最基本的特征。目前，一些有代表性的精确制导武器，命中概率已达80%，激光制导炸弹和电视制导炸弹的圆概率误差均在2米以内。由于精确制导武器的直接命中概率不断攀高，因此已经出现了不需要装药战斗部的精确制导武器，依靠极其精确的直接撞击撞毁目标。

2. 具有自主制导能力

随着制导技术的发展，精确制导武器不仅具有较高的直接命中概率，而且还通常具有"发射后不管"的自主制导能力，它可完全依靠弹上的制导系统独立自主地捕捉、跟踪和击中目标，不需要人工或其他辅助设备进行干预。

3. 作战效能高

精确制导武器相对于非制导武器，其作战效能大幅提高。在二次世界大战中需要数千枚普通炸弹摧毁的目标，如今只需要几枚激光制导炸弹即可实现。在1991年的海湾战争中，"战斧"巡航导弹从1 000千米以外发射，精确命中并摧毁了严密设防的巴格达市高价值目标,其总体效能远远优于普通的轰炸机群使用常规航弹的空袭。此外,虽然精确制导武器的技术复杂,单发成本比较高,但由于具有较高的直接命中概率,完成作战任务时其弹药消耗量小,因此总体费用仍有可能低于使用常规弹药。

(二)精确制导武器的制导方式

精确制导武器的命中精度主要依靠制导系统来保证。制导系统的工作过程就是发现和利用目标信息与特征的过程。由于可供利用的目标信息多种多样,从而也就决定了制导系统也要采取不同的技术途径和手段来获取这些信息和发出控制指令,因而也就有了各不相同的制导系统和制导方式。大体上可将这些制导系统归纳为自主式制导、寻的式制导、遥控式制导,以及复合式制导。

1. 自主式制导

自主式制导是根据武器内部或外部固定参考基准,导引和控制武器飞行的制导。有关目标的特征信息是在制导开始以前就确定好的,制导过程中不需要提供目标的直接信息,通常也不需武器以外的设备配合。惯性制导、星光制导、多普勒制导、程序制导和地形匹配制导、地图匹配制导、GPS全球定位系统制导等都属于自主式制导。其中惯性制导是主要的一种,它的优点是不需要外部任何信息就能根据导弹初始状态、飞行时间和引力场变化确定导弹的瞬时运动参数,因而不易受外界干扰。大部分地地导弹、潜地导弹采用了自主式制导系统。

2. 寻的式制导

寻的式制导是由武器上的导引头感受目标辐射或反射的能量,自动跟踪目标并形成制导指令,导引和控制武器飞行的制导。特点是制导精度较高,但制导距离不能太远。按感受目标信息的来源可分为主动、半主动和被动寻的制导。主动和被动寻的制导都具有发射后不管的特点。半主动和被动寻的制导多用于空空导弹、地空导弹和空地导弹。寻的式制导系统是利用导弹上的接收装置接收目标所辐射或反射的某种能量而实现的,这些能量有红外线辐射、无线电波、光辐射、声波等。常用的寻的式制导主要有雷达寻的制导、红外线寻的制导、电视寻的制导、毫米波寻的制导、激光寻的制导等。寻的式制导与自主式制导的区别在于武器与目标间的联系。

3. 遥控式制导

遥控式制导是由设在武器以外的制导站引导和控制武器飞行的制导。制导站可设于地面、海上(舰艇)、空中(载机)。遥控制导的武器受控于制导站,其飞行弹道可以根据目标运动情况而随时改变,因此,它适于攻击活动目标,在地空、空地、空空和反坦克导弹上使用较多。根据导引信号形成情况,遥控制导系统可以分为指令制导和波束制导两大类。指令制导可分为有线电指令制导、无线电指令制导和电视指令制导。苏联的"萨姆-Ⅱ"、美国的"奈基"等均采用无线电指令制导系统,美国的"爱国者"地空导弹在飞行末段也采用了无线电指令制导系统来保证其命中精度。波束制导分为雷达波束制导和激光波束制导两类。

4. 复合式制导

复合式制导是采用两种以上制导方式组合的制导。单一的制导系统可能出现制导精度不高、作用距离不够、抗干扰能力不强或不能适应飞行各阶段要求等情况，采用复合制导可以发挥各种制导系统的优势，取长补短，互相搭配，可解决上述问题。组合方式依导弹类别、作战要求和目标等不同而异。通常有"自主＋寻的""自主＋遥控""遥控＋寻的"和"自主＋遥控＋寻的"等组合而成的复合制导系统。

（三）精确制导武器的种类

精确制导武器，可分为导弹和精确制导弹药两大类。导弹与精确制导弹药的主要区别在于，前者依靠自身的动力系统和导引控制系统飞向目标，后者自身无动力装置，需借助火炮、飞机投掷，也没有全程制导装置，仅有在飞行末段起作用的寻的装置或敏感器。

1. 导弹

导弹，是指依靠自身的动力装置推进，由制导系统导引、控制其飞行路线并导向目标的武器。导弹是精确制导武器中研究最早、类别最多、生产和装备量最大的一类。导弹可从多种角度进行分类。

按导弹发射点和目标位置，可分为地地、地空、岸舰、地潜、空地、空空、空舰、空潜等。

按作战任务，可分为战略导弹和战术导弹。战略导弹，是用于完成战略任务的导弹。通常使用核战斗部，由国家最高统帅部直接掌握，用于摧毁敌方纵深内重要战略目标。战术导弹，是用于完成战术任务的导弹。主要用于打击敌方战役、战术纵深的装备、人员、设施等战役、战术目标。亦可用于直接支援地面部队作战。

按导弹射程，可分为近程导弹（射程在1 000千米以内）、中程导弹（射程在1 000～3 000千米）、远程导弹（射程在3 000～8 000千米）及洲际导弹（射程在8 000千米以上）。

按攻击的目标，可分为反坦克导弹、反舰导弹、反雷达（反辐射）导弹、反飞机导弹、反卫星导弹、反导弹导弹等。但精确制导武器发展趋势之一是通用化、多功能化，因此这种分类方法有很大的局限性。

按导弹的弹道特征，可分为飞航式导弹（如"战斧"巡航导弹）和弹道式导弹（如"民兵－Ⅲ"洲际战略导弹）。

按制导系统（方式）也可对导弹分类，如AIM－7E"麻雀"半主动雷达寻的导弹、AIM－9L"响尾蛇"被动红外寻的制导导弹等。

2. 精确制导弹药

精确制导弹药也称为灵巧弹药，根据不同的作用原理可分为末制导弹药和末敏弹药两类。

末制导弹药有寻的器和控制系统，在其弹道末段能根据目标和弹药本身的位置自行修正或改变弹道，直至命中目标。主要有制导炮弹、制导炸弹、制导雷等。制导炮弹是用地面火炮发射，弹丸带有制导装置的炮弹的总称。它能够在火炮的最大射程内以很高的单发命中概率攻击目标，主要有激光制导炮弹、毫米波制导炮弹和红外寻的制导炮弹等。制导炸弹也叫灵巧炸弹，是指有制导装置和空气动力操纵面的航空炸弹，主要有激光制导炸弹和电视制导炸弹。制导雷是一种将自毁破片技术、遥感技术和微处理机结合起来的新型雷，通常在普通地雷、水雷上加装制导系统后即可成为制导雷。

末敏弹药不能自动跟踪目标，也不能改变飞行弹道，只能在被撒布的范围内利用其自身的探测器（寻的器）探测和攻击目标。末敏弹药通常由一些子弹药组成。子弹药被抛撒后，立即用其自身携带的探测器开始在小范围内探测目标，发现目标后，即可沿探测器瞄准的方向发射弹丸，对目标进行攻击，既有较大的毁伤面积，又有较高的命中精度。它是子母弹技术、爆炸成型弹丸技术和先进的传感器技术相结合的产物。末敏弹药探测范围较窄，一般仅为末制导弹药探测范围的 1/10 左右。

（四）精确制导武器对现代战争的影响

1. 已成为现代战场的主要打击兵器

自精确制导武器面世以来，其在战争中发挥着越来越重要的作用。在 1991 年海湾战争中，精确制导武器更是大显身手，充当了战场的主角。多国部队使用了大约 20 种精确制导武器，如"战斧"巡航导弹、"爱国者"防空导弹、"斯拉姆"空对地导弹、"哈姆"反辐射导弹和"麻雀"空空导弹及激光制导炸弹等，显示出了超常的作战能力。虽然投入的精确制导武器数量仅占全部弹药消耗量的 7%～8%，却摧毁了伊拉克 80% 以上的重要目标。美军在海湾战争以后的历次战争中，使用精确制导武器的数量占全部弹药总量的比例不断上升，到 2003 年伊拉克战争时，这个比例已经达到 68%。在 20 世纪末，世界上拥有精确制导技术并能自行研制生产精确制导武器的国家有 20 多个，近 100 个国家和地区的军队装备了这种武器。目前，几乎所有国家都或多或少地拥有水平不等的精确制导武器。在电子战和 C^3I 系统的密切配合下，精确制导武器已经成为现代战场的主要打击力量之一。

2. 使作战样式发生深刻变化

精确制导武器在现代作战中的大量使用，给现代作战带来许多新的变化，主要表现在使超视距、多模式、多目标精确打击成为可能，可以同时精确地打击整个战场纵深，减少前沿的短兵相接，使前后方界线模糊，战场呈流动状态、非线性或无战线化。海湾战争中，交战双方投入坦克 8 000 多辆、装甲车 8 300 多辆、兵力超过 120 万人。伊拉克还在科威特与沙特阿拉伯边界的科威特一侧和伊沙边界伊拉克一侧构筑了由沙堤、反坦克火壕、蛇腹形铁丝网和混合雷场、坦克掩体等构成纵深 7～30 千米的"萨达姆"防线。但地面战斗仅 100 小时就结束，且未发生大规模坦克战和步兵格斗。主要原因就是伊军的装甲部队被美军武装直升机、对地攻击机等发射的上万枚各类反坦克导弹所摧毁。使用精确制导武器可以实现"外科手术"式打击，使得对点目标攻击的附带杀伤和破坏降至尽可能小的程度，同时提高了全天候、全天时的作战能力。

3. 成为改变军事力量对比的重要杠杆

现代战争表明，精确制导武器正在改变坦克、飞机、大炮、军舰等传统武器装备的军事价值，成为改变战争双方军事力量对比的重要杠杆。精确制导武器与电子战的密切配合，将是决定未来战争胜负的重要因素。拥有先进的精确制导武器和电子战实力的一方，可以战胜传统武器具有数量优势但精确制导武器陈旧落后、又缺乏电子战配合的一方。事实说明，精确制导武器改变军事力量平衡的作用越来越明显和重要。精确制导武器还促进了常规威慑力量的形成。以对点目标的摧毁能力而言，部分精确制导武器的威力已经与小型核武器相当。过去只有用核武器才能摧毁的坚固军事目标，如今更受到非核弹头精确制导武器的强烈威胁。

二、伪装与隐身技术

（一）伪装技术

伪装，是隐蔽自己和欺骗、迷惑敌方所采取的各种措施，也就是常说的"隐真示假"。伪装技术，是为减少目标和背景在可见光、红外、无线电波等方面的反射或辐射能量差异而采取的各种技术措施。

1. 伪装技术的原理与分类

伪装的基本原理，就是调整或处理目标与背景之间的关系。减小目标与背景在光学、热红外、微波波段等电磁波波段的散射或辐射特性的差别，以隐蔽目标或降低目标的可探测性；模拟或扩大目标与背景的这些差别，以构成假目标欺骗敌方。军事伪装就是通过利用电子、电磁、光学、热学、声学的技术手段，改变目标本身原特征信息，实现目标对周围背景的模拟复制，降低或消除目标的可探测特征，以实现目标的"隐真"；或是模拟目标的可探测特征，仿制假目标以"示假"。

军事伪装有各种不同的分类。按其在战争中的运用范围，可分为战略、战役和战术伪装；按其所对付的侦察器材，可分为雷达波段伪装、可见光及红外波段伪装、防声测伪装等。另外，按所采用的技术，可分为传统伪装和高技术伪装。

2. 伪装技术的措施

天然伪装。天然伪装技术就是充分利用地形、地物、夜暗和能见度不良天候（风、雪、雨、雾）等天然条件，隐蔽或降低目标暴露征候的一种手段。天然伪装技术主要用于对付光学（紫外、可见光和近红外）侦察，在一定条件下也能对付红外侦察、雷达侦察、声测和遥感侦察。

迷彩伪装。迷彩伪装主要是利用迷彩技术生产的涂料、染料和其他材料，来改变目标表面，达到消除或减小目标与背景之间反射或发射可见光、热红外和雷达波的差异，以及改变目标外形，达到伪装目的。按照目标类型、背景特点和涂料技术，主要可分为保护色迷彩、变形迷彩、仿造色迷彩、光变色迷彩、多功能迷彩等。

植物伪装。植物伪装技术是利用种植植物、采集植物和改变植物颜色等方法对目标实施伪装的技术。由于其简易有效，在现代战争中仍经常使用。如，在目标上种植植物进行覆盖；利用垂直植物遮蔽道路上的运动目标；利用树木在目标地区构成植物林；利用种植物改变目标外形和阴影（植物伪装技术）；利用新鲜树枝和杂草对人员、火炮、汽车和工事实施临时性伪装等。

人工遮障伪装。人工遮障伪装是利用各种制式伪装器材设置对目标进行遮蔽的一种手段。它由遮障面和支撑构件组成。遮障面采用制式的伪装网或就便材料编扎，制式遮障面有叶簇式薄膜伪装网、雪地伪装网、伪装伞、反雷达伪装网、反中红外侦察伪装遮障和多频谱伪装遮障等。支撑遮障按其用途和外形，可分为水平、垂直、掩盖、变形和反雷达遮障五种。

烟雾伪装。烟雾伪装是利用烟雾遮蔽目标、迷盲、迷惑敌人或使来袭制导武器失效所实施的伪装。这种无干扰技术通过散射、吸收的方式衰减光波能量，来干扰敌方光学侦察。由于发烟材料的发展，现代烟幕对雷达和红外波段同样具有干扰和遮蔽作用。同时，还可以对付激光制导炸弹等。随着纳米材料技术的发展，纳米晶体材料可用于形成新型气溶胶，具有微波、红外、光学波段的吸收能力，能全波段干扰敌方的侦察。

此外，还有假目标伪装和灯火与音响伪装等技术都可达到在战场上隐真示假、迷惑敌人的效果。

（二）隐身技术

隐身技术，又称隐形技术、低可探测技术或目标特征控制技术，是通过降低武器装备等目标的信号特征，使其难以被发现、识别、跟踪和攻击的综合性技术。隐身技术是传统伪装技术向高技术化的发展和延伸。作为一门交叉性学科，综合了流体动力学、材料学、电子学、光学、声学等众多领域的技术。

1. 隐身技术的分类

隐身技术最早可追溯到"二战"时期，德国潜艇在通气管和潜望镜上运用吸波材料对付雷达探测。目前各军事强国都投入巨资研究隐身技术，取得了不同程度的进展，并应用于各种隐身武器装备上。目前，隐身技术主要体现在以下五种技术：

雷达隐身。雷达是最重要的侦察探测装置之一，雷达隐身技术自然成为一种最重要的隐身技术。其原理是根据雷达在无干扰时自由空间的测距方程，具有一定性能参数的雷达的探测距离与目标（如飞行器）的雷达散射面积的 4 次方根成正比。因此，要想缩短雷达的探测距离，就要减小目标的雷达散射截面积。目前，雷达隐身的技术措施主要有：一是通过合理设计目标外形，减小其雷达散射截面积。二是通过涂染雷达吸波材料和雷达透波材料，削弱雷达波的反射强度。三是在金属体目标（如飞行器）表面附加上集中参数或分布参数的阻容元件，使其产生与雷达回波的频率、极化、幅值相等但相位相反的附加辐射波，它与雷达回波相抵消，从而达到减小目标雷达散射截面积的目的。此外还有微波传播指示技术和等离子体隐身技术等新的隐身技术。

红外隐身。红外隐身技术除采用红外干扰外，主要就是通过抑制目标的红外辐射，使敌方红外探测系统难以发现的一种技术。目前，红外隐身的技术措施主要包括：一是使飞机等目标的红外辐射波段处于红外探测器的响应波段范围之外，或者使目标的红外辐射避开大气窗口而在大气层中被吸收和散射掉，从而达到隐身目的。二是通过改进发动机结构，使用能降低排气的红外辐射的新燃料；装备表层采用吸热、隔热材料和涂料；利用气溶胶屏蔽发动机尾焰的红外辐射等降低红外辐射强度。三是通过调节红外辐射的传输过程，抑制红外探测器威胁方向的红外辐射特征。

电子隐身。电子隐身技术主要是抑制武器装备等目标自身的电磁辐射。目前，采用的主要技术措施包括：一是通过各种方式减少无线电设备；二是通过采用低截获概率技术改进电子设备；三是通过光缆取代电缆等手段尽量减小电缆的电磁辐射；四是避免电子设备天线的被动反射；五是通过改进装备结构，采用特殊材料和涂料等对电子设备进行屏蔽。

可见光隐身。可见光探测系统的探测效果，取决于目标与背景之间的亮度、色度和运动等视觉信号参数的对比特征。采用可见光隐身技术的目的就是要减少这些对比特征。目前，可见光隐身技术措施主要有改进目标外形的光反射特征、控制目标的亮度和色度、控制目标发动机喷口的火焰和烟迹、控制目标照明和信标灯光，以及控制目标运动构件的闪光信号等方式。

声波隐身。声波隐身技术，是控制目标的声波辐射特征，以降低敌方声波探测系统对目标的探测概率。目前，声波隐身技术措施主要有：发动机和辅助机采用超低噪声设计；采用吸声和阻尼声材料、减振和隔声装置；减小旋桨对介质的扰动噪声；合理进行目标整体设计，以避免发生共振现象；等等。

2. 隐身技术的运用

隐身技术运用的直接形式，是发展隐身武器装备。隐身技术为有效地解决武器装备的战场生存问题提供了新的途径，改变了传统的那种靠增加钢甲厚度而牺牲机动性能来提高生存能力的方法，实现了隐身、机动和防护的完美结合。因此，隐身武器装备格外受世界各国军队的青睐。

隐身飞机。隐身飞机是隐身武器研制和发展最快、取得成果最多的领域。隐身飞机之所以能有效地对付雷达、红外、电子、可见光及声波的探测，就是由于它综合运用了各种隐身技术，降低飞机的雷达截面积、红外辐射特征；控制飞机的可见光目视信息特征及降低飞机的噪声等。

隐身导弹。隐身导弹是伴随隐身飞机发展起来的，目的是减小被拦截概率，增强突防和攻击能力。导弹隐身主要是通过采用雷达吸波材料及特殊的头部外形设计以减小雷达散射面积、改进发动机及尾气排放装置以降低导弹的红外特征来实现的。隐身导弹已成为一种发展趋势，不仅发展隐身的巡航导弹、地对空导弹、反舰导弹，有些国家还正在探索研制隐身的洲际弹道导弹。

此外，隐身飞机的迅速发展和出色表现，极大地刺激了隐身战舰和隐身坦克的研究。

三、侦察监视技术

侦察监视技术，是指在全时空内用于发现、区分、识别、定位、监视和跟踪所采用的技术。侦察监视是军队为获取敌情、地形及其他有关作战情况而进行的活动，其直接目的是探测目标。

（一）侦察监视技术的分类

侦察监视技术的分类方法多种多样。根据运载侦察监视技术设备平台的活动区域不同，可分为地（水）面、水下、航空和航天侦察监视。根据侦察任务、范围和作用的不同，可分为战略、战役和战术侦察监视。根据实施侦察监视技术的原理的不同，可分为光学、电子和声学侦察监视。

（二）侦察监视技术在军事上的运用

1. 地面侦察监视技术

地面侦察监视，是在陆地上进行的侦察监视行动。其手段除熟悉的光学侦察外，主要还有无线电技术侦察、雷达侦察和地面传感器侦察等。

无线电技术侦察，是指使用无线电技术器材搜集和截收对方无线电信号的侦察。它可以截收和破译敌方无线电通信信号，查明敌方无线电通信设备的配置、使用情况及战技术性能，以此判明敌人的编成、部署、指挥关系和行动企图。无线电技术侦察具有隐蔽性好、获取情报及时、侦察距离大、不受气象条件限制、不间断地对敌进行侦察等优点，同时也受到敌无线电通信距离、器材性能和采取的各种隐蔽措施所制约。无线电技术侦察的方式，主要包括无线电侦收、无线电侦听和无线电测向等。

雷达侦察，是使用雷达设备，利用物体对无线电波的反射特性来发现目标和测定目标距离、速度、方位和运动速度的侦察手段，具有探测距离远、测量精度高、能全天候使用等特点。它是目前应用非常广泛的一种侦察手段。雷达的种类很多，按任务或用途可分为警戒和引导雷达、武器控制雷达、侦察雷达、航行保障雷达等。

地面传感器，是指对地面目标运动所引起的电磁、磁、声、地面振动和红外辐射等变化量进行探测，并把它们转换成人能识别与分析的图像及电信号的设备。地面传感器通常由探测器、信号处理电路、发射机和电源四个部分组成。其设置方法主要有人工埋设、火炮发射和飞机空投等方式，具有受地形限制小、结构简单、便于使用、易于伪装、易被干扰等特点。目前，使用比较广泛的有震动传感器、声响传感器、磁性传感器、应变电缆传感器、红外传感器等。

2. 水下侦察监视技术

水下侦察监视，是利用水下侦察监视设备来探测水下的各种目标。它是现代侦察监视系统的重要组成部分。水下侦察监视最主要的是采用声呐技术。

声呐是利用声波对水中目标进行探测、定位和识别的水声探测装备。它是最主要的水下侦察监视装备，俗称水下"千里眼""顺风耳"。

声呐按其工作方式分为主动式和被动式两种。主动式声呐，主要由发射机、换能器、接收机、显示器、定时器和控制器等组成。发射机产生电信号，经换能器把电信号变成声信号向水中发射，声信号在水中传递过程中，如遇到目标，则被反射，返回的声信号被换能器接收后，又变成电信号，经接收机放大处理，就会在显示器的荧光屏上显示出来。可见，主动式声呐需要主动地向海中发射声信号，测定目标方位和距离；能够探测静止无声的目标，但同时也很容易被敌方侦听，使自己暴露。另外，侦察距离也比较近。被动式声呐，主要由换能器、接收机、显示控制台等组成。当目标在水中、水上航行时，所产生的噪声被换能器接收变成电信号，传给接收机，经放大处理再传送到显示控制台进行显示。可见，被动式声呐不主动发射声信号，只接收海中目标发出的噪声信号，从而发现目标，测出目标方向和判别其性质。它隐蔽性、保密性好，识别目标能力强，侦察距离也较远，但不能探测静止无声的目标，也不能测定目标距离。

3. 航空侦察监视技术

航空侦察监视，是指使用航空器对地面、水面或水下以及空中的情况进行的侦察。由于航空侦察具有灵活、机动、准确和针对性强等特点，它既是获取战术情报的基本手段，也是获取战略情报的得力助手，即使是有了侦察卫星，航空侦察也仍是不可缺少和不可代替的。

航空侦察监视设备，主要有可见光照相机、多光谱照相机、激光扫描相机、红外扫描装置、电视摄像机、合成孔径雷达、机载预警雷达等。

航空侦察监视平台，主要包括有人驾驶侦察机、侦察直升机、无人驾驶侦察机和预警机。其中预警机是航空侦察监视系统的重要组成部分，起到了活动雷达站和空中指挥中心的作用，能够引导各种飞机进行作战、为战区指挥员提供各种作战情报。它具有监视范围大、生存能力强、指挥控制能力强和灵活机动等特点，在航空侦察监视系统中，具有举足轻重的地位。

4. 航天侦察监视技术

航天侦察监视，是指使用有侦察设备的航天器在外层空间进行的侦察。航天侦察监视具有轨道高、速度快、范围广、限制少等优点；还能根据需要可长期、反复地监视全球或定期、连续地监视某一地区，也能在较短的时间内乃至实时地提供侦察情报。航天侦察监视技术主要包括：

（1）照相侦察卫星。照相侦察卫星，是侦察卫星中发展最早、发射最多的卫星，同时是航天侦察监视任务的主要承担者。它同时使用可见光相机、红外相机、多光谱相机及电视摄像机等不同种类的侦察设备，可以优势互补。目前，只有少数国家能够发射并回收照相侦察卫星。

（2）电子侦察卫星。电子侦察卫星是航天侦察的主要平台之一。电子侦察卫星上装有侦察接收机和磁带记录器，当卫星飞经敌方上空时，将接收的各种频率的无线电信号记录在磁带上，当卫星飞经本国地球站上空时，再回放磁带，以快速通信方式将信息传回。其主要任务：一是侦察对方雷达的位置、使用频率等性能参数，为实施电子干扰和为战略轰炸机、弹道导弹的突防提供依据；二是探测对方军用电台和发信设施的位置，以便于窃听和破坏。侦察卫星具有天线覆盖面积大、侦察范围广、持续时间长、手段优越和安全等特点。

（3）预警卫星。预警卫星主要用于监视、发现和跟踪敌方战略弹道导弹的发射及其主动段的飞行，并提供早期预警信息。此外，还兼顾有探测核爆炸的任务。它利用红外探测器探测导弹在主动飞行期间发动机尾焰的红外辐射，为保证不"虚惊"、误报，还使用电视摄像机加以配合，准确地判明导弹发射。

（4）海洋监视卫星。海洋监视卫星主要用于探测、监视海面状况和舰船、潜艇活动，侦收舰载雷达信号和窃听舰船无线电通信。它能在全天候条件下鉴别舰船的编队、航向、航速，并能探测水下核潜艇的尾流辐射等，还可为舰船的安全航行提供海面状况和海洋特性等重要数据。它具有覆盖海域广阔、探测运动目标、轨道高、由多颗卫星组网等特点。

（三）侦察监视技术的发展趋势

随着微电子、光电子、通信、雷达、航天等技术的发展及广泛应用，现代侦察监视技术已经进入到一个崭新的发展阶段，不仅从侦察方式、手段和设备上，而且从战术技术运用上，也都将提高到一个新的水平。实时、可靠的侦察监视效果，对现代战争进程和结局将产生直接影响。

1. 空间上的多维化

为了适应高技术立体战争的需要，侦察卫星、侦察飞机、陆地上的雷达、地面传感器、无线电设备，水下的声呐等等侦察监视设备，必将有机地形成一个整体，组成一个涵盖陆、海、空、天、电磁的综合的侦察监视网络。在侦察监视的地域、时间、周期以及对情报的处理和利用方面，使不同的侦察监视设备之间互相取长补短，相互印证，充分发挥侦察监视设备的效能。

2. 速度上的实时化

现代战争，作战节奏快，战场态势瞬息万变，要求侦察监视提供的信息也要快，否则就满足不了作战的需要。为此，必须提高信息处理和传输能力。随着遥感技术和计算机技术的迅速发展，借助大容量和运算速度快的计算机对遥感图像进行自动分类和识别，可大大地提高信息处理速度，将使侦察监视获得的信息实时地传递给指挥员决策使用成为现实。

3. 手段上的综合化

侦察技术的发展，反过来又促进了反侦察技术和伪装干扰技术的发展。为了有效地发现、区分、识别、定位、监视和跟踪目标，特别是有效剥除其伪装，不仅要加强目标特征研究，还要加速研制新的遥感器。使用多种遥感器同时观测同一地区，既能获得较多的信息，也能使各种信息之间相互对照、比较和印证，从而提高信息的可信度。

4. 侦察、监视系统与攻击系统结合更加紧密

现代战争，目标被发现即意味被摧毁。只有侦察监视系统与武器系统有机地结合起

来，才能充分发挥侦察监视的效果。以往作战效果不理想，往往不是武器系统"够不着"，而是侦察监视系统"看不到"。现代战争，侦察监视系统不仅能以自身携带的武器攻击，更重要的是能引导空中、地（水）面的武器攻击所发现的目标。信息传输，是侦察、监视系统与武器系统紧密结合的最主要的途径。

5. 提高侦察监视系统的生存能力

由于精确制导武器的迅速发展，对侦察监视系统的生存构成了严重的威胁。能否确保侦察监视系统的生存，将直接关系到作战结局。航空侦察监视系统，要向高空、高速、隐形、超低空方向发展，以便让对方的防空火力"够不着""追不上""看不见"。反卫星武器的出现，使航天侦察监视系统也不再"高枕无忧"，而必须在如何躲避攻击、抗电子干扰、耐核辐射等方面采取措施。在地（水）面和水下的实施侦察监视更要随时做好反侦察监视的准备。如何提高侦察监视系统的生存能力已成为侦察监视技术发展的重要课题。

四、电子对抗技术

电子对抗技术，简单地说是直接应用于信息对抗的各种技术的总称。它是军用信息技术的一个分支。未来信息化条件下的局部战争，电子对抗内涵和外延不断扩展，逐渐由传统意义上以控制有限电磁频谱和利用电磁能攻击对手的电子对抗，发展到在信息领域为获取战场信息使用权和控制权的全面对抗。

（一）电子对抗技术的地位与作用

电子对抗技术已经成为军事高技术群中作用越来越重要的组成部分。主要表现在：

一是获取重要军事情报。未来信息化条件下局部战争，利用信息对抗的装备和手段，查明敌方电子信息设备的工作性能、技术参数、类别、数量和配置位置等，判断其兵力部署和行动企图，是赢得战争胜利的关键。

二是破坏敌方作战指挥。无线电通信是军队作战指挥的主要手段。在陆、海、空三军协同作战、坦克集群突防、飞机或舰艇编队行动、空降作战、海上登陆作战以及军队被围时，无线电通信是唯一的通信手段。有效的干扰、欺骗或摧毁敌人的无线电通信，破坏敌作战指挥系统，使敌军瘫痪陷入被动挨打地位，是电子对抗的重要任务。

三是保卫重要军事目标。在重要城镇、桥梁、机场、工厂和军事要地等目标附近，设置有力的雷达干扰设备或采用欺骗手段，能有效干扰敌轰炸机瞄准雷达和导弹的制导系统，使飞机投弹不准，导弹失控，减少被击中的概率，达到保卫重要目标的目的。

四是夺取战场主动权。未来信息化条件下作战，电子对抗技术将越来越先进，对抗领域将越来越广阔，围绕信息控制权的对抗将越来越重要。不掌握制电磁权、制信息权，自身作战兵力兵器的作战效能就无法正常发挥，就很难掌握整个战场的主动权。海湾战争，特别是以伊拉克战争为代表的信息化条件下的战争实践，越来越清晰地证明，电子信息对抗是最先发起的作战行动，并且持续时间最长，甚至到战争终结。围绕制电磁权、制信息权的争夺，是战场主动权的争夺，是赢得战争最终胜利的必要条件和基本保证。

（二）电子对抗技术的分类与组成

电子对抗技术是由综合的、交叉的、多层面的多种学科技术所构成的技术体系。当前，按工作机理不同，电子对抗技术主要包括两大部分：一般电子对抗技术和网络对抗技术。其中，一般电子对抗技术按作战内容及电子设备的类型，可分为通信对抗、雷达对抗、光电对抗、水声对抗等。网络对抗技术按作用性质区分，通常分为网络进攻技术和计算机网络防护技术。

（三）电子对抗技术现状及发展趋势

1. 通信对抗技术

通信对抗包括通信干扰和抗干扰。两者互为矛盾，促进了通信技术的迅猛发展。

（1）通信干扰是为了使敌方的通信系统不能正常工作，需要根据具体情况采取欺骗、扰乱直至压制和破坏的手段。通信干扰技术手段主要有：一是快速引导干扰频率技术。要实现跟踪式干扰就必须超过调频台的速度。因此，采用快速引导干扰频率的技术，使干扰机的测频和干扰发出时间缩小到最短，干扰才能充分发挥作用。目前调频频率的速度越来越快，已达1 000 跳/秒以上。二是灵活干扰技术。已发展有对高速跳频的干扰，可采取破译对方的跳频码，提高己方测频、测向和定位的速度，使用宽带阻塞式干扰，使用投掷式干扰机等；对直接扩频系统的干扰，可采取大功率窄带干扰，智能化的窄带干扰，即实时地估计出干扰的频率，在解扩前将其干扰滤除；对自适应阵的干扰，可采取多方向干扰、相参多方向干扰、同向干扰以及时变干扰等方式。三是复合干扰技术。比如，对组网通信系统的干扰，首先要分析组网电台的工作规律、调频网的分选、网络管理模式，从中分析出弱点。然后，采取多平台、多点的方式，在统一的协调控制下进行截获、测向、释放干扰及判断，并及时修改干扰策略。

（2）通信抗干扰技术，是解决如何应对敌方有意干扰的技术。目前，通信抗干扰技术主要有：一是扩展频谱技术。主要分为跳频和直接扩频两种。跳频就是工作频率随机地在很宽的频带内跳变，其效果是造成敌方难于确定工作频率，迫使对方采用宽带阻塞式干扰，从而分散了干扰功率。跳频多用于短波和超短波系统中，一般慢跳在200 跳/秒以下，新型跳频电台在VHF 频段内可达到500 跳，美国的联合战术信息分发系统（JTIDS）达到38 000 跳/秒。直接扩频是将待传输的电话、电报、图像或数据信息通过发信端设备，转换成信码。直接扩频使伪随机码难以破译，有较强的保密性。二是采用自适应天线阵干扰对消技术。自适应天线阵是一个方向滤波器，它能自动地把天线阵方向图的零点指向干扰，使干扰进入不了接收机。三是采用猝发通信技术。以尽可能高的速率，在短时间内完成通信任务。四是采用新的通信波段。如采用毫米波通信。毫米波频段高，天线体积小，方向性可以做得很好，即主波瓣很窄而副波瓣（旁瓣）很低，抗干扰效果大大提高。五是使用保密通信技术。信息技术的发展，使得现代的密码越来越复杂，密码攻击很难取得成功。

通信对抗的发展趋势主要有：一是研究对付扩频通信的技术手段。快速调频、直接序列扩频、跳频等扩频技术的发展和使用，使信号的截获十分困难，如果企图破译伪随机码，则是世界性难题，而目前，性能更高的扩频通信技术还在不断地研究之中。加强研发对抗扩频通信技术的有效办法，是通信对抗领域的一个重大难题。二是发展相参干扰、分布式干扰等技术。自适应阵处理技术有抑制强干扰和空间滤波的特点，使传统的单站大功率干扰方式受到极大威胁，只有发展相参干扰、分布式干扰等新的技术，才能有效地对付自适应阵处理技术所具有的特点。三是研究空天一体的通信干扰新技术。当前，不仅地面的通信系统功能强大，空间与空中通信系统与地面的一体化通信系统的建立，使通信对抗的领域更加扩展。目前，美国在不断地改进现有通信卫星系统的同时，还加快发展全球广播通信系统（GBS），该系统可将全球范围内各战区的信息汇总传输到空间，在统一处理后，进行全天不断的信息广播服务，广播信息进行了加密处理，可传输语音、数据、图像、图形等多种作战需要的信息。另外，美国等还提出了微小卫星星座计划。对于星座和空间组网的通信系统，如何进行有效的侦察和干扰，都需要进行认真和广泛地研究。

2. 雷达对抗技术

对雷达实施干扰的目的，是使雷达无法发现目标或使其得到虚假的目标数据。雷达干扰分为压制干扰和欺骗干扰。每类干扰又可分为有源和无源两类。压制干扰主要采取噪声的形式，杂波噪声进入雷达接收机后，破坏敌方雷达发现目标的作用，适合于对付搜索雷达。欺骗干扰主要针对跟踪雷达，破坏雷达的跟踪系统的正常工作，使雷达出现错误的目标数据，从而保护目标不受到由雷达控制火力的打击。有源干扰需要干扰机发射电磁能量，进入雷达接收机而产生作用。无源干扰是利用一些器材对雷达信号发射或吸收而影响雷达信号接收情况，进而得出错误判断。

雷达电子防御技术主要有：一是雷达反侦察技术。雷达反侦察技术的实质就是采取技术措施，减少雷达被发现的可能性。采用雷达反侦察技术的雷达被称为低截获概率雷达，也称为寂静雷达。一般主要采取的技术措施有超低的天线旁瓣、低峰值功率的发射波形，以及波形参数随即变化等。雷达通过采用复杂的宽脉冲波形，在发射总功率不变的情况下，做到低的峰值发射功率，这样常规的侦察系统就很难及时发现。采用频率捷变、脉冲重复周期抖动等技术，可随即改变波形参数，扰乱敌侦察系统的信号分离和雷达识别功能。另外，多基地雷达技术、雷达电磁发射控制、技术参数改变等措施都可以达到欺骗的目的。二是雷达抗干扰技术。雷达抗干扰技术在雷达的各个部分都有体现，没有单独的抗干扰设备，它是雷达系统的有机组成部分，采取的主要有频率捷变技术、旁瓣对消技术等。

雷达对抗技术的发展趋势主要有：一是更加智能化，以适应更加复杂和多变的电磁环境。二是强化电子进攻能力，加强实施摧毁和定向能打击。三是扩展频谱范围，并将无线电、微波和光学等多种频谱的利用综合为一体。四是增强与其他电子设备的综合一体化，提高武器装备的战斗力，降低费效比。

3. 光电对抗技术

光电对抗，是指敌对双方从紫外、可见光到红外的宽广波段上，利用各种设备和措施进行光电侦察与反侦察、干扰与反干扰的综合光电子斗争。光电对抗技术，可区分为光电侦察告警技术、光电干扰技术和光电防御技术。

（1）光电侦察告警是实施有效干扰的前提。它是指利用光电技术手段对敌方光电武器和侦测器材辐射或散射的光信号进行探测、截获、识别，并及时提供情报和发出告警。光电侦察告警根据工作波段，可划分为激光侦察告警、红外侦察告警、紫外侦察告警等几种类型。激光侦察告警适用于多种武器平台和地面重点目标，用以警戒目标所处环境中的光电火控或激光制导武器的威胁。红外侦察告警通过红外探头探测飞机、导弹、炸弹或炮弹等目标的红外辐射或该目标反射其他红外源的辐射，并根据目标辐射特性和预定的判定标准，发现和识别来袭目标的性质，确定其方位、距离等并及时告警。紫外侦察告警可用于导弹探测，它是通过探测导弹余焰的紫外辐射，确定导弹来袭方向并发出警告。

（2）光电干扰是采取某些技术措施破坏或削弱敌方光电设备的正常工作，以达到保护己方目标的一种干扰手段。在光电精确制导武器广泛使用的现代战争中，光电干扰的地位更加重要。光电干扰技术的发展，集中在红外诱饵、红外烟幕、光电干扰机及光电摧毁四个领域。

（3）光电防御是指在有光电对抗的条件下，为提高光电武器装备的作战能力而采取的一切措施，包括光电反侦察告警和光电反干扰。光电反侦察告警是为防止和破坏敌方光电侦察告警设备实施有效侦察告警而采取的一切措施。光电反干扰是指为排除或破坏敌方光电干扰效果而采取的一切措施，是提高武器装备突防能力、命中精度的重要手段。

当前，光电武器系统得到了极大发展，在现代局部战争中发挥了巨大作用，光电对抗技术向着综合化、多功能化和全程对抗的发展趋势越来越突出。"光电侦察—干扰—评估综合"的光电对抗系统是光电对抗技术的最终目标，它可以实现光电侦察告警并自动采取适当的干扰和摧毁措施及对干扰效果进行实时评估。光电技术和信息技术的发展为光电对抗一体化发展奠定了基础，先进的光学技术、高性能探测器件、数据融合技术，使得侦察告警信息获取、数据处理和指挥控制融为一体，通过采用智能化技术、专家系统等，使光电对抗系统成为有机的整体。光电综合一体化要有一个从低级到高级，从局部到全局的发展过程。首先实现光电侦察告警综合化，接着实现光电侦察告警与雷达、雷达告警及光学观瞄系统等的综合，最后将多个平台获取的信息进行综合，指挥引导不同平台的对抗，从而实现更大范围和更高层次上的系统综合。

4. 网络进攻技术

网络进攻技术包括就计算机系统的软攻击和硬摧毁。软攻击，主要是指利用计算机病毒、计算机"黑客"等手段对计算机系统进行攻击，造成系统瘫痪或获取有用的信息。一是计算机病毒。由于计算机病毒武器具有隐蔽性、传染性等特点，因此，计算机病毒武器将在未来战争中广泛使用。二是网络"蠕虫"。它通过计算机网络的通信设施

"蠕动""扭动"和"爬行",在此过程中传播病毒,影响信息和信息系统。三是"特洛伊木马"程序。这种程序是一种埋藏了计算机指令的病毒程序,也是隐藏和传播计算机病毒及网络"蠕虫"的常用手段。四是逻辑炸弹。逻辑炸弹是软件程序开发者或系统研制者事先埋置在计算机系统内部的一段特定程序或程序代码,这种"炸弹"在一定条件(如特定指令、特定日期和时间)的触发下,释放病毒、"蠕虫"或采取其他攻击形式,修改、冲掉信息数据,抑制系统功能的发挥,造成系统混乱。五是计算机"陷阱"。计算机"陷阱"又叫"陷阱门"或"后门",是程序软件开发者或系统研制者有意设计的隐藏在计算机程序中的几段特定程序。对计算机系统的硬摧毁主要是指对计算机网络硬件电路的进攻技术。包括使用特殊设计的芯片、研制纳米机器人和芯片细菌、定向能摧毁、电磁脉冲弹摧毁等。

网络进攻技术的发展趋势主要有:一是采用战术定向能武器。当电磁脉冲武器的尺寸、重量和外形因素可以在常规封装中投送使用,或高功率微波武器可以装载在战术飞机或平台中时,才能实现定向能武器的战术生存能力。为达到这一目的,战术定向能武器正在进行小型化研究,使得存储、产生、变换电磁能量的技术部件在几百公斤的封装重量内需要产生出大概 1 000 千焦耳数量级的能量。二是开发纳米机器人和芯片细菌。纳米机器人和芯片细菌都可以攻击计算机的硬件系统,用纳米制造的微小机器人可以秘密部署到敌人信息系统或武器系统附近,它们有的利用携带的微型传感器获取敌方信息,有的可以通过插口钻入计算机,破坏电子线路。芯片细菌是经过培育的、能毁坏硬件设施的一种微生物,可以通过某些途径进入计算机,嗜食集成电路,对计算机系统进行破坏。三是采用半自动、自动化网络攻击和反应技术。以计划和决策支持工具建立网络攻击和效能模型,实现有组织的动态寻的和攻击启动;人员在环路中评价战斗损失和实施半主动反应。半主动攻击与监视、模拟和基于代理程序的基本直接访问方法相结合,达到自动化程度;智能工具将在信息作战的所有领域内自动地实施集成的并行攻击。四是研制微机械有机体和数字有机体。数字控制的自主式机械有机体向具有搜索和破坏电子系统能力的显微设备提供实体感知、刺激和移动,这种机械可以像化学试剂一样扩散,而且可以像智能机械—化学武器那样实施作战行动。具有人工智能的全自主式数字有机体将完成目的驱动活动,包括搜寻(网络浏览)、自适应、自防御、进攻和复制。五是开发新的破译技术。量子计算有可能迅速地完成对大素数的高度并行分解和离散对数计算,由此,为密码分析方法提供了强大的工具,是对当今应用的所谓"坚固"的编码方法的挑战,有可能较快地破译传输信息中的密码。

5. 网络防御技术

网络防御技术主要是防范敌方的网络攻击,保障己方指挥通信网络畅通的相关技术。主要包括安全防护技术、"防火墙"技术和实施信息安全机制等方面。

安全防护技术包括军用信息系统,通常采用无病毒的计算机硬件及软件产品,选用专门的病毒检测软件,对购进的计算机硬件和软件产品进行彻底检查,并清除可能携带的病毒。对计算机硬件设备都应装有适当的安全防护装置,建立可靠的工作环境,并具有一定的抗干扰能力和抗摧毁能力。计算机和计算机网络应加入屏蔽设施,限制电磁辐射量，确保计算机和网络物理安全。

"防火墙"是为防止外部非法授权者通过外部计算机网络向用户内部网络的非法入侵，在外部网络或计算机之间设置具有封锁、过滤、检测等功能的装置。它可以有效防止外部非授权用户进入内部网络，同时保证授权用户互通。

实施信息安全机制，主要包括机制鉴别、保密、完整性、不可抵赖、访问控制等。机制鉴别就是对数据源和对等实体进行鉴别，以验证所收到的数据来源与所申请来源是否一致，以及某一联系中所对等实体与所申请的一致性。保密是将被存储或传输的数据信息经过加密伪装，即使数据被非法的第三者窃取或窃听都无法破译其中的内容。加密的主要方法是采用密码技术。完整性是防止未授权者对数据的修改、插入和复制。不可抵赖就是防止在传送结束后，否认发送和接收数据。访问控制是限制非授权用户访问信息和利用资源。

网络防御技术的发展趋势主要有：一是实施网络入侵综合探测。入侵探测器将综合全网络中分布式传感器的数据，在个体作战行动和多层次性能综合的基础上完成入侵探测。网络防护响应将是自适应和半主动式的，所需的干预很少。二是采用海量密码术。数据隐藏密码方法可以做到既高度有效又高度安全，既通信安全又传输安全，在网络上为"公众通路"提供海量数据的坚固编码。三是进行多类型电子认证。对信息系统进行访问的电子认证控制将综合利用多种类型的有机体测定和密码设备，为任何人提供电子安全认证。四是开发反定向能武器技术。对定向能武器实施定位和攻击的积极对抗措施及支援传感器是特殊的定向能武器，它可以提前发射能量，从而破坏其作战对象，使其内部的高能存储设备失效或摧毁。五是采用全光纤网络。光纤主导化和全光纤网络及数据库，将使用激光、光纤和全息技术，来抗击定向能武器和实体拦截的威胁。六是研究量子密码学。在量子状态下的粒子通信，提供了一种既有通信安全特性又有传送安全特性的潜在信息编码和传输方法，从而实现不失真的无源量子密码信息接收。

五、航天技术

航天技术，是指将航天器送入太空，以探索、开发和利用太空及地球以外天体的综合性工程技术，又称空间技术。它是 20 世纪人类认识和改造自然进程中最有影响的科学技术之一。

（一）航天技术的组成

航天技术主要由航天运载器技术、航天器技术和航天测控技术组成。

1. 航天运载器技术

它是航天技术的基础，常用的运载器是运载火箭。运载火箭主要由动力系统、控制系统、箭体和仪器、仪表系统组成，通常分为单级运载火箭和多级运载火箭。

2. 航天器技术

航天器是在太空沿一定轨道运行并执行一定任务的飞行器，亦称空间飞行器。通常分无人航天器和载人航天器两大类。

无人航天器,按是否环绕地球运行又分为人造地球卫星和空间探测器等。人造地球卫星,按用途分为科学卫星、应用卫星和技术试验卫星等。空间探测器,按探测目标分为月球探测器、行星(金星、火星等)探测器和星际探测器。

载人航天器,按飞行和工作方式分为载人飞船、空间站和航天飞机等。载人飞船可分为卫星式载人飞船、登月式载人飞船和行星际载人飞船等。空间站可分为单一式空间站和组合式空间站。

3. 航天测控技术

航天测控技术,是对飞行中的运载火箭及航天器进行跟踪测量、监视和控制的技术。为了保证火箭正常飞行和航天器在轨道上正常工作,除了火箭和航天器上载有测控设备外,还必须在地面建立测控(包括通信)系统。地面测控系统由分布全球各地的测控台、站及测量船组成。航天测控系统主要包括:光学跟踪测量系统、无线电跟踪测量系统、遥测系统、实时数据处理系统、遥控系统、通信系统等。

(二)军事航天技术及应用

航天技术的军事应用成果是军事航天系统。据不完全统计,世界发射的众多航天器,大约70%是为军事目的服务的。军事航天系统大致可分为四类:军事航天运输系统,军事卫星系统、军事载人航天系统和航天作战系统。

1. 军事航天运输系统

军事航天运输系统,是能把军用航天器、宇航员或物资等有效载荷从地面运送到太空预定轨道或能将有效载荷带回地面的运输系统。目前,可利用的军事航天运输系统主要是一次性运载火箭,还有可重复使用的航天飞机。

2. 军事载人航天系统

军事载人航天系统主要包括载人飞船、航天飞机及空间站三类。

载人飞船包括卫星式载人飞船、登月载人飞船和行星际载人飞船。载人飞船主要用于发展新的军事航天技术和试验新型的军用设备,对地面进行观察和侦察,以及作为航天运输工具及武器平台。早期的载人飞船是由卫星改装的,后来的飞船是专门研制的。苏联是世界上发展航天飞船最早的国家。1961年开始载人飞船发射试验,先后实施了"东方号""上升号"和"联盟号"飞船发射计划。美国紧随其后,先后实施了"水星""双子星座"和"阿波罗"飞船发射计划。

航天飞机是一种载人航天运输工具。它既能像火箭一样垂直起飞,像航天器一样在轨道上运行,又能像普通飞机一样着陆。航天飞机主要由轨道器、固体助推器、外挂式燃料贮箱组成。其主要特点是:可重复使用,能将有效载荷送入空间轨道,发射和再入时的加速度比火箭要小,在空间可从事各种研究和实践活动。特别是在军事应用方面,不仅可以发射和回收卫星,还可遂行侦察、反导和袭击任务。它不仅是一种空间运输工具,也是一种载人航天兵器。

空间站是在载人飞船的基础上发展起来的永久性航天器,又称载人航天站、轨道站。它标志着载人航天活动已由空间探索向开发利用空间的新发展。空间站是可供多名宇航员巡访、长期工作和居住的大型人造卫星，具有很高的军事价值。

3. 军事卫星系统

军事卫星是专门用于各种军事目的的人造地球卫星的统称。按用途可分为军事侦察卫星、军事通信卫星、导航卫星、军事测地卫星、军事气象卫星等。

侦察卫星是获取军事情报的人造地球卫星。它发展最早、应用最广，具有侦察效率高，收集、传递情报速度快，效果好，生存力强和不受国界与自然地理条件限制等特点。其主要用途是：侦察对方战略目标；对领土进行测图；监测对方战略武器系统；侦察对方地面部队的部署；侦察战场变化情报。

通信卫星是用作无线电通信中继站的人造地球卫星，是卫星通信系统中的空间部分。它转发无线电信号，实现地球站之间或地球站与航天器之间的通信。与一般通信方式相比，卫星通信具有通信距离远、传输容量大、覆盖区域广、通信质量好、经济效益高、机动性和生存能力强等优点。卫星通信在军事通信中有着举足轻重的地位。军事通信卫星可分为战略通信卫星和战术通信卫星。

导航卫星是为航天、航空、航海、各类导弹、地面部队以及民用等方面提供导航信号和数据的航天器。导航卫星通常装有指令接收机、多普勒发射机、相位控制编码器和原子钟等，与地面控制站和接收导航设备共同组成卫星导航系统。根据用户是否向卫星发射信号，导航卫星可分为主动式和被动式。军用导航卫星均采用被动式，按规定时间、以固定频率、全天候向地面发送精确导航数据，地面接收信息并处理后，确定所在准确地理位置。

 **延伸阅读**

我国北斗卫星定位系统

北斗卫星导航系统是中国自行研制的全球卫星定位与通信系统（DBS），是继美国全球定位系统（GPS）和俄罗斯GLONASS之后第三个成熟的卫星导航系统。

该系统由北斗定位卫星、地面控制中心为主的地面部分、北斗用户终端三部分组成。我国自2000年以来陆续发射了3颗"北斗导航试验卫星"，建成了试验系统，并在2008年的汶川大地震和北京奥运会期间发挥了重要作用。目前正在建设的是第二代的北斗卫星导航系统，现已成功发射了16颗北斗导航卫星。可在全球范围内全天候、全天时为各类用户提供高精度、高可靠定位、导航、授时服务，并具短报文通信能力，已经初步具备区域导航、定位和授时能力，定位精度优于20米，授时精度优于100纳秒。2012年12月27日，北斗系统空间信号接口控制文件正式版公布，北斗导航业务正式对亚太地区提供无源定位、导航、授时服务。

测地卫星装有光学观测系统、无线电测距系统、雷达测高仪等设备，可用于测制地图、建立精密坐标系统、提供地球引力场分布有关数据。

气象卫星是从外层空间对地球及其大气层进行气象观测的卫星。大多数气象卫星为军民合用,按运行轨道可分为太阳同步轨道气象卫星(也称极地轨道气象卫星)和地球静止轨道气象卫星(简称静止气象卫星)。美国是世界上第一个将气象卫星用于战场气象保障的国家,也是第一个研制并发射军用气象卫星的国家。20世纪50年代末期,美国开始研制第一代军民合用气象卫星"泰罗斯"号,并在60年代将其用于侵越战争的气象保障。我国也先后成功发射"风云-1号""风云-2号"气象卫星,目前正在为我国的气象预报发挥着重大作用。

4. 航天作战系统

航天作战系统,是部署在太空、陆地、海洋和空中,用以打击、破坏与干扰太空目标的武器,以及从太空攻击陆地、海洋和空中目标的武器的统称。航天作战武器系统主要包括:反卫星武器、反导武器、轨道轰炸武器、军用空天飞机等。

航天作战任务,主要包括:一是防空防天预警。预防敌人从大气层内和大气外进行攻击,主要是预防各种导弹和轰炸机攻击。二是航天监视和全球定位。航天监视是指持续地了解和掌握空间的状况,提供轨道目标的位置和特性。全球定位,是对敌我双方目标的定位,实现对我导航和对敌实施攻击。三是保护本国航天系统。采取各种措施,以减小自然或人为因素对航天系统的威胁。四是防止敌人使用本国航天系统。五是阻止敌人使用航天系统,即扰乱、欺骗、破坏敌方的航天系统,或降低敌方航天系统的应用效能。六是从太空对地基目标实施攻击。

(三)军事航天技术对现代战争的影响

军事航天技术的发展,极大地扩展了现代战场的空域,使太空成为现代战争新的"制高点"。它对现代战争的影响主要表现在以下几个方面。

1. 极大地增强了军事侦察能力和军事指挥控制能力

部署在空间轨道上的各种军事空间系统,可以居高临下,全时域、全空域、全天候地监视和掌握地面、海上和空中战场所发生的一切变化,为军事指挥员实时获取所需的有关敌方军事目标、军队部署与调动、军队武器装备的数量和性能等各个方面的重要情报,从而保证作战方案的正确制定及对整个作战过程实施正确的指挥。

2. 有效地提高了武器装备的作战效能

利用军事空间系统可以为火炮、导弹、飞机、舰艇等提供敌方目标的精确坐标,并为它们导航,引导它们准确攻击和摧毁目标,甚至还可通过空间系统的侦察对作战效果进行评估。

3. 促使战场进一步向太空延伸

随着军事航天技术的发展,"天军"和"天战"已经不再仅仅是人们议论的话题,而是已经实实在在地走进了战略指挥员的指挥台面。目前,"天军"已经担负着侦察、预警、指挥、导航、通信以及搜集军事地理、气象资料等任务。在可见的未来,太空中的空间站不但可以是住人的军营和军事基地,还可以作为太空指挥所,以及用来装备定向能武器摧毁敌方的军用卫星和导弹等。随着太空争夺的日趋激烈和航天技术的发展,战场也必将进一步向太空延伸。

六、指挥控制技术

指挥控制技术,是在军队指挥系统应用的、便于指挥员和指挥机关对所属部队的作战和其他行动的指挥、实现快速和优化处理的一系列信息技术的统称。它以电子计算机技术为核心,是集侦察、监视、情报、指挥、控制、通信等于一体的综合技术体系。指挥控制技术是军事信息技术中发展最为活跃、应用十分广泛的一个分支体系。建设信息化军队,满足打赢信息化战争的要求,必须持续不断地大力推动指挥控制技术的发展。

(一) 指挥控制技术组成和分类

在功能上,指挥信息系统大体由信息获取、信息处理、信息传输和综合控制四个分系统构成。因此,对应上述功能,指挥控制技术可分为:信息获取技术、信息处理技术、信息传输技术和综合控制技术。

信息获取技术,是遍布陆、海、空、天的各种侦察与监视平台以及其搭载的雷达、夜视、光电和声呐等各种类型传感器的应用技术。

信息处理技术,是借助输入输出设备和计算机系统对获取的各种情报信息进行整理综合、有效管理和及时更新的技术方法和手段。

信息传输技术,是保证信息通过各种信道、交换设备和通信终端实现迅速、准确、保密、不间断地传输的技术措施。

综合控制技术,是确保对各作战单元进行精确控制,确保指挥员意图实现的技术措施,包括精确计算、作战模拟、决策支持和实时控制。这是指挥信息系统的核心技术。

在指挥、控制、计算机、通信(C^4)系统中,其主体是计算机技术和通信技术。此外,由于指挥信息系统向一体化方向发展的趋势越来越明显,使得综合集成技术和体系结构技术成为新的技术生长点。因此,对指挥控制技术的研究,主要围绕计算机技术、现代通信技术、系统综合集成技术和网络系统技术展开。

(二) 指挥控制技术现状及发展趋势

1. 计算机技术

电子计算机的发明是20世纪最辉煌的科学成果之一,使人类在继化学能、物理能之后,又找到了信息能。计算机从它诞生之日起就应用于军事领域,而且计算机技术的开发与进步往往始于军事应用的需求。

在军队指挥信息系统中,计算机主要的应用是信息处理,计算机技术的核心是信息处理技术。从作战指挥控制的角度来说,信息处理技术渗透到信息流程的大多数环节。在信息传输中采用了信息编码、加密技术;在信息存储时采用了压缩、索引技术;利用复制、镜像技术,实现信息共享;利用变换、选切技术,实现信息显示;信息安全技术中也大量采用了信息处理技术。

计算机的信息处理功能在指挥信息系统中的应用：一是军用文电处理，为各级领导机关、部队提供及时、可靠、安全、保密的信息，实现信息处理的自动化、规范化。二是军用图形处理，即利用计算机处理图上的作战态势信息。三是建立军用数据库系统。四是作战仿真，是实兵演习、沙盘作业、图上作业等传统手段的补充和发展，是用量化手段研究对抗双方或多方军事冲突过程的有效方法。五是人工智能和专家系统。

2. 现代通信技术

计算机技术在通信领域的广泛应用，使得数字通信、网络通信成为现代通信技术飞速发展的重要支柱。由于网络通信的发展，自动交换技术、光纤通信技术、卫星通信技术等新的通信技术得到了长足的发展和应用，构成了一个多种手段、立体化的通信网络。这些网络在军事上的应用，使军事通信发生了深刻的变化，军事战略通信网、指挥自动化通信系统、战略战术通信网和军民结合的卫星通信网联成一个整体，使战场瞬息万变的态势可实时传输，供指挥员进行决策；使远程精确打击成为可能，毁伤效能大幅度提高；使作战效果得到及时反馈，作战节奏大大加快，彻底地改变了现代战争的面貌。

3. 系统综合集成技术

系统综合集成，是指使一个整体的各部分能够彼此有机地协调工作，以发挥整体效益，达到整体优化的方法。集成不仅强调将各个系统物理地集合在一起，更强调这些系统在逻辑上的联系。系统综合集成技术是对多种系统和技术进行裁剪，恰当合理地选择相关技术和策略，最佳地选择和配置各种软件和硬件资源，以构成满足用户需求的、整体性能最优的各类集成技术的统称。系统综合集成主要包括：

(1) 系统运行环境集成。它是将不同的硬件设备、操作系统、网络系统、数据库系统、开发工具以及其他系统支撑软件集成为一个应用系统，形成高效、协调的应用平台，使得系统中的每一个用户都可以共享软件及硬件资源。

(2) 信息集成。从信息资源管理出发，进行全系统的数据总体规划、分布分析与应用分析，统一规划设计数据库，使不同部门、不同专业、不同层次的人员，在信息资源方面达到高度的共享。

(3) 应用功能的集成。利用各种技术手段，在运行环境和信息集成的基础上，建立一个满足用户功能需求的完整系统。

(4) 人员和组织集成。系统最终是为人员及其组织服务的，同时系统也是由人来控制的。通过对人员和组织的协调，使之适合集成后的系统，包括协同分工、友好的人机界面、智能化、自动化的系统等。

通过各种综合集成技术，进行综合设计、综合整体集成、综合高效运用、综合技术嵌入和综合扩充更新，建立一个结构最优、自适应、高性能、高度抗毁与生存能力强的实时互操作的大系统。在战场上，实现武器、信息、战法的集成，实现火力、机动、防护、探测定位与跟踪、精确打击的集成；在武器装备上，实现平台、武器、信息化系统和支援保障系统的集成；在作战空间上，实现陆、海、空、天、电、信息的集成；在编制体制上，实现人员、武器、军事理论以及作战条令的集成。

4. 网络系统技术

网络系统技术的发展与运用，已经在军事领域内引起了一场深刻的革命。网络系统技术正处于快速发展之中，其发展现状和趋势集中体现在以下几个方面：

（1）信息网络技术。信息网络技术的主体是先进的软件技术、通信技术和计算机技术，以及支持主体技术的微电子技术、激光技术、自动控制技术、空间技术、高清晰度成像和显示技术等。它已成为现代军事技术的核心与主体技术。在计算机及其软件得以高度开发、多媒体技术有了迅速发展的今天，网络技术可以将各作战单元、各级各类指挥中心，在电磁干扰环境下与快速运动中形成全国、全军自动化指挥信息网络；各级各类指挥中心、各作战单元之间可互联、互通、互操作、互工作，实现数据、信息资源共享。

（2）平台网络一体化系统技术。平台网络一体化系统技术是通过将平台及平台上的所有信息设备进行一体化系统设计，既使平台的作战效能达到最佳，也可获得最好的成本实效，从而满足未来作战环境的需要。通过采用多功能通用标准电子模块和具有多频谱传感器实时数据融合能力的计算机，不仅将多种信息战功能集于一身，真正实现雷达告警、导弹发射和攻击告警、信息支援、信息干扰及规避、协同一体化，而且与平台上其他信息设备综合为一体，达成信息共享。由于网络技术的发展，高技术作战平台的这种网络联通和信息融合能力越来越强。比如，现在的遥控飞行器自身就携带有侦察、跟踪、瞄准装置和弹药，侦察发现目标后，通过平台单元内的信息协同，就能够很快将目标摧毁；侦察机的雷达发现100～200千米距离上的目标后，数秒钟之内就能完成信号处理、传输工作，并引导地面兵器准确打击目标；预警卫星能将所捕获到的敌目标信息及时传输给攻击系统，并能引导攻击系统对目标实施及时和准确的攻击，因而具有边发现和边摧毁的能力；等等。自海湾战争以来，美国十分注重发展网络一体化的作战平台，把全球信息感知和全球指挥控制作为联合作战的重要能力之一。

（3）指挥控制系统技术。未来战争将是体系与体系的对抗，要求指挥控制系统应实现网络状指挥信息结构。即由一系列节点相联结成网络，覆盖整个战场地域，具有横向连通、纵横一体的扁平状外形，克服了树状结构信息传输慢、横向之间难以沟通、指挥灵活性和安全稳定性差的缺点。"扁平化"指挥结构的主要特点：一是信息共享。它使更多的作战单元同处于一个信息流动层次，使情报、目标数据和其他数据在各作战单元之间进行分层式分发。二是确保作战指挥通信的稳定、不间断。它缩短了信息流程，当某一分支或节点遭到破坏和干扰时，可利用网络的多路横向信息路径传递指挥控制信息。三是能实施机动指挥。它可不设固定指挥所，利用车载或机载的形式，在作战地域或空域适时机动。四是网络化指挥信息机构可便利地使部分节点设置为假目标，以假乱真，以真示假，诱骗敌人，隐蔽自己企图，实现指挥所的隐蔽伪装。

（三）指挥控制技术的运用

指挥控制技术在军事领域最直接和最重要的应用结果，就是物化为军队指挥信息系统。所谓军队指挥信息系统，是指以计算机技术为核心，具有指挥控制、情报侦察、预警探测、通信、电子对抗和其他作战信息保障功能的军事信息系统。因此，指挥控制技术的作战运用，通过军队指挥信息系统的功能得以体现。

1. 军队战斗力的"倍增器"

指挥信息系统可以极大地提高军队的战斗力。战斗力是指军队实施战斗行动和完成战斗任务的能力，主要取决于两方面要素：一个是作战实力（简称兵力），另一个是指挥控制能力（简称用兵能力）。战斗力不是兵力、用兵能力两方面要素的简单之和，而是（战斗人员+武器系统）×（指挥谋略+指挥控制系统）的系统之积。因此，要想使兵力和兵器最佳组合，充分发挥它们的作战效能，最大限度地提高军队的战斗力，除了指挥员要有精深的谋略和高超的指挥艺术外，还需要功能强大的指挥信息系统。因为只有借助高效能的指挥信息系统，指挥员才能全面了解战场态势，做出正确的决策并迅速、准确地加以贯彻执行，实现对部队和武器系统的有效指挥控制；否则，即使有较强的军事实力，在信息化条件下的局部战争中也难以发挥作用。1991年海湾战争爆发时，伊拉克的防空力量并不弱。据有关资料介绍，其空军有4万多人，作战飞机560余架（包括30架先进的米格-29和94架"幻影"战斗机），2个防空导弹旅，地空导弹发射装置约730部，防空导弹约3 700枚；各种高炮4 000多门，防空武器比较齐全，有些还相当先进。但多国部队在发起大规模空袭前，首先实施高强度的综合电子战，使伊军 C^3I 系统瘫痪，使其作战指挥系统成了"瞎子""聋子"和"哑巴"。结果，伊军根本未能组织起有效的防空作战。多国部队以很小的代价赢得了胜利，出动飞机11.4万架次，只损失固定翼飞机47架，真正战损仅39架，战损率为0.34‰，远低于3‰~5‰的平均战损率。伊军的教训从反面说明，指挥信息系统的有无确实对军队战斗力起到倍增或倍减的作用。

2. 军队一体化作战体系的"粘合剂"

指挥信息系统可以将现代军队的各个系统有机地联为一体，充分发挥整体威力。现代战争是诸军兵种一体化联合作战，参战军兵种多、武器平台多、战场分布广，如果没有一个高效率、高度集中统一的指挥信息系统作为军队的神经中枢，那么这支军队只能是一盘散沙，无法发挥其应有的效能。因此，指挥信息系统是现代化军队一体化作战体系的"粘合剂"。美军认为，现代战争条件下，没有现代化的指挥信息系统，就等于没有一支军队。20世纪90年代以来，从海湾战争、科索沃战争到阿富汗战争，都充分表明了这一点。阿富汗军队基本上没有指挥信息系统，因此就根本无法与美军直接对抗；南联盟的指挥信息系统是不完整的，因此只能组织有限的防护，也难以与以美国为首的北约军队抗衡；伊拉克虽然建立了较为先进的指挥信息系统，但却无法确保其在战时正常工作，或系统运行不稳定、不可靠，或缺少防护手段易遭摧毁，从而不能发挥其应有的效能，也同样逃脱不了失败的命运。相反，美军则高度重视、投巨资于指挥信息系统的建设中，并在战争中不断检验其使用效果。

3. 军队指挥控制的重要手段

指挥信息系统可以大幅度提高联合作战指挥员的指挥能力。首先，它可为联合作战指挥员提供对广阔作战空间的感知能力。指挥员可在远离战场的指挥所里通过显示设备,实时、形象、直观地掌握战场态势和有关情况,了解战场态势所需时间大大缩短。其次,它可增强联合作战指挥员的有效用兵能力。联合作战指挥员可通过战场态势显示屏和通信网络直接指挥作战部队的行动,可对来袭的敌方各种空中目标实现从探测预警、情报侦察、监视捕捉、敌我识别、跟踪制导、电子对抗直到命中目标的全程指挥控制,提高各种信息化武器装备的作战效能。第三,它可为联合作战指挥员提供高效的通信保障。由有线载波、微波接力、对流层散射、卫星和激光等通信设备组成的通信网,可保证指挥员对部队实施高效的实时指挥控制。系统的这些功能提高了指挥员协调陆海空三军参战部队的效率,使之保持协调一致的作战节奏。同时,各级参战部队也能更好地适应战场环境的变化,形成对敌绝对优势,不仅能有效、有选择地摧毁敌方目标,成倍提高联合作战能力,而且还能最终保障各军种部队在任何时间和任何地点都可有效地进行联合作战。第四,它能使战略决策层直接感知和控制战术行动。在现代战争中,有可能出现一些战略性战斗行动,超越战役级而直接与战略级发生关系。如美国空袭利比亚、出兵海地等军事行动,规模虽然不大,但事关全局。在处理这种战略性战斗行动时,既要求前线指挥员要直接对战略决策层负责,也要求战略决策层拥有实时掌握战术情况的能力,这一切都离不开指挥控制系统。

4. 打赢信息化条件下局部战争的根本保证

指挥信息系统是进行信息化条件下局部战争的基础,也是打赢信息化条件下局部战争的根本保证。在信息化条件下的局部战争中,作战力量的指挥控制将更加受制于复杂的战场环境。在包含大量信息化武器装备的数字化、网络化战场上,指挥控制系统能使信息与能量实现最佳结合,既能为战场上所有作战单位提供"无缝"的信息传输能力和互操作能力,又能在任何时间、任何地点,接收实时的、融合的、逼真的战场图像,准确提供敌人或潜在敌人指挥控制其所属部队的各种信息,可全向发布、响应命令,指挥控制己方部队。另外,指挥控制系统是取得信息优势的必备条件。实施信息战的主要任务是压制、削弱、破坏和摧毁敌方指挥控制系统,同时确保己方指挥控制系统免遭这种攻击,使己方的信息收集、处理、传输和利用等不受影响,建立起信息优势。为此,敌对双方可能采取的战法主要有网络战、病毒战、干扰欺骗、实体摧毁等。这些对抗行动都将主要集中在指挥控制系统上,显然,其性能优劣将决定着信息战的成败。

七、新概念武器

新概念武器是指与传统武器相比,在基本原理、杀伤破坏机理和作战方式上都有本质区别,尚处于研制或探索之中的一类新型武器。近年来,科技革命浪潮的蓬勃兴起,使得一个个具有划时代意义的新概念武器正在不断走出试验室进入战场,这些与传统武器装备具有本质区别的新概念武器的出现和陆续实用化,必将对21世纪的军事理论、作战方式、军队体制编制等产生一系列革命性的影响。

（一）激光武器

激光武器是利用激光的能量直接摧毁目标或使其失去战斗力的定向能武器。根据激光功率的大小和用途的不同，激光武器可分为激光干扰与致盲武器、战术激光武器、战区激光武器和战略激光武器。激光干扰与致盲武器是低能激光武器，在武器装备的分类中属光电对抗装备。后三者为高能激光武器，也就是通常意义上的激光武器。高能激光武器又叫强激光武器或激光炮。高能激光武器的杀伤破坏效应，主要是烧蚀效应、激波效应、辐射效应。

与火炮、导弹武器等相比，激光武器具有许多独特的性能：一是反应迅速。光速以近每秒30万千米传输，打击战术目标基本不需要计算射击提前量，瞬发即中。二是可在电子战环境中工作。激光传输不受外界电磁波的干扰，目标难以利用电磁干扰手段避开激光武器的射击。三是转移火力快。激光束发射时无后坐力，可连续射击，能在很短时间内转移射击方向，是拦截多目标的理想武器。四是作战效费比高。化学激光武器仅耗费燃料，每次发射费用为数千美元，远低于防空导弹的单发费用。

激光武器的研制始于20世纪60年代末期。经过30多年的发展，美、俄、英、德、法、以色列等国在激光武器研制方面均已取得长足进步。目前，强激光武器以发展高能氟化氘化学激光武器技术和高能氧碘化学激光武器技术为主，现已形成战术、战区和战略多层次防空、反导及反卫星激光武器技术体系。战术激光武器技术基本成熟，已研制出武器样机。战区防御机载激光武器关键技术已突破，激光器单模块功率已达30万瓦，光束主动跟踪系统已经能锁定住30～50千米远处飞行速度为1000米/秒的助推段导弹。

当前各国正在发展的第一代强激光武器因体积和重量大，机动性和灵活性比较差。下一代强激光武器技术将向二极管泵浦固体激光武器技术、激光二极管相控阵列技术和自由电子激光武器技术等方向发展，器件将实现小型化，可实现在战斗机等小平台上使用。

（二）粒子束武器

粒子束武器是以电子、质子、离子或中性粒子为弹丸，通过高能加速器将其加速到接近光速，聚集成密集的束流射向目标，以束流的动能或其他效能杀伤破坏目标的定向能武器。粒子束武器具有快速、高能、灵活、干净、全天候等特点。射击不用提前量，千分之一秒就能改变射向，在极短的时间内从容地对付多批目标的饱和攻击，是打击空间飞行器、洲际导弹和其他高速运动点状目标的理想武器。

高能粒子束主要有三种破坏作用：一是使目标物质结构材料汽化或融化。二是提前引爆目标中的引爆炸药或破坏目标中的热核材料。三是使目标的电路被破坏、电子装置失灵。根据研究结果，粒子束武器在现代战争中的应用主要是识别和拦截洲际导弹。这是因为，洲际导弹在飞行中段除了释放弹头之外，还释放出大量的诱饵假弹头，只有中性粒子才能有效地对真假弹头进行识别，由此可见，粒子束武器是识别和拦截洲际导弹的最佳选择。

粒子束武器的技术原理是：用高能加速器将粒子加速到接近光速，并用磁场把它们聚集成密集的束流，直接或去掉电荷后射向目标，靠束流的动能或其他效应使目标失效。当然，作为完整的粒子束武器只有粒子加速器是不够的，它还应包括能源、目标识别和跟踪、粒子束瞄准定位、拦截结果鉴定和指挥控制等分系统。粒子束武器的原理尽管不复杂，但要实现战斗力它还有一系列关键技术需要解决。

（三）微波武器

微波武器是利用定向发射的高功率微波束毁坏敌方电子设备或攻击敌方作战人员的一种定向能武器。所用微波的辐射频率一般在 $1 \sim 30$ 吉（10^9）赫，功率在 1 吉瓦以上。微波武器能以极高的强度或密度照射和轰击目标，利用强大高温、电离、辐射等综合效应，杀伤人员和破坏武器。它的主要作战对象是雷达、战术导弹（特别是反辐射导弹）、预警飞机、卫星、通信设备、军用计算机、隐身飞机、车辆点火系统等，以及人员。与激光武器和粒子束武器相比，微波武器受天候影响小。微波武器的作战效能主要包括：

（1）干扰作用：当使用 $0.01 \sim 1$ 微瓦/平方厘米功率密度的微波束照射目标时，能干扰在相应频段上工作的雷达、通信设备和导航系统，使其无法正常工作；当功率密度达到 $0.01 \sim 1$ 瓦/平方厘米时，可导致雷达、通信和导航设备的微波器件性能下降或失效，还会使小型计算机芯片失效或被烧毁。

（2）"软杀伤"作用：当使用功率密度为 $10 \sim 100$/平方厘米的强微波束照射目标时，其辐射形成的电磁场，可在金属目标表面产生感应电流，通过天线、导线、金属开口或缝隙进入飞机、导弹、卫星、坦克等武器系统的电子设备的电路中，如果感应电流较大，会使电路功能产生混乱、出现误码、中断数据或信息传输，抹掉计算机存储或记忆信息等。如果感应电流很大，则会烧毁电路中的元器件，使电子装备和武器系统失效。

（3）"硬杀伤"作用：当使用功率密度为 $1\,000 \sim 100\,000$ 瓦/平方厘米的强微波束照射目标时，能在瞬间摧毁目标、引爆炸弹、导弹、核弹等武器。

高功率微波武器对人员的杀伤分为"非热效应"和"热效应"两类。前者是由较弱的微波能量照射引起的，后者是由较强的微波能量照射引起的。当人员受到 $3 \sim 13$ 毫瓦/平方厘米的微波束照射时，会产生神经混乱、行为错误、烦躁、致盲、心肺功能衰竭等现象；当功率密度达 $10 \sim 50$ 毫瓦/平方厘米，频率在 10 吉赫以下时，人员会发生痉挛或失去知觉，飞机驾驶员受到照射后会发生坠机事件；当功率密度达到 0.5 瓦/平方厘米时，可造成人员皮肤的轻度烧伤；当功率密度达到 $20 \sim 80$ 瓦/平方厘米时，仅需照射 1 秒钟，即可造成人员死亡。

20 世纪 80 年代以来，美、俄、英、法、澳、瑞典等国家纷纷大力开展高功率微波武器的研制工作，并取得了显著进展。美国和俄罗斯在这一领域保持世界领先地位。美国一直在研究利用微波技术摧毁敌方的作战能力，主要进行宽频带、高功率微波武器和窄频带、定向微波武器的研发。俄罗斯于 2001 年 10 月推出"Ranets – E"武器系统,这是世界第一套公开的微波(射频)武器系统。该系统可造成来袭战机与导弹的电子设备失效,又称为电子零件的"超级杀手"。

(四)动能拦截弹

动能拦截弹是以火箭发动机增速获得巨大动能、然后通过精确地直接碰撞方式毁伤目标的动能武器。动能拦截弹的特点如下。

一是命中精度高,拦截脱靶量接近零。动能拦截器采用焦平面凝视成像导引头,没有角噪声,不会形成盲控距离,且利用快响应姿/轨控发动机进行直接侧向力控制,响应时延小于 10 毫秒,与目标的碰撞点不会越出目标本体,从而实现零脱靶量。

二是杀伤力强,可有效对付核、生、化等大规模杀伤性武器。动能拦截弹与目标碰撞时的相对速度理论上可达 5～10 千米/秒,与目标碰撞时的质量至少为 6～15 千克。如此高的速度和质量,在碰撞时产生的能量可高达数亿焦耳,将会产生汽化效应,形成摄氏几百万度甚至几千万度的高温高压等离子体,其瞬间的爆炸威力足以彻底摧毁现有任何类型的目标,包括弹道导弹所携带的核、生、化弹头,并且能够消除生物和化学弹头可能造成的污染。

三是轻质小型,机动性好。动能拦截弹采用碰撞杀伤方式,所携带动能杀伤拦截器的质量远小于传统的高爆战斗部。因为战斗部的质量较小,其运载器的尺寸也可减小,从而使得整个拦截弹的尺寸可得以缩减。另外由于质量小,在同等推力下具有更高的机动能力。

四是采用直接侧向力控制,可在大气层内外作战。常规导弹依赖气动力进行控制,只能在大气层内作战。动能拦截弹采取的是直接侧向力控制方式,不依赖于气动力,既可在大气层内作战,也可在大气层外作战。

五是在拦截弹道导弹时不存在引战配合问题。常规导弹带有战斗部和引信,在拦截弹道导弹上必须采用引战配合技术,即利用引信在适当的时候引爆战斗部,使得战斗部爆炸产生的破片正好覆盖目标的要害部位,以达到杀伤的目的。而动能拦截弹对弹道导弹实施拦截时,依靠很高的制导控制精度来实现对目标的直接碰撞,利用碰撞产生的巨大动能摧毁目标,故不要求引战配合。

目前,美、英、法、俄和以色列等国都致力于发展动能拦截弹技术。美国是世界上最积极发展动能拦截弹技术的国家,主要用于导弹防御计划和动能反卫星(KE – ASAT)计划。迄今为止,美国正在研制五种动能拦截弹,分别是地基拦截弹(GBI)、陆基战区高空区域防御(HAAD)拦截弹、舰载"标准 – 3"(SM – 3)拦截弹和陆基"爱国者先进能力 – 3"(PAC – 3)拦截弹,以及地基动能反卫星(KE – ASAT)拦截弹。其中最为成熟的是 PAC – 3 拦截弹,是导弹防御系统的主要力量之一。动能拦截弹作为新型的防空导弹,毫无疑问能够对飞机、巡航导弹等目标实施防御。在远期,动能拦截弹将作为未来可能发生的空间战的主战武器之一。

（五）电炮

电炮是利用脉冲能源提供的电能或利用电能与化学能相结合，使弹丸或其他有效载荷达到的速度或动能大大超过传统发射方式，是一类新原理的发射技术。电炮总体上分为两大类：电磁炮和电热炮（化学炮）。

1. 电磁炮

电磁炮是利用运动电荷或载流导体在磁场中切割磁力线，产生的电磁力（洛仑兹力）来加速弹丸，是完全依赖电能和电磁力加速弹丸的一种超高速发射装置。电磁炮主要分为电磁线圈炮、电磁轨道炮两类。电磁线圈炮是利用感应耦合的固定线圈产生的磁场与弹丸线圈上的感应电流相互作用产生的电磁力，推动弹丸加速；电磁轨道炮是利用流经导电轨道和滑动电枢的强电流与其所产生的磁场作用的电磁力驱动弹丸。目前国外发展的电磁炮主要是轨道炮，其炮口初速可远高于其他类型的电磁发射器，理论上可达十几至几十千米/秒，美国研制的电磁轨道炮预计2010年至2015年间通过演示验证。

与常规火炮相比，电磁炮炮口初速高，轻小型化、隐蔽性好，射击速率高，可控性好。电磁炮独特的优点，使其在未来战场的广泛领域中拥有重要的应用价值。在防空防天与反导方面，电磁炮可广泛用于反飞机、反巡航导弹、反弹道导弹甚至反卫星作战。在反装甲方面，电磁炮将成为侵彻各种新型装甲的有效途径，炮口动能15兆焦以上的电磁炮可以击毁常规火炮不能击毁的未来坦克。此外，在反舰、航天发射等方面也具有非常广泛的应用前景。1992年美国对电磁轨道炮进行靶场实验，炮本身重25吨，发射所需电流300安培，弹丸重2.384公斤，炮口动能8.8兆焦，可穿透世界上任何一种坦克。

2. 电热炮

电热炮是利用放电方法产生的等离子体，在封闭的放电管或炮膛内做功来推动弹丸。按照等离子体形成方法的差异，电热炮又分为直热式和间热式两种。直热式电热炮就是通常所说的纯电热炮，它是完全依靠电能工作，利用高功率脉冲电源放电产生高温高压等离子体，以等离子体膨胀做功直接推动弹丸前进；间热式电热炮是先利用高功率脉冲电源放电产生高温高压等离子体，然后再用此等离子体去加热化学工质，产生高温高压燃气，膨胀做功来推动弹丸。由于间热式电热炮的能量部分来自电能，部分来自化学能，因此又称作电热化学炮。目前电热化学炮技术在电炮中发展最快。

（六）环境武器

环境武器是指通过利用或改变自然环境状态所产生的巨大能量，以战胜或危害敌人的作战行动的武器。战争总是在一定的环境中进行的，随着科学技术的发展，在未来的战争中，交战军队将有能力借助先进技术更大程度地利用自然环境中潜在的巨大能量呼风唤雨，让人工灾难降临到敌人头上。

目前，环境武器主要分三种类型：一是气象型。即利用云和大气中微粒的微观不稳定性，人为地制造出洪暴、干旱、闪电冰雹和大雾；利用大气中的不稳定性人工引起飓风、龙卷风以及台风等自然灾害，进而对人和生物等造成危害。二是地震作用型。地壳中隐藏的热应力分布不均，具有极强的不稳定性。因此通过人为激发可以诱发"人造地震"。实验证明，当量为 100 万吨 TNT 的核爆炸可能引发里氏 6.9 级地震。三是生态型，即通过向敌方地区撒播能阻止地球表面热量散发的化学物质，使敌国的大地变成干燥的沙漠，导致生态环境恶化；还可以把大量的溴或氯释放到敌方上空，破坏臭氧层，使之形成"空洞"，让大量的紫外线辐射到敌国地面。

（七）次声武器

次声武器是利用低于 50 赫兹的低频声波在短时间内使人体器官产生强烈的共振，从而使人头昏、恶心、肌肉痉挛、神经错乱、呼吸困难、惶惶不安。次声对机体的基本作用原理是生物共振，人体内部各器官的振动频率均在次声频率范围内。当人体处于次声作用下时，只要声压级达到一定程度，体内器官就会发生共振，结果是各部位出现不同程度的不适，甚至造成器官破坏。次声武器有四个基本特点：

一是传播速度快。次声在空气中以每秒 340 米、时速约 1 200 千米的速度传播。在水中传播速度更快，时速可达 6 000 千米。

二是不易察觉，便于突袭。只要强度不是特别高，次声就不能为人耳所感觉。

三是不易被吸收，传播距离远。由于空气的热传导、粘滞和分子吸收效应与频率的平方成正比，而次声的频率低，所以衰减小。例如，核爆炸所产生的次声可绕地球好几圈。

四是穿透力强，不易防护。声波的穿透能力与频率成反比。例如，7 000 赫兹的声波可用一张厚纸挡住，而对于 7 赫兹的次声，墙壁也阻挡不住。实验表明，次声可穿透 10 多米的钢筋混凝土、建筑物、坦克、装甲车、深水下的潜艇等。

（八）非致命武器

非致命武器是指为达到使人员或装备失能，并使附带破坏最小化而专门设计的武器系统。由于它不以杀伤人员和毁坏装备、设施为目的，而是针对人员、装备、基础设施的薄弱环节，使其失去作战能力或不能正常发挥作用，从而达到作战目的，因此又称作失能武器或非杀伤武器。从广义上讲，它是涵盖信息战装备、反机动、反人员等各种非杀伤性武器的一种新概念武器群体。目前，国外发展的非致命武器，按照用途基本上可分为反装备非致命武器和反人员非致命武器两大类。

反装备非致命武器，主要是通过破坏装备本身的材料结构或外部条件，使其无法正常发挥作用，通常以阻止装备快速实施机动为主要目的。反装备非致命武器主要包括强力粘结剂武器、特种润滑油武器、超级腐蚀剂武器、金属致脆剂武器、动力系统熄火弹等几类。

反人员非致命武器可使敌方战斗减员，给敌方造成沉重的伤员负担。目前，国外正在研究开发几种专门的非致命反人员能力：用于控制骚乱的非致命能力；使人员失能的能力；阻止人员进入某一（地面、海上和空中）区域的能力。主要有激光武器、次声武器、化学失能剂、刺激剂和粘性泡沫等类型。

从使用效果看，非致命武器在现代冲突中可以成为配合常规武器的重要补充手段，在某种条件下甚至可以起到战略性作用。例如，在冲突早期，非致命武器可以用作抑制冲突升级的压制性手段，从而能够有力地配合、支持经济制裁和军事打击。在高强度冲突中，非致命武器可以对敌武器系统、侦察通信系统、指挥控制系统、交通要道等目标进行干扰破坏，取得直接的战略性效果，从而加快战争进程。

第三节　高技术与新军事变革

军事变革，是指由科学技术的进步而引起武器装备的演进，进而引起军队编成、作战方式和军事理论等方面逐步发生根本性变化，最终导致整个军事形态发生质变的特殊社会现象。由以信息技术为核心的高技术在军事领域引发的这场新军事变革，正在使世界军事由工业时代的机械化军事形态向信息化时代的信息化军事形态转型。

一、世界新军事变革发展概况

"二战"后，随着信息技术的迅猛发展及在军事领域的广泛应用，使得军队指挥手段不断向自动化方向发展。20世纪70年代，美、苏等军事强国基于战略需求，基本都实现了军队指挥自动化。越南战争中，美国率先使用精确制导炸弹并产生巨大的作战威力。此后，各军事大国纷纷投入巨资开始研制并生产这类精确制导武器。随着指挥自动化系统与精确制导武器的研制与发展，为军事变革的孕育提供了最基本的物质技术条件。在这种历史背景下，1979年苏军总参谋长奥加尔科夫元帅提出"新军事技术革命"的概念。他认为：新兴技术将使军事学说、作战概念、训练、兵力结构、国防工业、研制重点发生革命性变化，即出现新的军事技术革命。

20世纪80年代初，美军领导人提出，目前工业时代正在产生第三次浪潮。这种由信息革命引发的第三次工业浪潮，必将在人类社会各个领域引发根本性变革，从而给军事领域带来一场深刻的革命。1982年，美军针对苏军在欧洲战场提出的"大纵深作战"理论，结合自身高技术武器装备的发展现状，提出了"空地一体战"理论，同时开始着手重点发展精确制导武器，调整军队体制编制，以适应第三次浪潮战争形态的变化。1991年海湾战争爆发，从而正式拉开了这场世界性军事变革的序幕。1993年8月，时任美国国防部基本评估办公室主任的资深分析家马歇尔以更深邃的目光对"新军事技术革命"概念提出异议。他认为："对军事革命的含义常有误解，我们打算不用早些时候的军事技术革命这一术语，因为它把重点放在了技术上。技术使得革命有可能出现，但只有制订了新的作战概念，在许多情况下，建立了新的军事组织的时候才会发生革命。"为此，他建议改称"新军事革命"。1994年1月，美国国防部接受了这一提法，并正式组建"军事革命高级指导委员会"进行官方研究。1995 年底,美军在深化理论研究的基础上开始采取实际步骤进行军事变革的一系列实验。

1996 年 5 月,美参联会公布《2010 联合作战构想》,提出"机动制敌、精确打击、全维防护和聚焦保障",勾画了今后 15 年美国武装力量建设和作战蓝图。同年 12 月,美国防部又正式颁布《信息作战》纲要。至此,美军开始全面推动军事变革。2003 年 3 月伊拉克战争爆发,美军在这场战争中全面检验了这几年新军事变革的重大成果。从战争结局上看,美军在军事上取得了巨大成功。如果说 1991 年的海湾战争是介于机械化战争和信息化战争之间的话,那么,伊拉克战争则标志着人类战争已经进入到一个新的发展阶段。在这场战争中,美军只用了海湾战争一半的兵力、时间和物资消耗,就达成了推翻萨达姆政权的战略目的。这除了美伊两国巨大的经济差距(美国 GDP 是伊拉克的 260 倍)以及其他政治因素外,主要是因为美国在军事上占据着绝对优势。具体来讲,就是通过不断推进新军事变革,使得美军建立起了一套高度机械化和半信息化的军事体系,而与此相对抗的伊拉克军队,则仍处于机械化半机械化阶段,从而使双方在军事力量的对比上形成了巨大的"时代差"。透过这场战争,人们不仅看到军事变革给当代世界军事领域所带来的巨大冲击,同时也看到了军事变革所塑造出的信息化军队的作战威力。

通过大力推进新军事变革,美军获得了超强的作战能力,这使世界各主要大国在震惊的同时,更增强了紧迫感和危机感,围绕如何缩小与美国的"时代差"和"技术差"而纷纷制定措施,竞相加快了军事变革的步伐。一些国家结合伊拉克战争的主要做法及前期军事变革的经验教训,出台了一系列新军事变革的新举措,推动军事变革在更高的层次、更广的领域、更大的范围加速发展,从而使世界新军事变革进入到一个整体质变的发展阶段。

二、新军事变革的主要动因

新军事变革的主要动因,是科学技术的突破性发展、军事需求的强力拉动以及军事理论的有力牵引。其中,科学技术的突破性发展是新军事变革产生的重要因素。

(一)科学技术的突破性发展是新军事变革的强大动因

马克思主义认为,科学技术是最高意义上的革命力量,是推动社会进步和军事变革的强大动力。当代科学技术,特别是以信息技术为核心的高新技术的飞速发展,是新军事变革最直接的推动力。以信息技术为核心,以航天技术、生物技术、新材料技术、新能源技术和海洋开发技术等为代表的一大批高新技术和高技术产业蓬勃兴起,在被广泛应用于军事领域后,催生了新军事变革,并不断推动世界新军事变革向深度和广度发展,成为推动世界新军事变革最有力的杠杆。同时,新军事变革的出现和不断发展,又必然要求武器装备的不断更新,从而牵引和推动军事高技术的深入发展。

在当代高技术领域,信息技术是基础,是核心。信息技术在军事领域引发的变化,主要表现在它物化出新一代的信息化武器装备，并使军事理论和体制编制发生革命性的变化。其中，武器装备及其体系的变化是直接的、基础的和革命性的。

一是信息技术的迅猛发展导致武器装备信息化。现代武器装备广泛采用侦察监视、网络通信、导航定位等信息技术，大量装备传感器、计算机、显示器、控制器等先进的电子设备；除此之外，武器装备信息获取、信息处理、信息传输和信息对抗等信息能力的不断增强，使得战场感知、横向组网、远程精确打击和对抗等作战能力取得了长足的发展。

二是信息领域的激烈对抗导致信息系统武器化。现代战争，信息优势的争夺成为现代战争的重要内容。信息装备及其组成的信息系统作为武器装备体系新的、重要的组成部分，大大提高了信息获取、信息传输、信息处理和信息控制等能力，使传统意义的作战能力得到了飞速增强。信息系统作为现代作战的重要手段，具备攻防兼备的功能，从而使武器化的信息系统在现代战争中发挥着日益重要的作用。

三是信息技术的综合应用导致指挥系统自动化，成为军队战斗力的倍增器。信息技术的不断发展和综合应用，推进了指挥系统的自动化，使得指挥自动化系统的地位作用日益突出。近几场高技术局部战争表明，指挥自动化系统不仅已经成为装备体系的"粘合剂"，成为指挥决策的"智囊"，而且已经成为战斗力的"倍增器"。

（二）军事需求的强力拉动是新军事变革产生的内在动因

军事变革不是自然发生的客观物质运动，而是对抗主体之间的主观能动行为，是军事需求驱动和军事主体选择的必然结果。因此，在一定物质技术基础上，战略需求和战略主体的选择便成为决定军事变革进程和结局的重要因素。就当前这场新军事变革而言，正是源于冷战时期敌对国家、政治集团对抗的需要，是美国与苏联之间争夺世界霸权的需要。在冷战结束，两极格局解体后，世界安全形势发生了深刻变化，信息化战争将成为新的战争形态，国际恐怖主义成为当今世界的主要威胁，这种新的军事需求使得军事斗争的形式和手段又发生了新的变化，它使冷战时期那种建立在机械化战争基础上，准备打大规模战争甚至核战争的军事斗争方式和军队建设模式，难以适应新的安全需求。因此，必须对建立在机械化战争基础上的军队进行彻底改革，以满足新的需要。美国先于其他国家推行军事变革，率先把美军建设成为世界上第一支信息化军队，从而为在21世纪按照美国的意愿"塑造世界"提供强大的后盾。

（三）军事理论的创新是新军事变革产生与发展的基础和先导

军事理论的创新，对新军事变革的产生与发展起着基础性和先导性的作用。20世纪50年代以来，随着军事理论的不断创新与发展，引导着新军事变革沿着正确的方向顺利进行，从而使新军事变革的进程缩短、速度加快。军事理论的创新促进了军事战略的调整。冷战结束后，世界各军事大国和强国的军事战略已经由机械化战争形态下的军事战略向信息化战争形态下的军事战略转变。军队建设理论的创新引导了军队的改革与发展，军队建设的质量特别是高科技含量在不断提高。作战理论的创新推动了作战方式的变革。"空地一体战"理论、信息作战理论、空间作战理论和联合作战理论等相继提出与运用,催生了超视距打击、精确打击等新的作战方式,极大地改变了现代战争的面貌。

三、新军事变革的基本内容

新军事变革的本质与核心是信息化。其目的是建设信息化军队,打赢信息化战争。基本内容可概括为"四新一变"。

(一)创新军事技术,实现武器装备的信息化

武器装备的断代性发展,是军事领域出现革命性变化的重要标志。现阶段,主要是应用信息技术成果对现有武器装备进行改造,同时研制和发展新型信息化武器系统,从而实现武器装备的信息化、智能化和高效化。目前,发达国家军队已经实现了高度机械化和部分信息化。同时,在战争中大量使用经过信息化改造的精确制导武器。2003年5月,伊拉克战争结束不久,美国副总统切尼就宣布:"从战场投放的精确制导弹药占总投弹量的比例看,海湾战争是9%左右,这次伊拉克战争则占到68%。"

(二)创新体制编制,重组军队组织结构

一场军事变革的完成,是以军队组织结构调整的最终实现为标志。调整改革军队的体制编制,是实现人与武器有机结合、最终完成军事变革的关键。世界各国为适应世界新军事变革的发展,高度重视优化军队的内部结构,使军队的体制编制向着精干、高效、合成的方向发展。总的趋势是,压缩常备军规模,裁减一般部队,增编高技术军兵种部队,使军队向小型化、多能化、一体化方向发展。现阶段,主要是建设便于灵活组合的中小型模块式部队,建立适合信息快速流通的扁平式作战指挥体制。伊拉克战争中,美军在指挥上,改变了以往各军兵种分别指挥的方式,由联合作战中心实行一体化指挥;在保障上,改变了以往逐级实施的方式,由后方基地统供,直接投送到前沿部队和分队,这就是所谓的"聚焦后勤"。

(三)创新军事理论

随着高新技术武器装备的发展,传统的战争理论、作战原则以及战略、战役、战术之间的关系等都随之发生变化,出现了一些建立在新的物质基础之上的军事理论。比如,信息化战争理论、信息战理论、联合作战理论、精确化作战理论、非对称作战理论、空间作战理论、非接触作战理论和网络中心战理论等。在伊拉克战争中,美军所使用的"快速决定性作战"理论,就是一种全新的作战理论。它强调作战行动必须充分利用信息化装备优势,采取"远程精确打击+小规模地面快速突击"的新战法,尽快由有限规模的战役行动达成战略目的。通过实战检验,这一理论得到了充实验证,说明适应信息化战争要求的创新的军事理论是完全必需的。

（四）创新作战方式

20世纪90年代以来，非接触、非线式作战日益成为重要作战方式。网络中心战、太空攻防战等也将在不久的将来登上实战舞台。美军在伊拉克战争中所采用的基本方式就是非接触、非线式作战。这种作战方式不再是逐次突破推进，而是一开始就超越防御地带和自然地理屏障，直接对敌战役和战略纵深目标实施中远程精确打击，通过瘫痪对方的整个作战体系、摧毁对方的战争潜力和国家意志来达成战略目的。2003年3月20日凌晨战争一打响，美军第3机步师就从科威特出动，第二天便深入伊拉克腹地160千米，5天内急进400多千米，直插巴格达外围。不少人认为，这样用兵是孤军冒险。其实，这正是为了以最快的速度推翻萨达姆政权。这种"闪电"行动，使伊拉克军队来不及纵火油田、炸毁桥梁、设置交通障碍，更来不及组织坚强有力的巴格达防御战。

（五）战争形态由机械化战争向信息化战争转变

一是战场空间日益扩展。由过去的陆、海、空三维空间，扩展为现在的陆、海、空、天、电以及心理等六维空间。二是战争节奏日益加快。过去战争往往以年、月、日计算，现代战争则往往以小时计算。三是战略、战役、战术行动融为一体。通过对要害目标特别是首脑目标实施中远程精确打击来直接达成战略目的。最典型的作战方式就是"斩首"行动。四是制信息权成为争夺战场主动权的焦点。五是军队作战一体化程度日益提高。通过信息网络把各种武器装备横向链接起来，朝着指挥一体化、部队编组一体化、各个作战单元行动一体化和补给保障一体化的方向发展。六是前方与后方的界限日趋模糊。战争一开始就在作战一方国土的全纵深同时展开，国家战略资源和要害性设施的防护问题空前突出，全社会民众的战争意志坚强与否成为战争胜负的决定性因素。

四、新军事变革的重要影响

这场新军事变革，促进了世界军事力量的大发展、大动荡和大调整，将对重建国际军事安全秩序、重建世界军事力量格局、重塑未来战争形态和重建未来型军队等产生决定性影响。

（一）进一步加剧了世界战略力量对比的失衡态势

在历次军事变革中，尽管霸权主义国家能够实现局部扩张，但没有哪一个帝国能够随心所欲地对全球进行控制。新军事变革却截然不同。作为这场新军事变革"领头羊"的美国，拥有当今世界上最雄厚的经济实力、最先进的科学技术和最强大的军事力量，加重了其称霸世界的筹码，使它有可能具备全球投送、全球抵达、全谱作战的能力，实施全球性扩张、干涉和控制。根据美陆军《目标部队》白皮书，至2020年前，美军可在4天内向全球地区部署1个旅战斗队，5天内部署1个师，30天内部署5个师。空军可在很短时间内到达全球各地，战略轰炸机经空中加油可连续洲际飞行。这种结果，必将导致世界军事力量的严重失衡，使弱国与强国之间已经存在的差距越拉越大，并由此引发新一轮军备竞赛。

目前，不仅世界大国加快了军事变革的步伐，一些中小国家也积极创造条件进行军事变革，大力推进军事理论、作战思想、武器装备、组织体制、教育训练、后勤保障等各个方面的创新，从而使新军事变革呈现出向广度和深度加速发展的趋势。英、法、德、日等发达国家和俄罗斯，为拉近与美国的距离，正逐步增大投入，力争在某些领域谋取优势；许多发展中国家，为避免陷入被动挨打的境地，也在千方百计发展国力，壮大军力，力求防止和消除出现"隔代差"。这就构成了一种各国竞相发展、全球战略互动的新局面。

（二）进一步推动了世界各国军事战略的全面调整

新军事变革极大地冲击了传统的战争理念，改变了现代战争面貌，促使各国重新审视安全环境和战略策略，依据客观环境和主观需求积极主动地进行战略调整。自20世纪90年代以来，美国出于维护其霸权的需要，先后进行过四次军事战略调整。俄罗斯从苏联解体后到现在也已调整了三次军事战略。法、德等欧盟集团，出于集团利益的需要，在反映各成员国战略主张的同时，积极谋求"联盟战略"。日本以建立"合理、高效、精干"军队为目标，对其军事战略进行了全面调整。此外，一些发展中国家基于维护自身安全的考虑，在战略上也做出了必要调整。可以预见，随着新军事变革的深入发展，各国还会进行新的战略调整并促进国际战略格局进行新的整合。

（三）进一步拉大了世界各国军队武器装备和作战能力上的"时代差距"

在机械化战争时代，武器装备和作战方式上的"代差"，曾经使法西斯德国军队在"二战"初期的陆战场上取得了显赫战果，也曾使军国主义日本在海战场上独占鳌头，但与其主要对手的差距往往并不悬殊。而新军事变革中所产生的武器装备和作战能力上的"代差"，却使优劣差距极端明显。一旦存在"代差"的两军在战场上对垒，就会出现"占有优势的一方可以看到劣势的一方，而劣势的一方却看不到优势的一方；优势的一方可以打到劣势的一方，而劣势的一方却根本打不到优势的一方；优势的一方可做到攻守自如，而劣势的一方则手足无措"的局面。这就是这场新军事变革在武器装备和作战能力上所产生的"时代差"的突出表象。

（四）进一步增强了军事手段维护国家安全的作用

新军事变革的飞速发展，使强国在短时间内变得愈强、弱国变得愈弱，两者之间的差距可能越拉越大，而且这种差距一旦形成，则难以消除。其结果是：一方面力量的失衡导致战争的危险性增加；另一方面，由于代差性的形成，增强了战争的可控性，从而为强国运用军事手段达成政治目的提供了低风险、高效益、多样化的战略选择。据统计，冷战时期发生的局部战争和武装冲突年均为4次，而冷战后年均却达10次之多。特别是20世纪90年代以来发生的海湾战争、科索沃战争、阿富汗战争、伊拉克战争，更显示出军事手段在解决争端中的"泛化"趋势。以美国为首的西方发达国家认为，拥有绝对军事优势是处理国际危机的前提。在这种理念支配下，自 1990 年以来，美国对外出兵达 60 多次，占"二战"后对外出兵总数的一半以上。由此可见，新军事变革不仅使军事手段的地位和作用明显上升，而且刺激了新干涉主义进一步抬头，给世界和平与地区安全带来了新的威胁和挑战。

 思考题

1. 什么是军事高技术？军事高技术具有哪些特点？
2. 什么是精确制导武器？可分为哪两大类？
3. 什么是伪装？伪装的主要技术措施有哪些？
4. 什么是隐身技术？隐身技术的发展趋势如何？
5. 网络攻防技术的发展趋势是什么？
6. 军用卫星有哪些？其特点和用途有哪些？
7. 什么是指挥控制技术？指挥控制技术包括哪些类别？
8. 什么是新概念武器？它主要包括哪些类型？
9. 激光武器具有哪些性能？微波武器的作战效能包括哪些方面？
10. 新军事变革产生的动因是什么？新军事变革的发展趋势如何？

第五章　信息化战争

20世纪90年代初，一场以美国为首的多国部队打击伊拉克军队的海湾战争，向人们提出了战争的"信息化"这一重大命题。随后又相继发生的科索沃战争、阿富汗战争和伊拉克战争，逐步孕育了一个全新的战争形态，即信息化战争。为适应战争形态新的变化，中央军委确立了推进中国特色的军事变革，"建立信息化军队、打赢信息化战争"，实现军队跨越式发展的战略决策。正确认识信息化战争，把握信息化战争的特点和发展趋势，明确信息化战争对国防建设提出的新要求，积极推进中国特色的军事变革，是摆在我们面前的一项紧迫而重要的任务。

第一节　信息化战争概述

随着信息社会的到来，信息技术的不断发展和在军事上的广泛运用，人类战争在经历了徒手战争、冷兵器战争、机械化战争之后，一种新的战争形态正在登上战争历史的舞台，它就是信息化战争。

一、信息化战争的基本概念

信息化战争是建立在社会信息化基础上的新型战争。具体而言，信息化战争是指在信息时代，交战双方或一方以信息化军队为主要作战力量，以信息化武器为主要作战工具，以信息战为主要作战形式进行的战争。信息化战争是信息时代的基本战争形态。其内涵包括以下五个方面：

一是信息化战争是信息时代的产物，是信息时代经济、科技、生产力水平和生产方式在战争领域的客观反映。

二是战争工具决定战争形态，有什么样的战争工具，就有什么样的战争形态。信息时代战争工具的信息化、智能化和综合化，信息武器装备体系的形成，必然导致信息战争的出现。

三是信息化战争首选的、直接打击的目标是信息获取、信息控制和信息使用的系统及其基础，剥夺敌方信息控制权、使用权和对己方信息系统的威胁，建立己方的信息优势，进而实现己方的意图。

四是信息战争将主要在三条战线上进行,即军事战线、政治战线和经济战线,以有形(暴力)和无形(非暴力)两种方式进行。

五是信息化战争的核心资源是信息和知识,以及在信息控制下的物质和能量的综合对抗。

二、信息化战争的产生与形成

信息化战争,是人类社会政治、经济、科学技术和战争实践发展到一定阶段的必然产物。

(一)信息化战争是社会经济形态发展的必然结果

战争形态是人类社会经济形态的产物。因为人们从事战争的工具和手段,是由特定时代的社会经济形态所提供和决定的。

农业时代的手工业生产方式,决定了战争能量的释放形式主要是依靠人的体能,战争所使用的武器主要是冷兵器。因此,这一时代的战争被称为冷兵器战争。在漫长的农业时代,社会所创造的工具是人力工具,由于科学技术水平低下,生产力发展缓慢,生产工具只能通过人力来驱动,靠人去操纵,人们也只能使用手工制作的青铜和铁质的刀枪剑戟、弓箭和战车等冷兵器进行战争。这一时代有限的物质条件和效率低下的人力生产工具,以及自给自足的分散式农业生产和作坊式的手工业,使得战争形态的演变十分缓慢。

工业时代的机器大工业生产方式,决定了热能成为战争能量的释放形式,战争所使用的武器为机械化武器。因此,这一时代的战争被称为机械化战争。从17世纪上半叶开始,伴随着蒸汽机的发明和电力、化学等工业的产生,人类进入工业时代。由于人们对能量和物质资源的利用、动力生产工具的使用,导致了社会生产方式的机械化、电气化和规模化。机器大工业生产方式的出现,使人们能够大量运用火炮、坦克、飞机和舰船等机械化武器装备从事战争,战争的能量释放形式从以人的体能为主转变为使用热能和核热能。战争物质基础发生的根本性变化,必然推动和要求战争形态发生革命性的变革,使工业时代的战争呈现出空间广阔、规模宏大、人数众多、进程缓慢、消耗和损失巨大的特征。从冷兵器战争演进到机械化战争,完成这场军事革命的进程持续了近300年。

20世纪中叶以来,由于科学技术的飞速发展和生产力水平的大幅度提高,以计算机技术和信息技术为龙头的高新技术群不断涌现,人类开始进入信息时代。随着信息技术在军事领域的广泛运用,大量信息化武器装备投入战场,为新一轮战争形态的变革提供了物质基础。在科学技术和战争实践的推动下,一场迄今为止人类军事史上波及范围最广、变化最深刻、发展最迅速的军事革命正在世界范围内蓬勃兴起。一种以使用信息化武器装备为主导、使战争基本方式发生根本变化的信息化战争,开始登上战争舞台。

人类社会和战争历史的发展表明,社会的经济形态是战争形态的母体,有什么样的经济形态，就会孕育出什么样的战争形态。这是不以人的意志为转移的客观规律。

（二）高技术的发展是信息化战争产生的直接动因

战争形态的重大变革，通常发生在技术革命之后；而技术革命又往往是在科学技术水平迅猛发展并发生质的飞跃的情况下出现的。20世纪50年代以来，世界上陆续出现了一大批高新技术群，其中，信息技术在高技术群中起主导作用。这些新技术一经出现，便以前所未有的速度向深度和广度发展。

高技术的迅猛发展和运用，必将导致新的技术革命。毛泽东曾经指出："技术上带根本性的、有广泛影响的大的变化，叫做技术革命。蒸汽机的出现是一次技术革命，电力的出现是一次技术革命，太阳能或核能的出现也是一次技术革命。"高技术群的出现，除其本身的发展具有革命性之外，它的影响之深远、波及领域之广阔，是历史上任何一次技术革命都无法比拟的。如今，高新技术群体，尤其是微电子技术和计算机技术已渗透到人类社会活动的各个领域，引发了政治、经济、科技、军事和文化等各个领域的深刻变革，已经产生并将继续产生难以估量的重大影响。

科学技术的进步必将引起军事领域的技术革命。与以往历史上的军事技术革命不同的是，当今这场军事技术革命不是由单项和少数民用领域的技术引发的，而是由多项高技术交叉综合作用的结果。因此，这场军事技术革命是全方位的。其中起核心作用的技术是军事信息技术。其骨干技术包括：微电子技术、计算机技术、光电子技术和军事航天技术。军事技术革命的出现，必然导致武器装备发生质的变化。以军事信息技术为核心的军事高技术群，使人类进行战争的工具发生了时代性的飞跃，即由机械化武器装备阶段进入了信息化武器装备阶段。这必然引起作战方式、作战理论和军队编制体制的根本性变革。

（三）相对和平的国际环境为信息化战争的产生提供了外部条件

人类社会形态的变化和高技术群的发展，是信息化战争产生的内在动因；冷战前后的国际安全环境，特别是相对和平的国际环境的出现，是信息化战争产生的外部条件。

首先，冷战期间美苏两国争霸促进了军事领域的不断变革，对信息化战争的产生起到了促进作用。在长达40多年的冷战过程中，美苏从各自称霸世界的需要出发，为了在军备竞赛中占据优势，均倾其全力，加大军费投入，发展尖端军事科技，不但使机械化战争中所使用的各种武器装备的新能指标几乎达到了物理极限，并且促使了高技术群的迅猛发展，为信息化战争的产生奠定了技术基础。

其次，和平时期军事变革能够得到时间和经济力量的可靠保障。长期的和平时期，使各国能够静下来有计划、有步骤地思考未来战争问题，研究如何运用技术革新所提供的新的战争手段达到军事能力的提升等问题。和平环境不但能够为信息化战争的试验提供时间和资源，而且即使试验失败，所面临的风险也最小，还来得及重新调整部署。

（四）近年来局部战争实践是信息化战争产生的基础

20世纪90年代以来先后发生的海湾战争、科索沃战争、阿富汗战争和伊拉克战争，是人类战争史上具有划时代意义、承前启后作用的战争。它们既是工业时代机械化战争的延续，更是孕育信息化战争雏形的"母体"。这几场局部战争几乎都使用了全新的武器和全新的战法，每场战争都给人们耳目一新的感觉。人们越来越强烈地感悟到，战争形态正在发生深刻变化，机械化战争形态正向信息化战争形态转变，信息化战争已处于萌芽阶段。

海湾战争闪现了新军事革命的影子，世界从此进入一个新的战争时代。近几场局部战争所展现出来的信息攻击、远程精确打击、陆海空天电一体化作战等作战行动展现了巨大的战争威力，使人们摒弃了传统的线式作战、梯次攻击、层层剥皮的作战方式，"零死亡率"的战争已经成为人们追求的目标。近几场局部战争更使人们看到夺取制信息权对现代战争的重要意义，失去制信息权的军队，即使拥有威力巨大的武器，也会变成"聋子""瞎子"和"瘫子"。制信息权已经成为赢得战争胜利的先决条件。

 **延伸阅读**

伊拉克战争简介

伊拉克战是2003年3月20至5月1日，美国未经联合国授权，打着反恐战争的旗号，借口伊拉克有大规模杀伤性武器，联合英、澳等国军队，对主权国家伊拉克发动的代号为"伊拉克自由行动"的战争。为确保战场单向透明，美军动用了更多的侦查监视系统，使用各类卫星90余颗，动用了各类最先进的有人和无人侦察机，在地面上部署了各种侦察车和传感器，并有大量特种部队和中央情报局特工收集情报。在指挥作业方面，美军使用了数字化地图及战况显示系统，指挥员可以在大屏幕前及时观察战场动态，实施指挥，组织协同。美军攻击行动的目标信息获取—传输—反馈作战平台使得完成火力攻击的整个过程只需要10秒钟左右。伊拉克战争是一场高度信息化的战争，它代表了战争形态的发展方向，集中体现了世界新军事变革的最新成果。

总之，近年来几场局部战争的实践，使人们已经深刻感悟到新的战争形态所具有的深刻内涵，战争实践成为推动信息化战争形成和发展的催化剂。它促使人们更加自觉地接受信息化战争、适应信息化战争，更重要的是主动地选择和设计信息化战争。

第二节　信息化战争的基本特征

信息化战争的特征直接影响战争的指导。通过分析机械化战争和近期的几场高技术局部战争,较之其他战争形态,信息化战争呈现出鲜明的时代特征。

一、信息资源主导化

信息对战争影响的关键是要准确获得战场信息并把信息及时用于决策和控制。机械化战争,起主导作用的是物质和能量,打的主要是"钢铁仗"和"火力仗"。在信息化战争中,信息是核心资源,是决定战争胜负的关键因素。信息化战争是以争夺战场"制信息权"为主要行动的战争。信息成为部队战斗力的核心要素。

在未来战争中,对信息的争夺将发挥核心作用,可能会取代以往冲突中对地理位置的争夺。攻城略地已经成为机械化战争的历史,在信息化战争中,地理目标将日趋贬值,信息资源将急剧升值。制信息权必然成为凌驾于制空权、制海权和制陆权之上的战场对抗的制高点。拥有信息资源,握有信息优势,是取得战争胜利的先决条件。

急剧升值的信息资源,决定了争夺制信息权的斗争将在全时空进行,决定了战争中交战双方将倾全力去争夺"信息优势"。海湾战争中,争夺信息优势的斗争贯穿于战争全过程,渗透于所有作战空间。美军利用了世界上最先进的计算机系统所提供的大型智能平台和 C^4KISR(包括指挥、控制、通信、计算机、杀伤、情报、监视和侦察系统)指挥信息系统,完成了超大容量信息处理,赢得了战场信息优势。在科索沃战争和阿富汗战争中,由于美军夺取和保持了全时空的信息优势,因而以很小的代价夺取了战争的胜利。战争的实践,不仅使人们越来越充分地认识到物质、能量和信息在战争中的作用将发生革命性变化,而且使人们清晰地看到了信息、信息系统和信息化武器装备的巨大作用,感受到了未来信息化战争的无限前景。传统的火力、防护力和机动力仍是战斗力的重要组成部分,但已经不处在核心位置,取而代之的是信息。

二、武器装备信息化

科学技术在军事领域的运用,尤其物化为战争"手臂",是引起战争形态发生深刻变革的根本原因。工业时代的战争,以机械化武器装备为物质基础;而信息时代的战争,则是以信息化武器装备系统为物质基础。信息化的武器装备系统,又是以计算机技术为核心、以信息技术为基础的一体化的武器装备系统。其构成主要包括信息武器、单兵数字化装备和 C^4KISR 系统。

(1)信息武器系统,包括软杀伤型信息武器和硬杀伤型信息武器。软杀伤型信息武器,是指以计算机病毒武器为代表的网络攻击型信息武器和以电子战武器为代表的电子攻击型信息武器。这类武器已在海湾战争中开始使用。硬杀伤型信息武器,主要是指精确制导武器和各种信息化作战平台。信息化作战平台,装有大量的电子信息传感设备,并与 C^4KISR 系统联网。它们集侦察、干扰、欺骗和打击功能于一体,既可实施战场探测,为精确打击和各种战场行动提供目标信息,还可实施信息攻防作战,是信息化战争的重要物质基础。

(2) 单兵数字化装备,是指士兵在数字化战场上使用的个人装备,也称信息士兵系统。它由单兵计算机和无线电分系统、综合头盔分系统、武器分系统、综合人体防护分系统和电源分系统 5 个部分组成。信息化的士兵装备,既是战场网络系统的一个终端,也是基本的作战单元,具有人机一体化的远程传感能力、攻击和生存能力,能够实时实地为炮兵和执行空地作战任务的飞机提供数字化的目标信息。阿富汗战争中,美空军准确无误地对地面目标实施攻击,就是得益于特种作战部队装备的信息士兵系统将整个战场数字化网络连为一体,为其提供了及时准确的目标数据。单兵数字化装备的出现和运用,意味着陆军作战效能将出现革命性变化。

(3) C^4KISR 系统,是战场指挥、控制、通信、计算机、杀伤、情报、监视和侦察系统的简称,它把作战指挥控制的各个要素、各个作战单元粘合在一起,是军队发挥整体效能的"神经和大脑"。在信息化战争中,C^4KISR 系统是敌对双方的主要作战目标,围绕着 C^4KISR 系统展开的攻击和防护成为战争的重要作战行动。海湾战争具有划时代的意义,在人类战争史上,它是工业时代向信息时代过渡时期发生的一场战争,尽管还称不上完整意义上的信息化战争,但是它所显示的信息化战争的特征,在尔后的科索沃战争、阿富汗战争、伊拉克战争中,已经表现得十分清楚。

三、作战空间多维化

作战空间随着科学技术和武器装备的发展逐渐呈现出日益拓展的趋向。人类、战争史上由于飞机的问世和航空技术的发展,作战空间发生了第一次革命性变化,由陆、海平面战场发展为陆、海、空三维一体的立体战场。机械化战争中,交战的舞台主要是在陆、海、空等物理空间展开,重点是在陆地、海洋和空中进行。而信息化战争中,虽然活动的依托仍然离不开物理空间,但决定战争胜负的因素主要取决于信息空间。主要包括网络空间、电磁空间和心理空间。近期世界高技术局部战争的实践表明,信息化战争的作战空间明显拓展,呈现出陆、海、空、天、电等多维一体化趋势。信息化战争作战空间的这种多维性和复杂性,打破了传统的作战空间概念。

首先,物理空间超大无限。第一次世界大战中,决定战争胜负的马恩河战役、亚眠战役,战场范围仅有数百至数千平方千米。第二次世界大战中,决定战争胜负的维斯瓦河奥得河战役、柏林战役、诺曼底战役,战场范围也不过数万或数十万平方千米。而海湾战争,战场空间急剧扩展,东起波斯湾、西至地中海、南到红海、北达土耳其,总面积达到 1 400 万平方千米。阿富汗战争,其作战规模远不及海湾战争和科索沃战争,但其作战空间范围要远比海湾战争和科索沃战争大得多。美军在空中部署有各种侦察、预警飞机,全方位、全时段监视对方的所有行动。在外层空间利用多颗卫星组成太空侦测网,全面监视、搜寻塔利班和拉登的动向。随着军事信息技术的高速发展,未来信息化战争的作战空间将在目前陆、海、空、天的基础上进一步拓展。

其次,信息空间多维广阔。信息空间是一个全新的概念,它包括电磁空间、网络空间和心理空间,渗透于陆、海、空、天各个战场领域。由于信息和信息流"无疆无界",使得信息作战的领域大大突破了传统的战场界限,是一个超大无形、领域广阔的作战空间。

电磁空间是信息空间的重要组成部分。电磁战场被称作继陆、海、空、天之后的"第五维战场",是信息化战争的重要作战空间。

网络空间是人类进入信息社会的必然产物。信息时代的一个明显标志就是计算机和计算机网络技术的广泛应用。目前,国际互联网络将全世界170多个国家和地区的计算机网络连为一体。信息高速公路在全球范围内逐步建成,时空的概念正在急剧缩小。网络空间的出现,使地理上的距离概念和国家之间的地理分界线将在信息对抗中失去意义,凡是与网络空间相联系的目标都可能遭到攻击。

心理空间特别是决策者的思维空间是信息化战争的重要作战空间。心理是控制和决定人的行为的重要因素,心理空间的对抗倍受各国军队的重视。美军不仅编有心理战部队,而且正在研制"噪声仿真器""电子啸叫器"等专用心理战武器。美军在近期几场局部战争中都采取了军事打击与攻心并举的方针,成功地实施了心理战。战争的实践证明,心理空间作为信息作战空间的一个重要组成部分已体现得非常明显。

四、作战节奏快速化

时间是战争的基本要素。随着计算机、电子通信、卫星技术和信息化武器装备的发展,信息化战争的作战节奏和作战速度将比机械化战争大大提高,持续时间明显缩短,呈现出迅疾、短暂、快速化的特征。促使战争时间迅疾、短促的主要因素有三个:

一是战场信息流动加快,作战周期缩短。信息时代,数字信息技术广泛运用于战场侦察监测设备和信息快速传输网络,实现了信息的实时获取、实时传输、实时处理,使得信息流动速度空前加快,空间因素贬值,时间急剧增值,作战行动得以快速进行。在网络化的战场上,尽管基本作战程序和信息的流程没有发生根本变化,同样要经过发现目标、进行决策、下达指令、部队行动等环节,但这几乎都是实时同步进行的。

二是战争的突然性增大,时效明显提高。信息化战争中,各种信息武器具有快速的作战能力,使得作战行动的速度加快,时效性明显提高。

三是广泛实施精确作战,毁伤效能剧增。据有关资料介绍,1架F-16战斗机的毁伤效能相当于二战时30架B-17轰炸机的毁伤效能。海湾战争中,多国部队发射的精确制导弹药,虽然只占发射弹药总量的8%,却摧毁了约80%的重要目标。精确打击直接指向敌人的战争重心,迅速而有致命性,这必然使得作战时间短促,战争持续时间大为缩短。

此外,数字化战场的建立、部队机动能力的提高、受经济能力和战争目的的制约,等等,都是促使作战时间迅疾、短促、战争进程日趋缩短的重要原因。

五、作战要素一体化

信息化战争,一是作战力量一体化。通过信息网络和信息技术,可以将处于不同空间位置的各种作战能力联结成一个有机整体,形成一体化作战力量。二是作战行动一体化。信息化战争中的主要作战样式,是两个以上的军种按照总的企图和统一计划,在联合指挥机构的统一指挥下共同进行的联合作战,其作战行动具有一体化的特征。三是作战指挥一体化。信息化战争中,集指挥、控制、通信、计算机、杀伤、情报、侦察和监视为一体的 C^4KISR 系统,为作战指挥提供了准确的战场情报、快速的通信联络、科学的辅助决策、实时的反馈监控,从而使树状的指挥体制逐渐被扁平的网络化的指挥体制所代替,使作战指挥实现了一体化。四是综合保障一体化。为军队遂行作战任务而采取的作战保障、后勤保障、装备保障、政治工作保障等各项保障措施实现了一体化。

延伸阅读

网络中心战

网络中心战(network-centric warfare,NCW),是美国国防部所创的新军事指导原则,其以全球信息栅格技术为基石,将分散配置的作战要素集成为网络化的作战指挥体系、作战力量体系和作战保障体系,实现态势感知共享,最大限度地把信息优势转变为决策优势和行动优势,形成更加强大的战斗力。1996年美国海军首先发掘出"网络中心战"这一作战思想。1997年美国海军作战部长约翰逊上将正式提出网络中心战这一概念,之后美国将网络中心战这一作战思想正式写入美国国防政策报告中,作为美军未来的主要作战模式。网络中心战的作战思想建立在先进的通信、情报、监视技术手段的基础上,充分实践"5Right"构想,即在正确的时间、正确的地点,将正确的信息以正确的方式传送给正确的接受者,力求将信息优势转化为决策优势,并最终实现对战场态势的全谱优势。

六、作战指挥扁平化

机械化战争的指挥体制,主要以作战部队多层次纵向传递信息的树状指挥体制为主。这种指挥控制网络就像大工业生产按行业、按流水线建立的控制体系一样,其特征是金字塔状,下面大、上面小,所有来自前线的敌我双方的情报信息,必须逐级向上汇报,上级的指示精神和命令也按照这样的树状模式逐级下达到前线或基层,是一种典型的逐级指挥方式。信息化战争的指挥体制,趋向作战单元与指挥控制中心横向传递信息的"扁平网络化"结构。在纵向上,从最高指挥机构到基层分队所形成的逐级控制关系虽仍然存在,但是,单兵数字化指挥控制系统成了指挥体系的最小层次。在横向上,各指挥系统间的横向联系更加紧密,它不仅包括平地指挥机构之间的联系,还包含非同一层次间指挥机构的横向联系;不仅包括不同军兵种各层次指挥机构的联系,还包括同一军兵种平行指挥层次指挥机构间的联系。指挥控制近乎实时,效率大大提升。

七、作战行动精确化

信息化战争中,在多层次、全方位、全时空的情报、侦察和监视网络的支持下,使用大量的精确制导武器,使各种作战行动的精确化程度越来越高。一是精确侦察、定位和控制。精确侦察、定位和控制是实现精确打击的前提和基础。二是精确打击。精确打击是信息化战争精确化的核心内容,它是靠提高命中精度来保证作战效果,而不是通过增加弹药投射的数量去增强作战效果。三是精确保障。就是充分运用以信息技术为核心的高技术手段,精细而准确地筹划、实施保障,高效运用保障力量,使保障的时间、空间、数量和质量要求尽可能达到精确的程度,最大限度地节约保障资源。

第三节　信息化战争的发展趋势

从世界范围看,战争形态正处在一个从机械化战争向信息化战争过渡的转型期。因此,在当前条件下,要准确地预测信息化战争的发展趋势还比较困难。然而,历史的发展有其自身的逻辑轨迹。运用历史唯物主义的方法,我们仍然可以大致地勾画出未来信息化战争的发展趋势。

一、战争的表现形式不断拓展

传统的战争概念,主要指阶级、民族政治集团和国家之间为达到一定的政治和经济目的而进行的武装斗争。而未来的信息化战争将在战争的暴力性、战争的层次以及战争的主体等方面发生重大的变化,从而使传统的战争概念受到冲击,战争的表现形式有了很大的拓展。

(一)战争的外在破坏性减弱

传统的战争理论认为:"战争是流血的政治。"但未来的信息化战争中,由于各种经济活动和社会活动的高度计算机化、信息化和网络化,社会的经济生活和政治生活更多地依赖于各种信息系统。战争则有可能成为不流血或少流血的政治。像支撑社会经济和政治活动的金融系统、能源系统、交通系统、通信系统和新闻媒介系统等,都是以计算机为基础的信息网络系统。信息和信息系统既是武器,也是交战双方攻击的主要目标。而只需通过网络攻击、黑客入侵和利用新闻媒介实施大规模信息心理战等"软"打击的方式,就可以破坏敌方的计算机信息网络,瘫痪敌方指挥系统,瘫痪敌国经济,制造敌方社会动乱,把战争意志强加给对方,以不流血的形式换取最大的政治和经济利益。在使用各种"硬"摧毁手段的作战中,进攻一方也不再以剥夺敌国的生存权利或完全夺占敌方的领土等作为最终目标，而是注重影响对手的意志，尽可能地减少战争的伤亡，力争以最小的伤亡代价换取最大的胜利。战争的直接暴力性将会减弱，传统战争的直接暴力行动，将被"软"打击行动所替代。

（二）战争的层次更加模糊

在未来信息化战争中，战争的战略、战役和战术层次会逐渐模糊。一方面，战役或战术行动具有战略意义。由于大量信息化、智能化装备和系统的集中运用，武器装备的作战效能越来越高，精确打击和信息战等作战行动对敌方军事、政治、经济和心理的攻击威力越来越大，因而小规模的作战行动和高效益的信息进攻行动就能有效达成一定的战略目的。这使得战争进程更为短暂，战争与战役甚至战斗在目的和时空上的趋同性更为突出。另一方面，作战行动将主要在战略层次展开。信息化战争不再是从战术突破到战役突破再到战略突破，而是战争一开始，打击的对象就将主要集中于关乎敌方政治、经济和军事命脉的重要战略目标。尤其是在信息化战争中起主导作用的战略信息战，它对敌方经济和政治信息系统的攻击，以及对敌方民众和决策者心理的攻击，更具有全纵深和全方位的性质。超视距的非接触作战和大规模的信息进攻将成为未来信息化战争的主要行动样式。

先进的信息系统可以保障战略决策也可以直接指挥战术行动，战术行动可以实现战略决策。科索沃战争中，战争主要是由战略性空中打击构成的。这使得空间对战略目标的防卫和屏障作用基本消失，首先遭到攻击的将是战略纵深的重要目标，前沿（战斗地域）、纵深（战役地幅）和战略后方的线式划分已失去原有的意义。

（三）战争的主体多元化

传统的战争主要发生在国家和政治集团之间，战争打击的目标主要是对方的军事力量和战争潜力，战争的主体是军队。而在信息时代，由于信息技术和信息系统高度发展，计算机网络联通了整个世界，使得整个世界的政治、经济、科技和文化的联系日益密切，国家的安全受到来自多方面、多种势力的威胁，表现出易遭攻击的脆弱性。实施信息攻击的主体既可能是军队，也可能是社会团体，还可能包括恐怖组织、贩毒集团和宗教极端分子。

随着科学技术的发展，使制造常规弹药易如反掌，制造核武器、化学武器和生物武器的技术也越来越多地被人们了解和掌握，这就使一些社会团体和组织，不仅可以掌握和使用常规武器，而且也有可能掌握和使用核化生武器，以及掌握和使用计算机病毒等信息武器。因此，这种情况使国家安全面临着严峻的挑战，并使得发动和从事战争的主体呈现出多元化的特征。当战争爆发时，受到攻击的一方，可能难以判明谁是真正的对手，也难以迅速做出有效的反应和反击。战争不仅会在国家与国家之间展开，而且也可能在社会团体与社会团体之间、社会团体与国家之间、少数个人与社会团体之间展开。为了应对这种挑战，仅仅依靠军队力量是不够的，还必须依靠社会的各种力量，进行广泛的全民战争。

二、战争的威力极大提升

战争的发展，从某种意义上说其实就是作战效能不断提升的历史。核武器的出现，使热兵器作战效能的发展走到了极限。人类对武器作战效能的追求，反而使得具有最大杀伤威力的核武器无法在实战中运用。然而人类并没有放弃对武器作战效能的追求，大量信息化武器和新概念武器的出现和运用，将使未来信息化战争具有亚核战争的威力。

首先，信息化时代的军事技术将把常规作战效能推到极致。未来信息化战争的常规作战效能将是建立在军事工程革命、军事探测革命、军事通信革命和军事智能革命已经完成或基本完成的基础之上。在这四大军事技术革命中，军事工程革命的起步最早。军事工程革命已经使传统武器装备跨越空间的距离和速度基本达到物理极限。军事探测革命将使得侦察、探测的空域、时域和频域范围大大扩展，使对作战行动的感知、定位、预警、制导和评估达到几乎实时和精确的极限。军事通信革命将在未来信息化战争中实现军事信息的无缝链接和实时传输，使各指挥机构和部队、各侦察和作战平台之间达到在探测、侦察、跟踪、火控和指挥方面的信息畅通，真正实现实时指挥和控制。军事智能革命将真正实现作战指挥活动和作战行动的自动化和智能化。智能化指挥系统将使指挥控制活动的准确性和时效性大幅度提高。作战平台将集发现、跟踪、识别和自主发射为一体。智能化弹药将具有自动寻的和发射后不管功能，远程打击的精度将达到米级。同时大量高度智能化的机器人将投放战场，使指挥活动和作战行动的效率接近极限。

其次，大量新概念武器的使用将使信息化战争的作战效能具有亚核效果。在信息化时代，随着科学技术的进一步发展，大量新概念武器会不断出现和应用于战争。这些新概念武器具有完全不同的杀伤和破坏机理，它不以大规模杀伤对方人员的生命为目标，而是通过使对方的作战人员和武器装备丧失作战功能，或通过改变敌国的生态和自然环境来达成战争目的。

新概念武器中具有大面积破坏与毁伤效果的主要有次声波武器、电磁脉冲武器、激光武器和气象武器等。次声波武器具有洲际传送能力，并且可以穿透10多米厚的钢筋混凝土，因此作用范围极广。在高空施放的电磁脉冲弹可以在瞬间使大范围的电子设备丧失功能。在信息化战争中，大量新概念武器装备虽然不具备核武器那种大规模、大范围的物理杀伤和破坏作用，但它所拥有的精确摧毁能力、系统集成能力、战场控制能力和高效达成战略目的的能力是核武器所无法相比的。从这个意义上说，信息化战争具备了亚核战争的威力。

三、军队将向小型化、一体化和智能化方向发展

在未来信息化战争中，伴随着新军事革命的步伐，军队的发展趋势将是高度的小型化、一体化和智能化。

（一）军队的规模将加速小型化

未来信息化战争中，先进的信息化系统和远距离的投送能力为军队的小型化奠定了基础。由于军队的作战能力将成指数增长，小规模的高度一体化和智能化的军队，即可达成战略目的。因此，未来军队的组织体制在数量规模上将具有两个基本的发展趋向：

（1）军队的总体规模将大幅度缩小。随着军队的信息化程度和作战能力的不断提升，缩减军队规模将是必然的趋势，拥有庞大的常备军将成为历史。

（2）作战部队的建制规模将更加小型灵巧。未来军和师的编制将可能最终消亡，旅、营或更低级别的战术单位将成为主要的作战建制，并可能出现按作战职能编成的小型作战群或能够同时在陆、海、空等多维空间作战的一体化的小型联合体。为适应未来信息化战争的需要，一些技术密集、小巧精干的新型兵种作战单元也将相继出现并逐步增多。

（二）军队的编成将高度一体化

未来信息化战争是高度一体化的作战。未来军队编成的一体化，将主要表现为按照系统集成的观点，建立"超联合"的一体化作战部队。为此，未来军队组织的编成，将按照侦察监视、指挥控制、精确打击和支援保障四大作战职能，建成四个子系统，即探测预警子系统、指挥控制子系统、作战子系统和支援保障子系统。探测预警子系统将所有天基、空基、陆基和海基侦察监视平台和系统联为一体，完成对作战空间全天候、全方位的实时感知；指挥控制子系统把所有战略级、战役级和战术级指挥控制和通信系统联为一体，将对作战空间的感知信息转变为作战决策和控制；支援与保障子系统为作战行动提供实时精确的保障。这四个子系统的功能紧密衔接，有机联系，构成一个一体化作战系统。

按照这个思路构建的军队，将从根本上抛弃工业化时代军队建设的模式，革除偏重发挥军种专长和追求单一军种利益的弊端，使作战力量形成"系统的系统"或"系统的集成"，从而能够充分发挥整体威力，实施真正意义上"超联合"的一体化作战。

（三）军队的指挥与作战手段将高度智能化

信息化发展的高级阶段是智能化，因此信息化战争的发展趋势之一就是实现指挥平台与作战手段的高度智能化。随着纳米技术的发展，军用微型机器人将大量地投放于战场，执行侦察探测、信息传递、破袭敌电子设备和武器系统以及杀伤敌作战人员等任务。

一是指挥控制手段的高度自动化和智能化。其标志是 C^4KISR 系统的高度成熟与发展。未来的 C^4KISR 系统将真正实现侦察监视、情报搜集、通信联络、火力打击和指挥控制的无缝链接，成为作战指挥与控制的信息高速公路，可以高度自动化地确保指挥员近实时地感知战场，定下决心，协调、控制部队和武器平台的作战与打击行动。C^4KISR 系统的高度发展，将使军队指挥员观察战场和指挥作战的能力大幅度提高。计算机是自动化指挥控制系统的核心，是实现智能化作战指挥的基础。随着高技术群体的不断发展，未来将相继出现智能计算机、神经网络计算机、光计算机、高速超导计算机、生物计算机等新概念计算机，将使人工智能技术迈上新的台阶。由运算、存储、传递、执行命令转向思维和推理；由信息处理转向知识处理；由代替和延伸人的手功能转向代替和延伸人的脑功能。从而为作战指挥控制提供更加先进的智能化手段，使作战指挥与控制进入自动化、智能化时代。

二是大量智能化的武器系统和平台将装备军队，投入作战。在未来信息化战争中，具有发射后不管和自动寻的功能的智能化弹药将得到更加广泛的运用；无人驾驶的智能化坦克、飞机和舰船也将规模化投入战场。无人机在阿富汗战争中已经发挥了重要的作用。尤其值得关注的是，众多类型不同、功能各异的机器人将投入战场。特别是随着纳米技术的发展，机器人的概念将发生根本性的变化。大量微型和超微型的机器人，可能在战争中大规模地投放于战场，执行侦察探测、信息传递、破袭敌电子设备和武器系统，以及杀伤敌作战人员等任务。

三是许多作战行动将发生在智能化领域。在传统的机械化战争中，虽然在智能化领域也存在着敌我对抗活动，如敌我之间的谋略对抗就是一种思维对抗，但这种对抗是间接的，需要用部队真实的作战行动才能表现出来。然而，在未来的信息化战争中，由于信息战的广泛运用，智能化领域将会发生激烈的对抗。知识、信息和思维这些智能化的范畴，既有可能是作战所使用的手段，也有可能是作战所要打击的目标，因此在智能化领域将会发生大量的直接对抗的作战行动。为了阻止敌方及时制定出正确的作战决心，不仅需要采用谋略行动欺骗敌方，而且更需要采取信息攻击手段，直接打击敌方的 C^4KISR 系统，破坏敌方的决策程序。

第四节　信息化战争与国防建设

信息化战争的到来，加剧了世界各国战略力量对比的不平衡性，增大了发展中国家战略选择的难度，特别是对我国国防建设与发展提出了严峻挑战。对此，我们必须立足当前，着眼未来，从发展的角度搞好国防和军队的信息化建设，以求在未来信息化战争中立于不败之地。

一、国防建设要适应军队信息化建设的发展

机械化战争的制胜理念是消耗敌人、摧毁敌人，大量歼灭敌人的有生力量；而信息化战争的制胜理念是控制敌人、瘫痪敌人，通过破击敌人作战体系，达到巧战而屈人之兵的目的。机械化战争中，万炮轰鸣的火力倾泻为主要打击手段；而在信息化战争中，实施精确打击为首要选择。国防建设是军队打赢信息化战争的重要基础。因此，我们在

考虑国防建设和经济建设时，从宏观规划到人力、物力和财力的动员，从经济基础建设到国防工程、交通信息、防汛和医疗卫生等建设，都必须与打赢信息化战争通盘考虑、规划和建设。

战争形态的发展变化，给我们带来的挑战首先是观念上的影响和冲击，强烈要求我们必须适应这种不可抗拒的变化，树立与打赢信息化战争相适应的观念，为国防现代化提供有效的建设理念和指导方法。认识只有跟上时代变化才能占据主动，理念只有适应形势才能把握先机。应对信息化战争形态带来的挑战，只有确立与打赢信息化战争相适应的思维方式，强化信息制胜意识，用源于实践、高于实践的先进理论指导实践，用创新的观念谋求国防和军队的建设发展，才能使国防建设适应军队的信息化建设。

二、大力加强国家信息基础建设

在信息时代，国家的信息基础建设是国家战略能力的重要组成部分。国家战略能力，是指一个国家在需要进行战争或应对突发事件时所能调动的各种力量的总称。加强国家战略能力建设，也是胡锦涛同志提出的一个重要战略思想。

完善的国防信息基础设施是国防信息化的基础，如果没有快速、准确和高效的国防信息基础设施，就不可能真正实现国防和军队的信息化。加强国防信息基础设施建设，要促使传统的军事通信网向一体化指挥控制平台过渡，逐步实现综合、智能和"无缝"的国防信息网络；支持各级指挥员在任何时间、任何地点获取作战指挥信息；满足信息战争需求提供支撑和保障。

国家的信息基础建设是军队信息化建设的基石，是打赢未来信息化战争的重要支撑。因此，必须把加强国家的信息基础建设作为应对信息化战争的首要举措。当前，我国信息基础设施建设，已获得了长足的发展。在交通、金融和通信等主要行业的信息化水平，我国已经接近发达国家；在数字地球领域，我国和发达国家处在同一起跑线上。但与发达国家相比，在许多方面我国仍存在差距。因此，必须下大力加强我国的信息基础建设，努力提升我国的国家战略能力。

信息基础建设的重点应主要放在三个方面：一是努力发展以微电子技术、计算机技术和通信技术为主体的信息技术，这是一个国家信息基础建设的基础。二是加快国家大型网络系统建设。三是大力开发各种软件技术。目前我国软件技术的研制、开发能力远远落后于发达国家，与一些发展中国家相比也不占优势。此外，国家信息安全的防护，在相当程度上是由先进的软件技术来保障的。因此，应加大研制和开发软件技术的资金、技术和人力投入，使我国在软件技术上跻身于世界先进行列。因此，必须把加强国家的信息基础建设作为应对信息化战争的首要措施。

三、努力培养国防信息化人才队伍

人才是强国兴军之本，决定未来信息化战争胜负的是高素质国防和军队信息化人才。随着信息技术的飞速发展和在社会各领域的广泛运用,信息科技人才的紧缺已经成为一个世界性问题。必须加大力度,努力培养新型国防信息化人才,为我军打赢信息化战争提供强大的智力支撑。为此,我们必须把国防信息化人才队伍的培养工作作为国防信息化建设的根本大计,树立超前意识,构建我军新型的国防信息化人才培养体系,抓紧培养复合型人才,尽快缩小与发达国家军队在人员素质上的"知识差",以适应国防信息化建设和未来信息化战争的需要。

我国信息技术人才的匮乏突出。必须下大力采取多种有效措施加强国防信息技术人才的培养、引进与保留,建设一支雄厚的信息人才队伍,确保我国的信息基础建设能够持续不断地发展。一方面,要依托地方高校进行信息化人才的双向培养;另一方面,军事院校教学中要加大高新技术知识的比重,提高部队信息化条件下的训练水平,创造良好的信息化环境和信息化文化氛围。

 延伸阅读

我军人才培养制度的重大改革

2000年5月,国务院、中央军委颁发了《关于建立依托普通高等教育培养军队干部制度的决定》,把军队部分生长干部和现役干部的培养提高,作为普通高等教育的一项任务。通过建立制度,制定和完善政策、法规,逐步扩大选拔培养的数量,提高培训质量,保证军队有稳定可靠的高素质人才来源。计划要求到2010年,基本实现军队的军地通用专业技术干部主要由普通高等教育培养,并选拔适量普通高等学校毕业生补充到指挥岗位,从根本上改善和提高军队干部队伍的知识结构和科学文化水平,形成符合我国国情、具有我军特色的军事人才培养体系。2008年4月,中央军委印发《关于加强和改进军队干部培训工作的意见》,明确提出健全完善以逐级培训为主体、岗位培训为补充、培训与使用相一致的全程全员培训体系,形成院校教育与部队训练衔接、军事教育与依托国民教育并举、国内培养与国外培训结合的格局。

四、加速推进国防和军队信息化建设的进程

我军在加强军队机械化建设的同时,必须乘国家加快经济和社会信息化发展之势,加快国防和军队信息化建设,实现跨越式发展。如果按部就班地在完成机械化建设后再进行信息化建设,就会坐失良机,无法赶上西方发达国家和军队建设的步伐。推进国防和我军信息化建设的进程,必须解决好两个问题:

首先,要树立信息主导的思想。观念是行动的先导,一是确立信息化在军队建设中的主导地位,全面推进国防和军队的信息化建设。二是树立"系统集成观"。要用大系统的观念来筹划军队建设。在"作战力量"建设上,强调加强作战空间预警、C^4KISR和精确使用作战武器;在战场准备上,要求建立数字化战场;在部队建设上,要求建立数字化部队;在装备建设上,要求积极推行"横向技术一体化"。三是树立"虚拟实践

观"。虚拟现实技术的发展,为人们"虚拟实践"提供了可能。人们可以面向未来,创造一种"人工合成环境",在实验室里"导演"战争,主动适应未来。为此,美、英等国军队建立了许多"战斗实验室""作战模拟实验室"和"作战仿真实验中心",等等。

其次,要实现我军信息化建设的跨越式发展。国防和军队的信息化建设是一个十分复杂的系统工程。我军信息化建设要抓住三个重点:一是要大力发展信息化武器装备。我军一方面要致力发展信息化武器装备;另一方面要在信息化弹药、信息化作战平台、专用信息战武器三个方面取得突破性进展,这样才能缩小与发达国家的时代差。二是要大力推进数字化部队建设。在建设思路上要突出我军的特色,走出一条投入少、周期短、效益好的发展路子。三是要大力加强数字化战场建设。数字化部队和数字化战场是信息化战争的两大支柱,有了数字化战场,数字化部队才有可靠依托。我军数字化战场建设,应充分运用空间基础数据建设成果,将导航定位、天基立体测绘和时间基准、地球心坐标系统相统一,建设成能够覆盖整体作战空间的多维信息获取系统,形成平战结合、诸军一体的战场信息系统,推进我军的国防和信息化建设。

"历久远而不衰,临绝地而再造,逢机遇而勃发",这不仅是中华民族的伟大精神,也是中国军队的突出特征。在信息时代的军事斗争中,更需要这种伟大精神。

 **思考题**

1. 什么是信息化战争?
2. 信息化战争的产生与形成有哪些动因?
3. 信息化战争有哪些基本特征?
4. 信息化战争的发展趋势是什么?
5. 谈谈如何加强国家和军队的信息化建设。

军事技能篇
JUNSHI JINENG PIAN

第六章 条令条例教育与训练

条令是用简明条文规定并以命令形式颁布的关于军队战斗、工作、生活方面的法规和行动准则。军队是一个高度集中的武装集团，有了各种条令，就能规范自己的行动，协调一致的动作，增强战斗力。反之就会成为一盘散沙，无法确保各种任务的完成。

中国人民解放军的条令主要是指共同条令、战斗条令、军兵种条令等。其中《内务条令》《纪律条令》和《队列条令》这三大共同条令是依据我军的性质和宗旨，以立法的形式规定了军人的基本职责、军队内部关系和军事行政管理制度，它是军人日常训练、工作、生活的准则，是军队建设的基本依据。

现行的《内务条令》《纪律条令》和《队列条令》，于2010年5月4日经中央军委常务会议通过，自2010年6月15日起施行。

第一节 《内务条令》

一、《内务条令》简介

《内务条令》是规定军队内部关系、生活制度和军人职责的条令，是全军进行行政管理教育的重要依据。

该条令共有总则，军人宣誓，军人职责，内部关系，礼节，军人着装，军容风纪，与军外人员交往，作息，日常制度，值班，警卫，零散人员管理，日常战备和紧急集合，后勤日常管理，装备日常管理，营区管理，野营管理，常见事故防范，国旗、军旗、军徽的使用和国歌、军歌的奏唱，附则等21章62节420条。该条令还有军旗、军徽、军歌、报告词示例、着装序号、军服的配套穿着和标志、标志服饰缀钉方法、连队宿舍内物品放置方法、连队要事日记式样、外出证式样、军人发型示例等11项附录。

该条令根据我军新时期的总任务，从加速建设现代化、正规化的革命军队的客观需要出发，进一步强调了坚持党对军队的绝对领导，保证党的路线、方针、政策的贯彻执行，使部队在思想上、政治上、行动上同党中央、中央军委保持高度一致；突出了战斗队思想，坚持以军事训练为中心，以正规化建设为重点，统筹安排各项工作；贯彻了"建立正规的内务制度和良好的战备、训练、工作、生活秩序，加强装备物资和军事设施的管理，努力提高军队适应现代化战争的作战能力"的内务建设原则。它是我军在新的历史条件下,建立、维护良好的内外关系和正规的内务制度,履行职责,进行管理教育,培养优良作风的依据,是军队生活的准则。

二、《内务条令》的主要规定

我军新一代《内务条令》继承和发扬了我军优良传统,吸收了我军建设和改革的新鲜经验,更加符合我国国情和具有我军特色。《内务条令》的主要内容体现在以下几个方面。

(1) 重申了我军的性质和任务。中国人民解放军是中国共产党缔造和领导的,用马克思列宁主义、毛泽东思想和包括邓小平理论、"三个代表"重要思想以及科学发展观等重大战略思想在内的中国特色社会主义理论体系武装的人民军队,是中华人民共和国的武装力量,是人民民主专政的坚强柱石,担负着巩固国防、抵抗侵略、保卫祖国、保卫人民的和平劳动、参加国家建设事业的任务。

(2) 明确了内务建设的基本任务。中国人民解放军内务建设,是军队进行各项建设的基础,是巩固和提高战斗力的重要保证,其基本任务是:每个军人明确和认真履行职责,维护军队良好的内外关系,建立正规的战备、训练、工作、生活秩序,培养优良的作风和严明的纪律,保证军队圆满完成任务。

(3) 规定了内务建设的基本原则。必须坚持人民军队的性质。我军是中国共产党领导的人民军队,全心全意为人民服务是我军的建军宗旨。实现官兵一致、军民一致、军政一致的原则,实现政治民主、经济民主、军事民主,保证军队忠于党、忠于社会主义、忠于祖国、忠于人民。必须坚持以提高战斗力为根本标准。军队的本质属性,决定了我军的一切工作都要围绕提高战斗力这个目的来进行。必须坚持政治工作的生命线地位。必须坚持党对军队的绝对领导,发挥党委的核心领导作用和党支部的战斗堡垒作用,保证内务建设的正确方向;通过开展马列主义、毛泽东思想、邓小平理论、"三个代表"重要思想以及科学发展观的教育,使部队在思想上、政治上、行动上与党中央保持高度一致。加强社会主义精神文明建设,培养有理想、有道德、有文化、有纪律的革命军人,塑造军队文明之师、威武之师、胜利之师的良好形象。必须坚持依法治军、从严治军的方针原则。严格遵守国家法律、法规,按照军队的条令、条例统一内务建设和规范军人的行为,实施科学管理,建立正规秩序,增强军队的组织性、计划性、准确性、纪律性,保持军队的高度集中统一和安全稳定。必须坚持继承和发扬优良传统。在管理教育工作中应当做到:服从命令,听从指挥;官兵一致,尊干爱兵;发扬民主,依靠群众;严格要求,赏罚严明;说服教育,启发自觉;公道正派,不分亲疏;艰苦朴素,廉洁奉公;干部带头,以身作则;团结紧张,严肃活泼;拥政爱民,军民团结。

(4) 规定了军人入伍宣誓制度。军人宣誓,是我国公民履行兵役义务、成为中国人民解放军军人时,向祖国和人民表达自己誓愿的一种庄严仪式,是军人对自己肩负的神圣职责和光荣使命的承诺和保证。

(5) 规定了军人职责。军人职责,是指军人在各自的职位上应当承担的责任和义务,是军人在公务活动中的行为准则。《内务条令》对军人的职责分为四类:士兵职责、军官职责、首长职责、主管人员职责。军人职责具有法定性、阶级性和强制性,是军队对军人在公务活动中的行为规范。

(6)规定了军队内部关系。主要规定了军人相互关系、官兵关系、机关相互关系、部队(分队)相互关系。强调部属、下级必须服从首长、上级,首长有权对部属下达命令,部属、下级必须坚决执行命令。在我军内部关系中,官兵关系是军队内部关系的基础。中国人民解放军军官、文职干部和士兵,必须按照官兵一致的原则,互相尊重,互相爱护,互相帮助,同心协力地完成任务。

(7)规定了军人的行为举止。军人的行为举止,是对军人的着装、仪容、称呼、举止、礼节和对外交往等方面规定的总称;是军人外在形象的标准,是建立正规生活秩序不可缺少的基础。军人着装强调整齐划一,反映军队整体美的气势,要符合军队的特点和军人的身份。军人相互间的称呼有特定的要求,体现了军队指挥、领导关系的严肃性。军人的举止是一种特殊的行为姿态。在言谈举止中应表现出庄重、严肃、文明、礼貌,充分反映出军人的风度和内在气质。军人礼节是表现尊重和敬意的形式,有举手礼、注目礼和举枪礼。

(8)规定了日常管理制度。《内务条令》对作战、训练、值勤及日常活动各个方面、各个环节的秩序,都做了严格、明确、具体的规定。一是关于日常生活秩序方面的制度。主要有军营一日时间分配、连队及机关的一日生活、会议、请示报告、连队内务设置、登记统计、请假销假、查铺查哨、军官留营住宿、点验、交接、接待、证件和印章管理、保密等规定。规范日常生活的具体环节,是军队职能的客观要求。二是关于装备管理方面的制度。主要包括在编和在部队封存的武器装备的存放、保管、维护、检查及正确使用等规定。武器装备管理与保持部队良好战备状态有着密切的联系,只有坚持武器装备的使用、维护、保养等制度,才能保持部队良好的战备状态。三是关于生活管理方面的制度。如"财务和伙食、农副业生产管理""卫生"和"营区、营产管理"等。四是战备秩序方面的制度。如"值班""警卫""日常战备和紧急集合""野营管理"等,目的是使部队在日常生活中保持戒备,一旦需要,可迅速由平时状态转入战时状态。

(9)规定了国旗、军旗、军徽的使用和国歌、军歌的奏唱。

第二节 《纪律条令》

一、《纪律条令》简介

《纪律条令》是规定军队纪律的条令,是全军维护和巩固纪律的依据。

该条令共有总则、奖励、处分、特殊措施、控告和申诉、首长责任和纪律监察、附则等 7 章 15 节 179 条；并有三大纪律、八项注意，个人奖励登记（报告）表，单位奖励登记（报告）表，处分登记（报告）表，行政看管审批表，行政看管登记表，士官留用察看审批表，控告、申诉登记表等 8 项附录。

该条令继承了我军维护和巩固纪律的优良传统，指出："军人在任何情况下，都必须严格遵守和自觉维护纪律。"条令贯彻了严格治军、依法治军的思想，规定了中国人民解放军纪律的基本内容和要求，体现了党的十一届三中全会以来的路线、方针、政策和国家宪法、法律有关精神，反映了我军新时期的特点和广大指战员的要求。《纪律条令》的贯彻执行，对于培养军人高度的组织纪律观念、自觉服从命令、听从指挥、令行禁止、协调一致、团结自己、战胜敌人、巩固和提高部队战斗力、保证各项任务的完成，具有十分重要的作用。

二、《纪律条令》的主要内容

我军的纪律是建立在政治自觉基础上的严格的纪律，是军队战斗力的重要因素，是坚持人民军队的性质、宗旨，团结自己、战胜敌人和完成一切任务的保证。《纪律条令》的主要内容体现在以下几个方面。

（1）规定了纪律的基本内容和基本要求。纪律的基本内容包括：执行中国共产党的路线、方针、政策；遵守国家的宪法、法律、法规；执行军队的条令、条例和规章制度；执行上级的命令和指示；执行三大纪律、八项注意。纪律的基本要求：听从指挥，令行禁止；严守岗位，履行职责；尊干爱兵，团结友爱；军容严整，举止端正；提高警惕，保守秘密；爱护武器装备公物；廉洁奉公，不谋私利；拥政爱民，保护群众利益；遵守社会公德，讲究文明礼貌；缴获归公，不虐待俘虏。

（2）规定了维护和巩固纪律应坚持的原则。维护和巩固纪律，必须贯彻毛泽东军事思想、邓小平新时期军队建设思想、江泽民国防和军队建设思想、胡锦涛关于新形势下国防和军队建设重要论述，落实政治合格、军事过硬、作风优良、纪律严明、保障有力的总要求，发扬听党指挥、服务人民、英勇善战的优良传统，坚持官兵一致、上下一致、严格管理、严格要求，说服教育、启发自觉，公正无私、赏罚严明的原则。

（3）规定了军人维护军队纪律和国家法律的责任与义务。军人在任何情况下，都必须严格遵守和自觉维护纪律。本人违反纪律被他人制止时，应当立即改正；发现其他军人违反纪律时，应当主动规劝和制止；发现他人有违法行为时，应当挺身而出，采取合法手段坚决制止。

（4）规定了奖励的目的、原则和奖励的项目。奖励的目的在于鼓励先进，维护纪律，调动官兵的积极性、创造性，发扬爱国主义、共产主义和革命英雄主义精神，保证作战、训练和其他各项任务的完成。各级领导和机关在实施奖励时必须坚持"严格标准，按绩施奖；发扬民主，贯彻群众路线；以精神奖励为主，物质奖励为辅"的原则。对个人和单位的奖励项目有：嘉奖、三等功、二等功、一等功、荣誉称号。

（5）规定了处分的目的、原则和处分的项目。处分的目的在于严明纪律，教育违纪者和部队，加强集中统一，巩固和提高部队战斗力。处分应当坚持"依据事实，惩戒恰当；惩前毖后，治病救人；纪律面前人人平等"的原则。对士兵的处分项目有警告、严重警告、记过、记大过、降职或者降衔、撤职、除名、开除军籍；对军官和文职干部的处分有警告、严重警告、记过、记大过、降职（级）或者降衔（级）、撤职、开除军籍。

（6）规定了维护纪律的特殊措施。根据新形势下军队维护纪律的需要，条令规定了几项措施。包括行政看管、士官留用察看和其他措施。行政看管是一种维护秩序、制止严重违纪行为和预防事故的措施。它能够及时制止违纪者的错误行为，并为其提供冷静思考和自我反省的条件，有利于被看管者改正错误。特殊措施是防范措施，主要适用于有打架斗殴、聚众闹事、酗酒滋事、持械威胁上级或他人、违抗命令、严重扰乱正常秩序等行为的人员，或确有迹象表明可能发生自杀、行凶问题的人员。

（7）控告和申诉。控告和申诉是军人的民主权利，是维护军纪的一种手段。随着民主与法制建设的发展、军人民主意识的增强，需要进一步完善这方面的规定，以保护军人的民主权利与合法权益。这既是广大官兵的愿望，也是加强纪律建设的需要。条令规定，军人对违法违纪者有权提出控告；认为给自己的处分不当或合法权益受到侵害的，有权提出申诉；对控告人打击报复者，应当给予处分。

（8）规定了各级首长维护纪律的责任和纪律监察。条令要求各级首长以身作则，严于律己，严格遵守和执行纪律，经常对部属进行纪律教育，增强官兵的法纪观念，有针对性地进行作风纪律整顿。此外，条令还规定了首长滥施奖惩应承担的后果。监察是管理的重要职能，为加强廉政建设，保证各级首长正确实施奖惩，《纪律条令》规定了首长、机关、群众相结合的监察制度。

第三节 《队列条令》

一、《队列条令》简介

《队列条令》是规定部队和单个军人队列动作的条令，是全军队列训练和队列生活的依据。

该条令共有总则，队列指挥，队列队形，单个军人的队列动作，班、排、连、营、团的队列动作，分队乘坐汽车、火车、舰（船）艇和飞机，敬礼，国旗的掌持、升降和军旗的掌持、授予与迎送，阅兵，晋升（授予）军衔、授枪和纪念仪式，附则等11章71条。该条令还有队列口令的分类、下达的基本要领和呼号的节奏，队列指挥位置示例，标兵旗的规格，符号等4项附录。

《队列条令》从适应我军优良作风的培养和技术、战术训练的需要出发，对军队的队列训练和队列生活作了具体规定，指出"本条令是中国人民解放军队列生活的准则和队列训练的基本依据。全体军人必须严格执行本条令,加强队列训练,培养良好的军姿、严整的军容、过硬的作风、严格的纪律性和协调一致的动作,促进军队正规化建设,巩固和提高战斗力"。要求全体军人必须参加队列训练,并在日常生活中,自觉地严格执行条令的规定,做到教养一致。

队列训练,是按照《队列条令》的规定,对单个军人和部(分)队进行的训练,是战斗动作的基础,是培养战斗力的一种必要形式。其目的是保持正确的军人姿态和严整的军容,养成整齐划一、令行禁止和严守纪律的习惯,培养迅速、准确、协调一致行动的作风,为训练、作战打下良好基础。

二、《队列条令》的主要内容

《队列条令》是规范我军队列活动和队列训练的法规,队列动作、队列队形、队列指挥、队列纪律是其基本内容,也是军人、分队和部队队列活动的四个要素。

(1) 队列动作。队列动作,即军人、分队和部队按照队列条令规定的要领所进行的动作。我军的队列动作是在长期革命战争和军队建设过程中,为适应部队正规化建设和纪律作风的培养以及技术、战术训练的需要而逐步形成的。它可以分为单个军人和集体两种,其中又可以分为徒手和携带枪械两种情况。单个军人队列动作主要包括:立正、稍息、停止间转法、步法行进、坐下、蹲下、敬礼等。

(2) 队列队形。队列队形,是军人在集体共同行动时,按照《队列条令》规定所采取的列队形式,简称队形。它是部队列队的依据,条令规定了以下三种基本队形。

横队队形,即正面宽度大于纵深长度的队形。通常用于集合、讲话和训练等场合。

纵队队形,即纵深长度大于正面宽度的队形。通常用于部队行进。

并列纵队队形,即各排或各连的纵队依次向左站成的队形,称为连并列纵队或营并列纵队。通常用于集合和讲话等场合。

(3) 队列指挥。队列指挥,是指挥员对单个军人、分队、部队在实施队列活动时的一种调遣。队列指挥包括指挥手段的运用、指挥位置的选择和变换等。指挥手段通常用口令,有时用号音、哨音、信号灯、手势、旗语,必要时也可以用通信工具或徒步通信等。当用口令指挥队列活动时,可根据队列操练人员的多少或队列动作的内容,分别采用短促口令、断续口令、连续口令、复合口令等进行指挥。下达口令时,注意掌握好音节、音色、发音和主音,以达到准确、清楚、洪亮的要求,使队列人员能迅速执行。指挥位置应当便于指挥和通视全体。通常情况下,停止间,在队列中央前;行进间,纵队时在左侧中央前,横队、并列纵队时在左侧前或左侧,必要时在右侧前(右侧)或左(右)侧后。变换指挥位置要取捷径,通常用跑步,尽量避免频繁地变换指挥位置。

队列指挥要求:指挥位置正确;姿态端正,精神振作,动作准确;口令准确、清楚、洪亮;清点人数,检查着装,认真验枪;严格要求,维护队列纪律。

(4) 队列的一般要求。《队列条令》规定了军人在队列中的纪律:坚决执行命令,做到令行禁止;姿态端正,军容严整,精神振作,严肃认真;动作迅速、准确、协调一致;保持队列整齐,出、入列应当报告并经允许。

三、单个军人队列动作

(一) 立正、跨立、稍息

1. 立正

立正是军人的基本姿势,是队列动作的基础。军人在宣誓、接受命令、进见首长和向首长报告、回答首长问话、升国旗和军旗、奏国歌和军歌等严肃庄重的场合,均应当自行立正。

口令:立正。

要领:两脚跟靠拢并齐,两脚尖向外分开约60°;两腿挺直;小腹微收,自然挺胸;上体正直,微向前倾;两肩要平,稍向后张;两臂下垂自然伸直,手指并拢自然微屈,拇指尖贴于食指第二节,中指贴于裤缝;头要正,颈要直,口要闭,下颌微收,两眼向前平视。见图6-1。

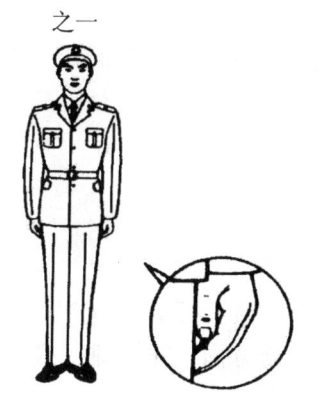

图6-1 徒手立正姿势

2. 跨立(即跨步站立)

跨立主要用于军体操、执勤和舰艇上分区列队等场合,可以与立正互换。

口令:跨立。

要领:左脚向左跨出约一脚之长,两腿挺直,上体保持立正姿势,身体重心落于两脚之间。两手后背,左手握右手腕,拇指根部与外腰带下沿(内腰带上沿)同高,右手手指并拢自然弯曲,手心向后。携枪时不背手。见图6-2。

3. 稍息

口令:稍息。

要领:左脚顺脚尖方向伸出约全脚的2/3,两腿自然伸直,上体保持立正姿势,身体重心大部分落于右脚。携枪时,携带的方法不变,其余动作同徒手。稍息过久,可以自行换脚。

徒手跨立　　　　　　背面　　　　　　持枪跨立

图 6-2　跨立姿势

（二）停止间转法

1. 向右（左）转

口令：向右（左）——转；半面向右（左）——转。

要领：以右（左）脚跟为轴，右（左）脚跟和左（右）脚掌前部同时用力，使身体协调一致向右（左）转 90°，体重落在右（左）脚，左（右）脚取捷径迅速靠拢右（左）脚，成立正姿势。转动和靠脚时，两腿挺直，上体保持立正姿势。半面向右（左）转，按照向右（左）转的要领转 45°。

2. 向后转

口令：向后——转。

要领：按向右转的要领向后转 180°。持枪转动时，除按照徒手动作要领外，听到预令，将枪稍提起，拇指贴于右胯，使枪随身体平稳转向新方向，托前踵（底钣）轻轻着地，成持枪立正姿势。

（三）行进与立定

行进的基本步法分为齐步、正步和跑步，辅助步法分为便步、踏步、移步和礼步。

1. 齐步

齐步是军人行进的常用步法。

口令：齐步——走。

要领：左脚向正前方迈出约 75 厘米，按照先脚跟后脚掌的顺序着地，同时身体重心前移，右脚照此法动作；上体正直，微向前倾；手指轻轻握拢，拇指贴于食指第二节；两臂前后自然摆动，向前摆臂时，肘部弯曲，小臂自然向里合，手心向内稍向下，拇指根部对正衣扣线，并与最下方衣扣同高（着夏季作训服时，与第四衣扣同高；着冬季作训服时，与第五衣扣同高；着水兵服时，与腰带同高），离身体约 25 厘米；向后摆臂时，手臂自然伸直，手腕前侧距裤缝线约 30 厘米。行进速度每分钟 116～

122步。

2. 正步

正步主要用于分列式和其他礼节性场合。

口令：正步——走。

要领：左脚向正前方踢出约75厘米（腿要绷直，脚尖下压，脚掌与地面平行，离地面约25厘米），适当用力使全脚掌着地，同时身体重心前移，右脚照此法动作；上体正直，微向前倾；手指轻轻握拢，拇指伸直贴于食指第二节；向前摆臂时，肘部弯曲，小臂略成水平，手心向内稍向下，手腕下沿摆到高于最下方衣扣约10厘米处（着夏季作训服时，约与第三衣扣同高；着冬季作训服时，约与第四衣扣同高；着水兵服时，手腕上沿距领口角约15厘米），离身体约10厘米；向后摆臂时（左手心向右，右手心向左），手腕前侧距裤缝线约30厘米。行进速度每分钟110～116步。

3. 跑步

跑步主要用于快速行进。

口令：跑步——走。

要领：听到预令，两手迅速握拳（四指卷握，拇指贴于食指第一关节和中指第二节），提到腰际，约与腰带同高，拳心向内，肘部稍向里合。听到动令，上体微向前倾，两腿微弯，同时左脚利用右脚掌的蹬力跃出约85厘米，前脚掌先着地，身体重心前移，右脚照此法动作；两臂前后自然摆动，向前摆臂时，大臂略直，肘部贴于腰际，小臂略平，稍向里合，两拳内侧各距衣扣线约5厘米；向后摆臂时，拳贴于腰际。行进速度每分钟170～180步。

4. 便步

便步用于行军、操练后恢复体力及其他场合。

口令：便步——走。

要领：用适当的步速、步幅行进，两臂自然摆动，上体保持良好姿态。

5. 踏步

踏步用于调整步伐和整齐队伍。

停止间口令：踏步——走。

行进间口令：踏步。

要领：两脚在原地上下起落（抬起时，脚尖自然下垂，离地面约15厘米；落下时，前脚掌先着地），上体保持正直，两臂按齐步或跑步摆臂的要领摆动。

6. 移步（5步以内）

移步用于调整队列位置。

（1）右（左）跨步。

口令：右（左）跨×步——走。

要领：上体保持正直，每跨1步并脚一次，其步幅约与肩同宽，跨到指定步数停止。

（2）向前或后退。

口令：向前×步——走；后退×步——走。

要领：向前移步时，应当按照单数步要领进行（双数步变为单数步）。向前1步时，用正步，不摆臂；向前3步或5步时，按照齐步走的要领进行。向后退时，从左脚开始，每退1步靠脚一次，不摆臂，退到指定步数停止。持枪时，听到行进口令的预令，将枪提起，使枪身略直，拇指贴于右胯，使枪身稳固。其余要领同徒手。

7. 礼步

礼步用于纪念仪式中礼兵的行进。

口令：礼步——走。

要领：左脚向正前方缓慢抬起（腿要绷直，脚尖上翘，与腿约成90°，脚后跟离地面约30厘米），按照脚跟、脚掌顺序缓慢着地，步幅约55厘米，右脚照此法动作；上体正直，两臂下垂自然伸直、轻贴身体（抬祭奠物除外）；手指并拢自然微曲，拇指尖贴于食指第二节，中指贴于裤缝。行进速度每分钟24～30步。

8. 立定

口令：立——定。

要领：齐步、正步和礼步时，听到口令，左脚再向前大半步着地（脚尖向外约30°），两腿挺直，右脚取捷径迅速靠拢左脚，成立正姿势。跑步时，听到口令，再跑2步，然后左脚向前大半步（两拳收于腰际，停止摆动）着地，右脚靠拢左脚，同时将手放下，成立正姿势。踏步时，听到口令，左脚踏1步，右脚靠拢左脚，原地成立正姿势（跑步的踏步，听到口令，继续踏2步，再按上述要领进行）。

持枪立定时，在右脚靠拢左脚后，迅速将托底钣轻轻着地。其余要领同徒手。

（四）步法变换

步法变换，均从左脚开始。

齐步、正步互换，听到口令，右脚继续走一步，即换正步或齐步行进。

齐步换跑步，听到预令，两手迅速握拳提到腰际，两臂前后自然摆动；听到动令，即换跑步行进。

跑步换齐步，听到口令，继续跑两步，然后换齐步行进。

（五）行进间转法

1. 齐步、跑步向右（左）转

口令：向右（左）转——走。

要领：左（右）脚向前半步（跑步时，继续跑两步，再向前半步），脚尖向右（左）约45°，身体向右（左）转90°时，左（右）脚不转动，同时出右（左）脚按原步法向新方向行进。半面向右（左）转走，按照向右（左）转走的要领转45°。

2. 齐步、跑步向后转

口令：向后转——走。

要领：左脚向右脚前迈出约半步（跑步时，继续跑两步，再向前半步），脚尖向右约45°，以两脚的前脚掌为轴，向后转180°，出左脚按照原步法向新方向行进。

转动时，保持行进时的节奏，两臂自然摆动，不得外张；两腿自然挺直，上体保持正直。

（六）坐下、蹲下、起立

1. 坐下

口令：坐下。枪靠右肩——坐下。

要领：左小腿在右小腿后交叉，迅速坐下（坐凳子时，听到口令，左脚向左分开约一脚之长），手指自然并拢放在两膝上，上体保持正直。携枪坐下时，枪靠右肩（枪面向右），右手自然扶贴护木（折叠式冲锋枪，移扶复进机盖后端），左手手指自然并拢，放在左膝上。肩冲锋枪、81式自动步枪坐下时，听到预令，将枪取下；右手移握护木，使枪背带从肩上滑下；肩折叠式冲锋枪时，右手移握散热孔，将枪口转向左前，左手虎口向右握弹匣，右手打开枪托后，移握散热孔。

2. 蹲下

口令：蹲下。

要领：右脚后退半步，前脚掌着地，臀部坐在右脚跟上（膝盖不着地），两腿分开约60°，手指自然并拢放在两膝上，上体保持正直。蹲下过久，可以自行换脚。见图6－3。

图6－3 蹲下

持枪时，右手移握护木（冲锋枪、81式自动步枪的携带方法不变），左手手指自然并拢，放在左膝上。

3. 起立

口令：起立。

要领：全身协力迅速起立，成立正姿势或者成持枪、肩枪立正姿势。

（七）脱帽、戴帽

1. 脱帽

口令：脱帽。

要领：立姿脱帽时，双手捏帽檐或者帽前端两侧，将帽取下，取捷径置于左小臂，帽徽朝前，掌心向上，四指扶帽檐或者帽墙前端中央处，小臂略成水平，右手放下。

坐姿脱帽时，双手捏帽檐或者帽前端两侧，将帽取下，置于桌（台）面前沿左侧或者膝上（帽顶向上，帽徽朝前），也可以置于桌斗内。

戴贝雷帽脱帽不便放置时，将帽左右向内折叠，左手将左肩袢提起，右手将帽插入左肩袢下，帽顶向上，帽徽朝前。

2. 戴帽

口令：戴帽。

要领：双手捏帽檐或者帽前端两侧，取捷径将帽迅速戴正。

此外，①携枪（筒）时，用左手脱帽、戴帽。②需夹帽时，双手捏帽檐或者帽前端两侧，取捷径将帽取下，左手握帽墙（女军人戴卷檐帽时，将四指并拢，置于下方帽檐与帽墙之间），小臂夹帽自然伸直，帽顶向左，帽徽朝前。

（八）宣誓

口令：宣誓、宣誓完毕。

要领：听到"宣誓"的口令，身体保持立正姿势，右手握拳取捷径迅速抬起，拳心向前，稍向内合；拳眼约与右太阳穴同高，距离约10厘米；右大臂略平，与两肩略成一线；高声诵读誓词。

听到"宣誓完毕"的口令，将手放下。

（九）整理着装

整理着装，通常在立正的基础上进行。

口令：整理着装。

要领：两手（持自动步枪时，将枪夹于两腿间）从帽子开始，自上而下，将着装整理好。必要时，也可以相互整理。整理完毕，自行稍息。听到"停"的口令，恢复立正姿势。

（十）敬礼、礼毕

1. 敬礼

敬礼分为举手礼、注目礼和举枪礼。

（1）举手礼。

口令：敬礼。

要领：上体正直，右手取捷径迅速抬起，五指并拢自然伸直，中指微接帽檐右角前约2厘米处（戴无檐帽或者不戴军帽时微接太阳穴，与眉同高），手心向下，微向外张（约20°），手腕不得弯曲，右大臂略平，与两肩略成一线，同时注视受礼者。见图6-4。

（2）注目礼。

要领：面向受礼者成立正姿势，同时注视受礼者，并目迎目送（右、左转头角度不超过45°）。

图 6-4 敬礼

（3）举枪礼（用于阅兵式或者执行仪仗任务）。

口令：向右看——敬礼。

要领：右手将枪提到胸前，枪身垂直并对正衣扣线，枪面向后，离身体约10厘米，枪口（半自动步枪准星护圈）与眼同高，大臂轻贴右胁；同时左手接握表尺上方（持半自动步枪时虎口对准枪面并与标尺上沿取齐），小臂略平，大臂轻贴左胁；同时转头向右，注视受礼者，并目迎目送（右、左转头角度不超过45°）。

2. 礼毕

口令：礼毕。

要领：行举手礼者，将手放下；行注目礼者，将头转正；行举枪礼者，将头转正，右手将枪放下，使托前踵（半自动步枪托底钣）轻轻着地，同时左手放下，成持枪立正姿势。

3. 单个军人敬礼

要领：单个军人在距受礼者5～7步处，行举手礼或者注目礼。徒手或者背枪时，停止间，应当面向受礼者立正，行举手礼，待受礼者还礼后礼毕；行进间（跑步时换齐步），转头向受礼者行举手礼（手不随头转动），并继续行进，左臂仍自然摆动，待受礼者还礼后礼毕。携带武器（除背枪）等不便行举手礼时，不论停止间或者行进间，均行注目礼，待受礼者还礼后礼毕。

4. 分队、部队敬礼

（1）停止间敬礼。

要领：当首长进到距本分（部）队适当距离时，指挥员下达"立正"的口令，跑步到首长前5～7步处敬礼。待首长还礼后礼毕，再向首长报告。例如，"团长同志，步兵第×连正在进行队列训练，全连应到×××名，实到×××名，请指示，连长×××"。报告完毕，待首长指示后，答"是"，再敬礼。待首长还礼后礼毕，尔后跑步回到原来位置，下达"稍息"口令或者继续操练。

（2）行进间敬礼。

要领：由带队指挥员按照单个军人行进间敬礼的规定实施，队列人员按照原步法行进。

（十一）操枪

1. 肩枪、挂枪互换

（1）肩枪换挂枪。

口令：挂枪。

要领：右手移握护木（79式冲锋枪，握导气箍），右臂前伸将枪口转向前，左手掌心向下在右肩前握背带；两手协力将背带从头上套过，落在左肩，使枪身在胸前约成45°（表尺中央部位位于衣扣线）；右手移握枪颈（折叠式冲锋枪，握复进机盖后端），左手放下（阅兵等时机左手可握护木），成挂枪立正姿势。

95式自动步枪手，右手移握上护盖前端，右臂前伸将枪口转向前，左手掌心向下在右肩前握背带；两手协力将背带从头上套过，落在左肩，使枪身的下护手销对正衣扣线，枪身在胸前约成60°；右手移握枪托中间部位，左手放下（阅兵等时机左手可握下护手前端），成挂枪立正姿势。自动步枪，挂枪时不上刺刀。

（2）挂枪换肩枪。

口令：肩枪。

要领：右手移握护木（95式自动步枪，移握上护盖前端），左手移握背带；两手协力将背带从头上套过，落在右肩，枪口向下，枪身垂直；右手移握背带（拇指由内顶住），左手放下，成肩枪立正姿势。

2. 肩枪、背枪互换

（1）肩枪换背枪。

口令：背枪。

要领：左手在右肩前握背带，右手掌心向后移握准星座（95式自动步枪，握准星座与上护盖连接部位）；两手协力将枪上提，左手将背带从头上套过，落在左肩；两手放下，成背枪立正姿势。

（2）背枪换肩枪。

口令：肩枪。

要领：右手掌心向后握准星座（95式自动步枪，握准星座与上护盖连接部位）；左手在左肩前握背带；两手协力将背带从头上套过，落在右肩；右手移握背带（拇指由内顶住），左手放下，成肩枪立正姿势。

3. 挂枪、背枪互换

（1）挂枪换背枪。

口令：背枪。

要领：右手握准星座（95式自动步枪，握上护盖前端），稍向上提，左手在左肩前握背带；两手协力将枪转到背后；两手放下，成背枪立正姿势。

（2）背枪换挂枪。

口令：挂枪。

要领：右手掌心向前移握准星座，稍向上提，左手在右肋前握背带；两手协力将枪转到胸前；右手移握枪颈（折叠式冲锋枪，握复进机盖后端），左手放下或者握护木，成挂枪立正姿势。

95 式自动步枪手，右手掌心向前移握上护盖前端，稍向上提，左手在右肋前握背带；两手协力将枪转到胸前；右手移握枪托中间部位，左手放下或者握下护手前端，成挂枪立正姿势。

4. 81 式自动步枪（打开枪托，上刺刀）的提枪、枪放下

（1）提枪。

口令：提枪。

要领：右手将枪提到右肩前，枪身垂直，距身体约 10 厘米，枪面向后，手约同肩高，大臂轻贴右肋，同时左手握护木；右手移握握把，右臂伸直；将枪轻贴右侧，枪身要正，并与衣扣线平行；右大臂轻贴右肋，左手迅速放下，成提枪立正姿势。

（2）枪放下。

口令：枪放下。

要领：右手将枪向前稍向下推出，右臂伸直，同时左手迅速握护木，右手移握准星座附近；左手放下的同时，右手将枪放下，使托前踵轻轻着地，成持枪立正姿势。

5. 81 式自动步枪的提枪、端枪互换

（1）提枪换端枪。

口令：端枪。

要领：行进时，听到"端枪"的口令，继续向前 3 步，于左脚着地时，右手将枪移至右肩前，同时左手接握护木（准星同肩高）；右脚再向前 1 步的同时，右手移握枪颈；于左脚着地时，两手将枪导向前，枪面向上，左手掌心转向右，枪颈紧贴右胯，右臂与两肩约在同一平面，刺刀尖约与下颌同高，并在右肩的正前方。

（2）端枪换提枪。

口令：提枪。

要领：听到"提枪"的口令，继续向前 3 步，于左脚着地时，左手收至右胸前，右手向前下方推枪；右脚再向前 1 步，右手移握握把；于左脚着地时，将枪收至提枪位置，左手放下。

四、分队队列动作

部（分）队队列动作，是指步兵班、排、连、营、团集体行动时按照《队列条令》的规定所进行的活动。基本内容包括队列队形、集合、离散、整齐、报数、出列、入列、行进、停止等内容。

（一）队列队形

1. 基本队形和列队的间距

队列的基本队形为横队、纵队、并列纵队。需要时，可以调整为其他队形。队列人

员之间的间隔（两肘之间）通常约 10 厘米，距离（前一名脚跟至后一名脚尖）约 75 厘米。需要时，可以调整队列人员之间的间隔和距离。

2. 班、排、连的队形

（1）班的队形。

班的基本队形，分为横队和纵队。需要时，可以成二列横队或者二路纵队。

（2）排的队形。

排的基本队形，分为横队和纵队。排横队，由各班的班横队依次向后排列组成；排纵队，由各班的班纵队依次向右并列组成。

排长的列队位置，横队时，在第一列基准兵右侧；纵队时，在队列中央前。

（3）连的队形。

连的基本队形，分为横队、纵队和并列纵队。连横队，由各排的排横队依次向左并列组成；连纵队，由各排的排纵队依次向后排列组成。

连并列纵队，由各排的排纵队依次向左并列组成。

连部和炊事班或者连部、炊事班和六〇迫击炮班分别以二列（路）或者三列（路）组成相应的队形，位于本连队尾。

连指挥员的列队位置，横队、并列纵队时，位于一排长右侧，前列为连长、副连长，后列为政治指导员、副政治指导员；纵队时，位于一排长前，前列为连长、政治指导员，后列为副连长、副政治指导员（未编有副政治指导员时，后列中央为副连长）。

（二）集合、离散

1. 集合

集合是使单个军人、分队、部队按照规范队形聚集起来的一种队列动作。

集合时，指挥员应当先发出预告或者信号，如"全连（或×排）注意"，然后，站在预定队形的中央前，面向预定队形成立正姿势，下达"成××队——集合"的口令。所属人员听到预告或信号，原地面向指挥员成立正姿势；听到口令，跑步到指定位置面向指挥员集合（在指挥员后侧的人员，应当从指挥员右侧绕过），自行对正、看齐，成立正姿势。

集合时，队列人员要精神振作，动作规范、肃静，体现出严肃、紧张的作风。

2. 离散

离散是使列队的单个军人、分队、部队各自离开原队列位置的一种队列动作。

（1）离开。

口令：各营（连、排、班）带开（带回）。

要领：队列中的各营（连、排、班）指挥员带领本队迅速离开原列队位置。

（2）解散。

口令：解散。

要领：队列人员迅速离开原列队位置。

（三）整齐、报数

1. 整齐

整齐是使列队人员按规定的间隔、距离，保持行、列齐整的一种队列动作。整齐分为向右（左）看齐和向中看齐。

口令：向右（左）看——齐。向前——看。

要领：基准兵不动，其他士兵向右（左）转头（持枪时，听到预令，迅速将枪稍提起，看齐后自行放下），眼睛看右（左）邻士兵腮部，前四名能通视基准兵，自第五名起，以能通视到本人以右（左）第三名为度。后列人员，先向前对正，后向右（左）看齐。听到"向前——看"的口令，迅速将头转正，恢复立正姿势。

口令：以×××为准，向中看——齐。向前——看。

要领：当指挥员指定"以×××为准（或者以第×名为准）"时，基准兵答"到"，同时左手握拳高举，大臂前伸与肩略平，小臂垂直举起，拳心向右。听到"向中看——齐"的口令后，其他士兵按照向右（左）看齐的要领实施。听到"向前——看"的口令后，基准兵迅速将手放下，其他士兵迅速将头转正，恢复立正姿势。

一路纵队看齐时，可以下达"向前——对正"的口令。

2. 报数

口令：报数。

要领：横队从右至左（纵队由前向后）依次以短促洪亮的声音转头（纵队向左转头）报数，最后一名不转头。数列横队时，后列最后一名报"满伍"或"缺×名"。连集合时，由指挥员下达"各排报数"的口令，各排长在队列内向指挥员报告人数，如"第×排到齐"或者"第×排实到××名"。

必要时，连也可以统一报数。

要领：连实施统一报数时，各排不留间隔，要补齐，成临时编组的横队队形。报数前，连指挥员先发出"看齐时，以一排长为准，全连补齐"的预告，尔后下达"向右看——齐"的口令，待全连看齐后，再下达"向前——看"和"报数"的口令，报数从一排长开始，后列最后一名报"满伍"或者"缺×名"。

（四）行进、停止

横队和并列纵队行进以右翼为基准，纵队行进以左翼为基准（一路纵队行进以先头为基准）。

1. 行进

指挥员应当下达"×步——走"的口令。听到口令，基准兵向正前方前进，其他士兵向基准翼标齐，保持规定的间隔、距离行进。纵队行进时，排、连通常成三路纵队，也可以成一、二路纵队。行进中，需要时，用"一、二、一"（调整步伐的口令）、"一、二、三、四"（呼号）或者唱队列歌曲，以保持步伐的整齐和振奋士气。

2. 停止

指挥员应当下达"立——定"的口令。听到口令,按照立定的要领实施,分队的动作要整齐一致。停止后,听到"稍息"的口令,先自行对正、看齐,再稍息。

第四节 阅 兵

阅兵是队列训练的最高形式,是对队列动作的综合运用和检验,它涵盖了队列训练的全部内容。

阅兵分为阅兵式和分列式。通常进行两项,根据需要也可以只进行一项。阅兵式是受阅者列队肃立,检阅者徒步、乘车或舰(船)从受阅部队队列前通过,进行检阅的仪式。分列式是检阅者肃立于阅兵台上,受阅部队队列从阅兵台前通过,接受检阅的仪式。

学生军训阅兵时,可根据人数,以连、营或团为单位编队,参照步兵团阅兵的规定实施。阅兵程序如下。

(一)迎军旗

迎军旗在阅兵式开始前进行。

步兵团迎军旗时,主持迎军旗的指挥员下达"立正""迎军旗"的口令,听到口令后,掌旗员(扛旗)、护旗兵齐步行进,当由正前或者左前方向本团右翼行进至距队列40~50步时,主持迎军旗的指挥员下达"向军旗——敬礼——"的口令,听到口令后,位于指挥位置的军官行举手礼,其余人员行注目礼;掌旗员(由扛旗换端旗)、护旗兵换正步,取捷径向本团右翼排头行进,当超过团机关队形时,主持迎军旗的指挥员下达"礼毕"口令,部队礼毕;掌旗员(由端旗换扛旗)、护旗兵换齐步。军旗进至团指挥员右侧3步处时,左后转弯立定,成立正姿势。

(二)阅兵式

团阅兵式的队形,通常为营横队的团横队,或者由团首长临时规定。

1. 阅兵首长接受阅兵指挥报告

当阅兵首长行至本团队列右翼适当距离时或者在阅兵台就位后(当上级首长检阅时,通常由团政治委员陪同入场并陪阅),阅兵指挥在队列中央前下达"立正"的口令,随后跑到距阅兵首长5~7步处敬礼,待阅兵首长还礼后礼毕并报告。例如,"师长同志,步兵第×团列队完毕,请您检阅"。报告后,左跨1步,向右转,让首长先走,尔后在其右后侧(当上级首长检阅时,团政治委员在团长右侧)跟随陪阅。

2. 阅兵首长向军旗敬礼

阅兵首长行至距军旗适当位置时,应立正向军旗行举手礼(陪阅人员面向军旗,行注目礼)。

3. 阅兵首长检阅部队

当阅兵首长行至团机关、各营部、各连及后勤分队队列右前方时，团机关由副团长或者参谋长，各营部由营长，各连由连长，后勤分队由团指定的指挥员下达"敬礼"的口令。听到口令后，位于指挥位置的军官行举手礼，其余人员行注目礼，目迎目送首长（左、右转头不超过45°）。当首长问候："同志们好！"或者"同志们辛苦了！"队列人员应当齐声洪亮地回答："首——长——好！"或者"为——人民——服务！"当首长通过后，指挥员下达"礼毕"的口令，队列人员礼毕。

4. 阅兵首长上阅兵台

阅兵首长检阅完毕后上阅兵台，阅兵指挥跑步到队列中央前，下达"稍息"的口令，队列人员稍息。当上级首长检阅时，团政治委员陪同首长上阅兵台，然后跑步到自己的列队位置。

（三）分列式

团分列式队形由团阅兵式队形调整变换，或者由团首长临时规定。

团分列式，应当设四个标兵。一、二标兵之间和三、四标兵之间的间隔各为15米，二、三标兵之间的间隔为40米。标兵应携带81式自动步枪或者半自动步枪，并在枪上插标兵旗。分列式程序如下。

1. 标兵就位

分列式开始前，阅兵指挥在队列中央前，下达"立正""标兵，就位"的口令。标兵听到口令，成一路纵队持（托）枪跑步到规定的位置，面向部队成持枪立正姿势。

2. 调整部（分）队为分列式队形

标兵就位后，阅兵指挥下达"分列式，开始"的口令，尔后，跑步到自己的列队位置。听到口令后，各分队按规定的方法携带武器（掌旗员扛旗），团、营指挥员分别进到团机关和营部的队列中央前，各分队指挥员进到本分队队列中央前，下达"右转弯，齐步——走"的口令，指挥分队变换成分列式队形。

3. 开始行进

变换成规定的分列式队形后，团机关由副团长或者参谋长下达"齐步——走"的口令。听到口令后，团指挥员、团机关人员齐步前进，其余分队依次待前一分队离开约15米时，分别由营、连长及后勤分队指挥员下达"齐步——走"的口令，指挥本分队人员前进。

4. 接受首长检阅

各分队行至第一标兵处，将队列调整好。进到第二标兵处，掌旗员下达"正步——走"的口令，并和护旗兵同时由齐步换成正步，扛旗换端旗（掌旗员和护旗兵不转头）。此时，阅兵首长和陪阅人员应当向军旗行举手礼。副团长或者参谋长和各分队指挥员分别下达"向右——看"的口令，队列人员听到口令后（可喊"一、二"），按照规定换正步（步枪手换端枪）行进，并在左脚着地的同时向右转头（位于指挥位置的军官行举手礼,并向右转头,各列右翼第一名不转头)不超过45°注视阅兵首长,此时,阅兵台最高首长行举手礼,其他人员行注目礼。

进到第三标兵处,掌旗员下达"齐步——走"的口令,并与护旗兵由正步换齐步,同时换扛旗;其他分队由上述指挥员分别下达"向前——看"的口令,队列人员听到口令后,在左脚着地时礼毕(将头转正),同时换齐步(步枪手换托枪)行进。

当上级首长检阅时,团长和团政治委员通过第三标兵后,到阅兵首长右侧陪阅。各分队通过第四标兵,换跑步到指定的位置。待最后一个分队通过第四标兵,阅兵指挥下达"标兵,撤回"的口令,标兵按照相反顺序跑步撤至预定位置。

(四)阅兵首长讲话

分列式结束后,阅兵指挥调整好队形,请阅兵首长讲话。讲话完毕,阅兵指挥下达"立正"口令,向阅兵首长报告阅兵结束。当上级首长检阅时,由团政治委员陪同阅兵首长离场。

(五)送军旗

送军旗在阅兵首长讲话后或者分列式结束后进行。

步兵团送军旗时,主持送军旗的指挥员下达"立正""送军旗"的口令。听到口令后,掌旗员(成扛旗姿势)、护旗兵按照迎军旗路线相反方向齐步行进。军旗出列后行至团机关队形右侧前时,主持送军旗的指挥员下达"向军旗——敬礼——"的口令。听到口令后,掌旗员(由扛旗换端旗)、护旗兵换正步,全团按照迎军旗的规定敬礼。当军旗离开距队列正面40~50步时,主持送军旗的指挥员下达"礼毕"的口令,部队礼毕;掌旗员(由端旗换扛旗)、护旗兵换齐步,返回原出发位置。

思考题

1. 什么是中国人民解放军的"三大条令"?
2. 军人敬礼有哪几种?
3. 齐步走的动作要领主要有哪些?
4. 阅兵分列式的程序有哪些?

第七章 轻武器射击

第一节 轻武器常识

一、轻武器的定义

轻武器,通常指由单兵或班组携行战斗的武器。主要包括各种枪械、单兵杀伤武器、便携式反坦克武器和单兵防空导弹等。基本作战用途是在近距离内杀伤有生目标,毁伤轻型装甲目标、低空飞行目标,破坏敌方设施和军事器材。有时人们习惯将枪械称为轻武器。

二、轻武器的种类

1. 手枪

单手发射的短枪称为手枪。它是近战和自卫用的小型武器,在 50 米内有良好的杀伤效果,在军队通常装备指挥员和特种兵。手枪按用途分为自卫手枪、战斗手枪和特种手枪;按构造可分为自动手枪和转轮手枪。

我军现装备的 77 式手枪为单手发射的短枪,该枪发射 64 式 7.62 毫米手枪弹,是我国自行设计、自行研制的第二种手枪,主要配备高级军官、武警、公安干警及其他特业人员,是近距离歼敌的自卫武器。由于体积小、重量轻,便于隐藏携带和执行特殊战斗任务。该枪采用自由枪机式自动方式,惯性闭锁,击针平移式击发机构,保险机构有手动保险和到位保险。77 式手枪在 50 米内射击效果最好,弹头飞到 300 米处时仍有杀伤力。其战斗射速为每分钟 30 发子弹。

2. 步枪

步枪是步兵的基本武器,其枪管内刻有膛线,故又称线膛枪。步枪有效射程一般为 400 米,主要用以发射枪弹,杀伤暴露的有生目标;有时还可以发射枪榴弹,具有点面杀伤和反装甲能力;也可以使用枪刺、枪托杀伤敌人。步枪按自动化程度分为非自动、半自动和全自动三种;按用途分为普通步枪、突击步枪和狙击步枪。我军现装备有 81 式、95 式、03 式自动步枪和 85 式、88 式狙击步枪。在现代战争中,步枪的主要作用是：在近战、夜战中，在解决战斗的最后阶段，杀伤敌人有生目标和轻型装甲目标；在山岳、丛林、城镇等特定条件下歼灭敌人；在敌后袭击敌人。

3. 冲锋枪

冲锋枪是一种短枪管、发射手枪弹的抵肩或手持射击的轻武器，装备于步兵、伞兵、侦察兵、炮兵、摩步兵、空军、海军等。冲锋枪的基本特点可概括为：体积小，重量轻，灵活轻便，携弹量大，火力猛烈，在300米内有良好的杀伤效力。我军现装备有79式冲锋枪、85式轻冲锋枪和85式微声冲锋枪。

4. 机枪

机枪是配有枪架、枪座或脚架并能实施连发射击的自动枪械。现代机枪一般有轻机枪、重机枪、通用机枪等。轻机枪是装备有两脚架的机枪，通常用于伴随步兵冲击和作为阵地上的机动火力和对空射击，战斗射速一般为80～150发/分，有效射程一般为800米，配用穿甲弹或穿甲燃烧弹，能对500米低空飞行的敌机进行射击，是步兵连以下主要自动武器之一。重机枪是装有固定枪架的机枪，是步兵分队的主要自动武器，战斗射速一般为300～400发/分，有效射程800～1 000米，可有力地压制和消灭敌人的火力点。我军现装备有81式、95式班用轻机枪、89式重机枪和88式通用机枪。

5. 火箭筒

火箭筒是单兵使用的一种发射火箭弹的便携式反坦克武器，可发射火箭破甲弹、榴弹和其他火箭弹，其有效射程多为300米，用于在近距离打击坦克和装甲车辆，或摧毁工事和技术装备，杀伤有效目标。我军现装备有69式40火箭筒。

6. 手榴弹

手榴弹是用手投掷的弹药，是近战的有力武器。手榴弹一般分为杀伤、反坦克、燃烧、发烟、照明、毒气等弹种。与其他武器相比，手榴弹的作战距离非常短；而且，就同一枚手榴弹而言，其作用距离还取决于个人的投掷距离和准确度。杀伤手榴弹主要靠弹壳与引信组件破片的高速散射杀伤人员，也可用于摧毁或瘫痪装备。反坦克手榴弹垂直破甲厚度可达120毫米，对混凝土工事可穿透500毫米以上。

此外，轻武器还有喷火器、榴弹发射器等种类。

第二节 射击学原理

一、发射与后坐

（一）发射

火药气体压力将弹头（火箭弹、炮弹）从膛内推送出去的现象，叫发射。发射过程是击针撞击子弹底火，使起爆药发火，火焰通过导火孔引燃发射药，产生大量火药气体,在膛内形成很大的压力,迫使弹头脱离弹壳,沿膛线旋转加速前进,直到推出枪口。

弹头脱离枪口前切面瞬间的速度,称为初速。决定初速大小的条件有弹头的重量、装药的重量、枪管的长度和发射药燃烧的速度。初速是判定武器战斗性能的重要因素之一。弹头相同,其初速越大,实用意义也就越大。主要表现在:一是能增加弹头的飞行距离;二是弹道更为低伸,使命中率提高;三是能减少外界条件对弹头飞行的影响;四是能加大弹头的侵彻力和杀伤力。

(二) 后坐及其对命中的影响

发射时武器向后运动的现象,叫后坐。发射药燃烧时,产生的气体同时作用于各个方向,作用于膛壁周围的压力为膛壁所抵消;向前作用于弹头后部的压力推送弹头前进;向后作用于弹壳底部的压力经过枪机传给整个武器,使武器向后运动,形成后坐。武器的后坐和弹头的运动是同时开始的。在弹头脱离枪口瞬间,大量的火药气体随弹头后部从膛内向外喷出,形成了反作用力,使武器后坐更加明显。

后坐对单发(连发首发)射击的命中影响极小。对连发射击的命中有一定的影响。因为连发射击时,第一发子弹发射后,由于枪的明显后坐变动了原来的瞄准线,所以对第二发以后的射弹命中有一定的影响。但只要射手据枪要领正确,适应连发武器射击时的后坐规律,就能减小后坐对连发命中的影响,提高射击精度。

二、弹道及其实用意义

弹头运动过程中,其重心所经过的路线,叫弹道。弹头在空气中飞行时,一面受到地心吸力的作用,逐渐下降;一面受到空气阻力的作用,越飞越慢。因此,形成了一条不均等的弧线。升弧较长较直,降弧较短较弯曲。

用小于最大射程角(能获得最大射程的角,称为最大射程角)的射角射击时,所获得的弹道称为低伸弹道(各种枪的最大射角为30°~50°)。低伸弹道,由于弹道低伸,危险界大,杀伤目标的可能性和杀伤目标的区域纵深就大,测量距离的误差对杀伤目标的影响也就小,如图7-1所示。

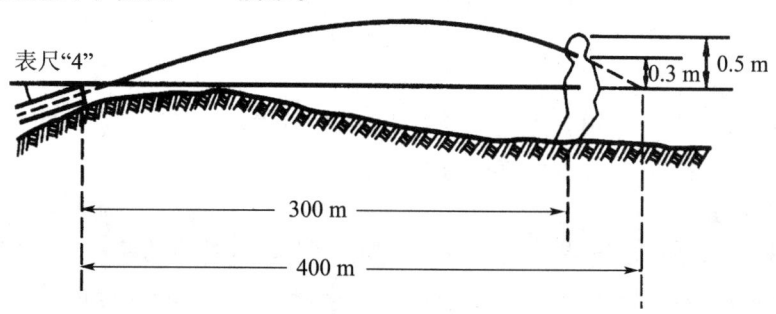

图7-1 低伸弹道

用大于最大射程角的射角射击时，所获得的弹道称为弯曲弹道。迫击炮射击时所获得的弹道为弯曲弹道。弯曲弹道，由于弹道弯曲，能有效地杀伤遮蔽物后的各种目标，既能在自己分队之后随时实施超越射击，以不间断的火力支援步兵战斗，又能在遮蔽物后占领发射阵地，避开正面敌低伸弹道火力的杀伤，以间接瞄准杀伤敌人。

三、选定表尺分划和瞄准点

（一）瞄准具的作用

由于地心引力和空气阻力的作用，如果用枪管瞄向目标射击，射弹就会打低打近。为了命中目标，必须将枪口抬高，使火身轴线与瞄准线之间形成一定的角度，即瞄准角。瞄准具的作用，就是对一定距离上的目标射击时赋予武器相应的瞄准角和射向。射击时，只要按照目标的距离装定相应的表尺分划瞄准射击，就能命中目标。

（二）选定表尺分划和瞄准点

为了使射弹准确地命中目标，射击时，射手应根据目标的距离、大小和武器的弹道高，正确地选定表尺分划和瞄准点。

（1）目标距离为100米（轻机枪50米）整数时，可根据目标的距离装定相应的表尺分划，瞄准点选在目标中央。

（2）目标距离不是100米（轻机枪50米）整数时，通常选定大于实际距离的表尺分划。根据武器在该距离上的弹道高，相应降低瞄准点射击。也可选定小于实际距离的表尺分划。根据武器在该距离上的负弹道高，相应提高瞄准点射击。

（3）对300米距离以内的目标射击时，通常选定常用表尺（表尺"3"）分划，小目标瞄下沿，大目标瞄中央射击。

（三）观察弹着和修正偏差

射击时，由于测距、瞄准的误差和外界条件对射击的影响，以及射手操作不正确等原因，会使射弹产生偏差。因此，射手（副射手）应注意观察弹着，及时修正偏差，以提高射击效果。

1. 观察弹着

观察弹着时，应根据射弹击起的尘土、水花的位置，曳光迹和目标状况的变化等情况，判断射弹是否命中目标或偏差量的大小。

2. 修正偏差

发现偏差时，应认真分析，找出原因。如是武器、风造成的偏差，偏差多少就修正多少。修正方向偏差时，瞄准点（横表尺）向弹着偏差相反的方向修正（用横表尺修正时，瞄准点不变）；修正高低偏差时，可以升降瞄准点或增减表尺分划。

四、外界条件对射击的影响及修正

(一) 风对射弹的影响及修正

1. 风向和风力的判定

(1) 风向的判定：可按风向与射向所形成的角度判定，通常分为横风、斜风、纵风（顺风和逆风）。

(2) 风力的判定：风力按其大小分为强风、和风和弱风。判定方法，可用测风仪等器材测出，也可根据人的感觉和常见物体被风吹动的情况来判定。

强风——风速 8～12 米/秒，相当于 5～6 级风。现象：旗帜刮成水平并哗哗响，草倒于地面，粗树枝摇动，烟被吹成水平并很快散开。

和风——风速 4～7 米/秒，相当于 3～4 级风。现象：旗帜展开并飘动，草不停地摆动，细树枝晃动，烟被吹斜但未散开。

弱风——风速 2～3 米/秒，相当于 2 级风。现象：旗帜微微飘动，草微动，细树枝微动，烟稍斜上升。

2. 风对射弹的影响及修正

(1) 横（斜）风对射弹的影响及修正：横（斜）风会使射弹产生方向偏差，风力越大，距离越远，偏差就越大。射击时，为了准确地命中目标，必须根据射弹受风影响的偏差量，将瞄准点或横表尺向风吹来的方向修正。修正时，以横方向的和风修正量为准，强风加一倍，弱风减一半。斜方向的强（和）风，应按横方向的强（和）风修正量减一半。修正量从预期命中点算起。横表尺修正后，瞄准点不变。

(2) 纵风对射弹的影响及修正：纵风能影响射弹的飞行距离。顺风会使射弹打远（高）；逆风会使射弹打近（低）。但风速小于 10 米/秒时影响较小，对 400 米内的目标射击不必修正。如对远距离的目标射击时，可稍降低或提高瞄准点。

修正时，应注意风向、风力的不断变化，灵活运用。

(二) 阳光对瞄准的影响及克服方法

1. 阳光对瞄准的影响

在阳光下瞄准时，由于阳光的照射作用，缺口部分产生虚光，形成三层缺口：虚光部分、真实缺口、黑实部分。若用虚光部分瞄准，射弹就偏向阳光照来的方向；若用黑实部分瞄准，射弹就偏向阳光照来的相反方向（见图 7-2）。

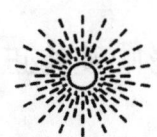

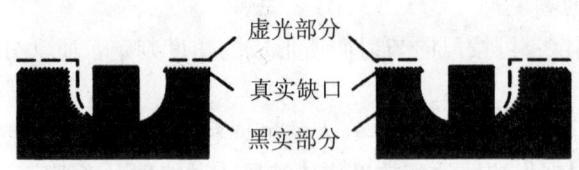

图 7-2　阳光对瞄准的影响

2. 克服的方法

射手应多在不同方向的阳光照射下练习瞄准。练习时，可采取遮光瞄准、不遮光检查，或不遮光瞄准、遮光检查的方法，反复区别，确实辨清真实缺口的位置和正确瞄准的景况。瞄准时间不宜过长，以免眼花而产生偏差。平时应注意保护好瞄准具，不使其磨亮而反光。

（三）气温对射弹的影响及修正

1. 气温对射弹的影响

气温变化时，空气密度也随之改变，因而影响射弹的飞行速度。气温升高时，空气密度减小，对射弹飞行的阻力也相应减小，射弹就打远（高）；气温降低时，空气密度增大，对射弹飞行的阻力也相应增大，射弹就打近（低）。

2. 修正方法

由于各地区和各季节的气温不同，很难与标准气温（+15℃）条件相符。因此，应在当时当地的气温条件下矫正武器的射效，并以矫正射效时的气温条件为准。射击时，若气温差别不大，在400米（重机枪500米）内对射弹命中的影响较小，不必修正。若气温差别很大或对远距离目标射击时，应适当提高或降低瞄准点射击。气温降低时，提高瞄准点或增加表尺分划；气温升高时，降低瞄准点或减少表尺分划。

第三节　步枪射击训练

一、验枪

验枪是一项保证安全的重要措施。使用武器前后及必要时，均应验枪，认真检查弹膛、弹匣和教练弹中有无实弹。验枪时，严禁枪口对人。

二、装退子弹及定复表尺

（一）卧姿装退子弹和定复表尺

口令："卧姿——装子弹""退子弹——起立"。

动作要领：听到"卧姿——装子弹"口令后，右手将枪提起稍向前倾，左脚向右脚尖前迈出一大步（也可右脚顺脚尖方向迈出一大步），左手在左（右）脚尖前支地，顺势卧倒，以身体左侧、左肘支持全身，右手将枪向目标方向送出，左手接握表尺下方，枪托着地，右手拉枪机到定位。解开弹袋扣，取出一夹子弹，插入弹夹槽，以食指或拇指将子弹压入弹仓，取出弹夹，送弹上膛，将弹夹装入弹袋并扣好。右手拇指和食指捏压游标卡笋，移动游标，使游标前切面对正所需要的表尺分划。右手移握枪颈，全身伏地，两脚分开约与肩同宽，身体与射向约成 30°角，枪刺离地，目视前方，准备射击。

听到"退子弹——起立"口令后，稍向左侧身，右手解开弹袋扣，打开弹仓盖，接住落下的子弹，装入弹袋，拇指拉机柄向后，余指接住从膛内退出的子弹，送回枪机，将子弹装入弹袋并扣好，关上弹仓盖，打开保险，扣扳机，关保险，复表尺，移握上护木，将枪收回，同时左小臂向里合，屈左腿于右腿下。以左手和两脚撑起身体，右脚向前一大步，左脚再向前一步；在右脚靠拢左脚的同时，恢复持枪姿势。

（二）跪姿装退子弹及定复表尺

口令："跪姿——装子弹""退子弹——起立"。

动作要领：听到"跪姿——装子弹"口令后，右手将枪提起，左脚向右脚前方迈出一步，右手将枪向目标方向送出，左手接握表尺下方，同时右膝向右跪下，臀部坐在右脚跟上，左小腿略垂直，两腿约成 90°角，左小臂放在左大腿上，枪刺尖约与眼同高。然后，按要领装子弹，定表尺，右手移握枪颈，目视前方，准备射击。

听到"退子弹——起立"口令后，按要领退出子弹，打开保险，扣扳机，关保险，复表尺，右手移握上护木上，左脚尖向外打开同时起立，在右脚靠拢左脚的同时，恢复持枪姿势。

三、据枪、瞄准、击发

（一）据枪

为了获得更好的射击效果，应力求充分利用地形，实施有依托射击。条件许可时，应构筑依托物。依托物的高度应以射手的身体而定，一般为 25～30 厘米。在紧急情况下，还应善于利用不同高度的依托物实施射击。

(二) 瞄准

1. 正确瞄准

右眼通视缺口和准星，使准星尖位于缺口中央并与上沿平齐，指向瞄准点，就是正确瞄准。正确瞄准景况，应是准星与缺口的平正关系看得清楚，而目标看得较模糊（见图7-3）。

甲：准星与缺口的正确关系　　　　乙：正确的瞄准景况

图7-3　正确瞄准

2. 瞄准的方法

据枪后，应首先使瞄准线自然指向目标。若未指向目标，不可迁就而强扭枪身，必须调整姿势。需要修正方向时，可左右移动身体或两肘。需要修正高低时，可调整依托物，前后移动整个身体或两肘里合、外张（连发射击时，右肘不宜外张），也可适当移动左手的托枪位置。

瞄准时，应把主要精力集中在准星与缺口的平正关系上。如果把主要精力集中在准星与目标上，就会忽略准星与缺口的平正关系，使射弹产生偏差。

(三) 击发

击发时，用右手食指第一节均匀正直地向后扣压扳机（食指内侧与枪应有不大的空隙），余指力量不变。当瞄准线接近瞄准点时，开始预压扳机，并减缓呼吸。当瞄准线指向瞄准点时，应停止呼吸，继续增加对扳机的压力，直至击发，击发瞬间应保持正确一致的瞄准。若瞄准线偏离瞄准点或不能继续停止呼吸时，应既不增加也不放松对扳机的压力，待修正或换气后，再继续扣压扳机。

连发武器操纵点射时，应稳扣快松，扣到底松开为2～3发。在扣扳机的过程中，应始终保持姿势稳固，操枪力量不变，以提高连发射击命中精度。

据枪、瞄准、击发是互相联系和互相影响的动作。稳固协调的据枪，正确一致的瞄准，均匀正直的击发，三者正确的结合，是准确射击的关键。因此，必须刻苦学习，熟练掌握。

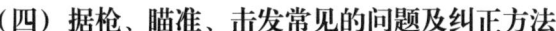

(四) 据枪、瞄准、击发常见的问题及纠正方法

1. 抵肩位置不正确

射击时，射手若不能正确地抵肩，会使射弹产生偏差。在通常情况下，抵肩过低易打低；抵肩过高易打高。纠正时，射手要反复体会正确的抵肩位置，并通过他人摸、推的方法检查抵肩位置是否正确。

2. 两手用力不当

射击时，射手为了命中目标，往往以强力控制枪的晃动，造成肌肉紧张，用力方向不正，姿势不稳，使枪产生角度摆动，增大射弹散布。纠正时，应强调据枪时正直向后适当用力，使用力方向与后坐方向一致。连发射击时，应保持姿势稳固，操枪力量不变。练习时，可采用据枪后由协助者向后推枪、拉枪机或射手两手向后引枪等方法，检查用力方向是否正确，若发生偏差，及时纠正。自动武器射击应特别注意防止右手上抬、下压或向后引枪等毛病。

3. 击发时机掌握不好

无依托射击时，有的射手常为捕捉瞄准点，造成勉强击发或猛扣扳机。纠正时，应指出瞄准线的指向在瞄准点附近轻微晃动是正常现象，当瞄准线在瞄准点附近轻微晃动时，应适时击发。

4. 停止呼吸过早

射击时，停止呼吸过早易造成憋气，使肌肉颤动而导致据枪不稳或猛扣扳机。纠正时，应使射手反复体会在瞄准线指向瞄准点或在瞄准点附近轻微晃动时自然停止呼吸的要领。在剧烈运动后，无法按正常情况停止呼吸时，应进行深呼吸后再停止呼吸。

5. 耸肩、眨眼和猛扣扳机

射击时，由于射手过多地考虑枪响时机、点射弹数、射击成绩等原因，造成心情紧张，产生耸肩、眨眼和猛扣扳机等错误动作，影响射弹命中。纠正时，应强调按要领操作，把主要精力、视力集中在准星与缺口的正确关系上，达到自然击发。

6. 枪面倾斜

瞄准时，如枪面偏左（右），射角减小，枪身轴线指向瞄准点左（右）边，射击时，弹着偏左（右）下。纠正时，强调射手据枪应保持枪面平正。

四、实弹射击

（一）实弹射击的组织程序

实弹射击的组织程序分为射击准备、射击实施、射击结束三个阶段。

1. 射击准备

（1）选择设置射击场地。射击场分为基本射击场和战斗应用射击场。基本射击场应选在地形平坦、视界开阔、靶挡可靠、靶壕安全的场地上。

(2) 组织参加实弹射击的人员学习射击规则。
(3) 检查武器弹药，矫正射效，准备所需器材。
(4) 确定射击指挥人员。通常由指挥员1人、地线指挥员2～4人、靶壕指挥员1人、调理员1人组成。
(5) 培训勤务人员。勤务人员由示靶员、电话员、信号员、警戒员、发弹员、记录员、信号观察员、军械修理员和医务人员等组成。
(6) 进行射击编组。

2. 射击实施
(1) 下达课目，明确目的，提出要求。
(2) 宣布射击条件、射击方法、射击编组名单及射击的先后顺序，指定各组负责人。
(3) 规定信（记）号。
(4) 派遣勤务、警戒。
(5) 给射手指示射击位置，射击目标，令发弹员发放子弹等。
(6) 指挥实施射击。当第一组进入射击地线后，令第二组至出发地线做好射击准备。

3. 射击结束
(1) 指挥员发出射击结束信号，收回各种勤务人员，集合部队。
(2) 宣布射击成绩，讲评射击情况。
(3) 布置擦拭武器，清理场地、器材。
(4) 提出下步训练要求。

（二）实弹射击条件

名称　对固定目标射击（第一练习）
枪种　步枪、冲锋枪
目的　锻炼射手对不动目标准确射击的技能
目标　胸环靶
距离　100米
姿势　卧姿有依托
使用弹数　5发（自动步枪10发，5个短点射）
成绩评定　优秀：命中45环以上或命中5发
　　　　　良好：命中35环以上或命中4发
　　　　　及格：命中30环以上或命中3发
实施方法　①表尺、瞄准点自选，自下达装子弹的口令起，5分钟内射击完毕。
　　　　　②每发射一次后报靶，并指示弹着点。

(三）实弹射击的有关规定

（1）实弹射击时，射手必须使用手中武器，如不能使用手中武器射击，须经有关领导批准。

（2）自动武器规定实施点射时，每出现一次单发，算一次点射；每超过一次点射，降低成绩一等。

（3）射击中如发生故障，射手应自行排除，继续射击；如因武器、子弹不良发生故障，可重新射击。

（4）跳弹命中目标靶，不计算成绩。对环靶射击，命中环线算内环。

（5）射手打错靶算脱靶，被打错者如无法判明错弹时，可重新射击。

（6）不及格者可补射一次，补射成绩不算单位成绩。

（四）射击场的组织和主要人员职责

（1）射击场指挥员。负责组织设置场地、派遣勤务、督促全体人员遵守射击场的各项规定和安全措施、指挥射击。

（2）警戒组。负责全场的警戒和观察任务。射击前应严密搜索并保证警戒区内无人员和牲畜；射击时严禁人员和牲畜进入警戒区。警戒人员应携带警戒旗，发现险情应立即发出信号向指挥员报告。

（3）示靶组。负责设靶、示靶和报靶。

（4）信号（观察）员。根据射击场指挥员的指示发出各种信号，并认真观察射击场的安全情况，发现险情立即报告。

（5）发弹员。按指挥员命令发给射手规定的子弹，收回剩余子弹。

此外，还应有记录员、医务人员。

（五）射击场的安全措施

（1）射击场必须有可靠的靶挡，并应构筑确保安全的示靶壕。

（2）射击场应区分出发地线和射击地线。无关人员不得越过出发地线。

（3）射击前，应向全体人员明确规定各种信号，如戒严、开始射击、停止射击（报靶）和射击终止等信号。

（4）开始射击信号发出后，示靶人员应迅速、确实地隐蔽好，严禁向外探望或外出。如需外出时，应用信号向射击指挥员报告，经许可后方可外出。

（5）射击前后必须验枪。不准将实弹和教练弹混在一起，没有指挥员的口令不准装填实弹，禁止将已装实弹的武器留在任何地方或交给任何人。报靶时严禁任何人进入射击地线摆弄武器或向靶区瞄准。

（六）靶场设置

（1）射击场必须有可靠的靶墙，能确保安全的示靶壕和隐蔽部；示靶壕的深度一一般为180～200厘米，并应注意避开高压线。

（2）射击靶位间隔不小于4米。靶位多时，应区分靶区和编排靶号，并以小旗或用号牌进行标示。出发地线和射击地线也应用同样的方法进行标示，以区分射击地段和射击位置。

（3）在靶场的两侧和靶墙顶部，出发地线的两翼通向靶区的道路口，以红旗标示警戒区。

（4）基本射击场，仰俯角不超过15°，射向不超过靶场两翼（见图7-4）。

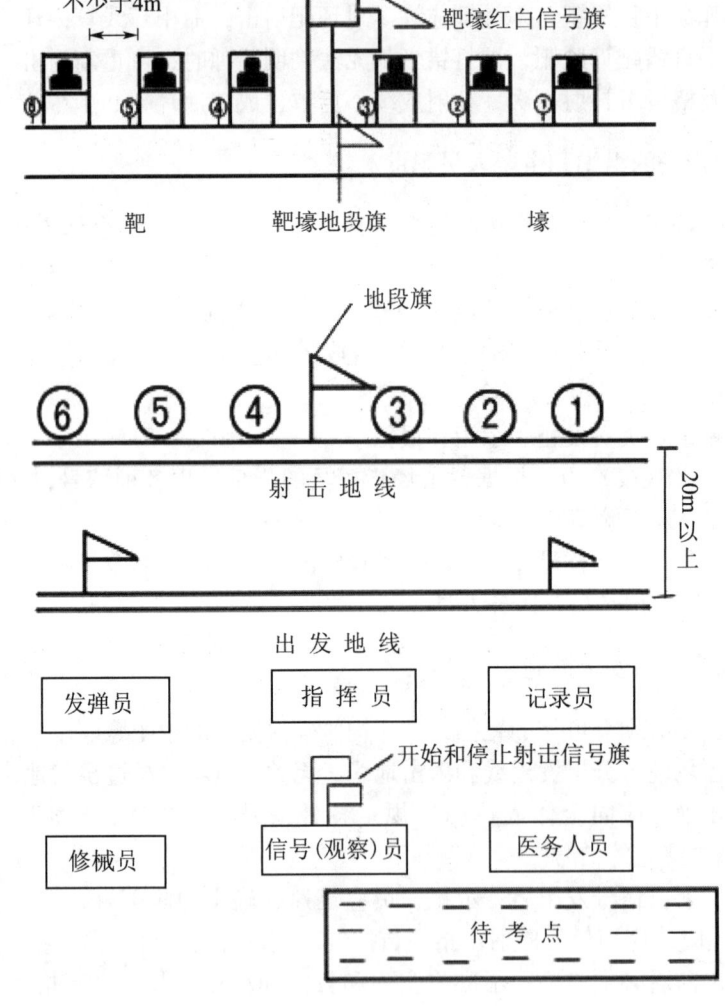

图7-4 基本射击场设置

(七) 报环靶的方法

1. 报环靶

用报靶杆报靶，报靶杆圆头直径 15～20 厘米，一面红，一面白，圆头（红色面向外）放在胸环靶的不同位置表示命中的环数，如图 7-5 所示。

左中间为 4 环，右中间为 5 环，左上角为 6 环，正上方为 7 环，右上角为 8 环；在靶中央上下移动为 9 环，在靶中央左右移动为 10 环；围绕靶画圆圈为脱靶。见图 7-5。

为了报出弹着点的偏差，报出环数后，将靶杆圆头（白面向外）放在靶子中央，再慢慢向偏差方向移出靶板两次。

2. 方法

（1）每发射一次，报靶一次，射击完毕后，再报出总环数和命中弹数。

（2）每组发射完毕后，报靶一次，同时报出总环数和命中弹数。

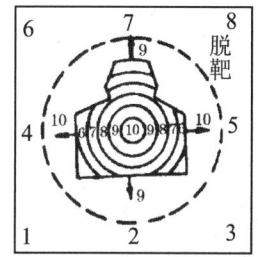

图 7-5 报靶杆和环靶

思考题

1. 什么是轻武器？一般分为哪几类？
2. 什么叫初速？决定初速大小的因素有哪些？
3. 如何克服阳光对瞄准的影响？
4. 据枪、瞄准、击发常见的问题有哪些？
5. 射击场的安全规则有哪些？

第八章 战　术

战术是指导和进行战斗的原则和方法，是进行战斗的指导艺术。主要包括：基本原则及兵力部署、协同动作、战斗指挥、战斗行动的方法和各种保障措施。战术从属于战略、战役，并对战略和战役产生一定的影响。

第一节　战术概述

一、战术基本原则

战术原则是指导和进行战斗的准则。它反映战斗的客观规律，是战斗指挥和行动的基本依据。不同类型的战斗有不同的战术原则，要根据实际灵活运用。自从战术产生以来，世界各国军队曾从不同角度和侧面提出过许多原则，比较带有共同性、稳定性并在现代条件下仍然运用的，主要有下列基本原则。

（一）目的明确

保存自己与消灭敌人，是战斗的基本目的。战斗中，消灭敌人是主要的，保存自己是第二位的；只有大量消灭敌人，才能有效地保存自己。进攻与防御是达成战斗目的的基本手段。进攻具有主动性，是消灭敌人的主要手段；防御具有被动性，是保存自己和辅助进攻的手段。

（二）知彼知己

知彼知己是正确指导战斗的基础。因此，必须熟识敌我双方各方面的情况，从中找出行动的规律，用于指导自己的行动，使主观指导符合客观实际。知彼知己包括用各种侦察手段查明敌情；正确理解上级作战企图，熟悉友邻部队；熟悉战斗环境。并且要在战斗中，把侦察、判断贯穿于始终，不断掌握战场情况的发展变化，适时修改计划，当情况发生重大变化时，及时下定新的决心，确定新的行动方法，或调整部队的行动，使主观指导符合不断变化的客观实际。

（三）集中兵力

集中优势兵力，掌握战斗的主动权，是克敌制胜的根本方法。现代技术特别是高技术条件下，无论进攻或防御，均需在主要方向上和重要时机，集中强大的兵力、火力，并作纵深疏散配置。兵力集中力求迅速、隐蔽和适时。

（四）主动灵活

主动权是军队行动的自由权，行动的自由是军队的命脉。灵活是指挥员审时度势、恰当处置情况的一种才能，是自觉能动性在战斗中的表现。现代技术特别是高技术条件下，战斗情况复杂，变化急剧，指挥员需在客观物质基础上，充分发挥主观能动性，灵活指挥战斗。

（五）出敌不意

出敌不意的行动，可以改变敌我双方优劣形势，使敌人丧失优势和主动，以小的代价夺取大的胜利。现代技术特别是高技术条件下，需周密侦察，发现敌人的弱点，掌握其行动规律；采取有效的伪装和保密措施，实施兵力、火力、电子佯动来欺骗、迷惑敌人，造成敌人的错觉和大意，隐蔽己方的企图和行动；利用夜暗、不良天气或有利地形，隐蔽、迅速地接近敌人，在敌意想不到的时间和地点集中实施兵力、火力突击和电子干扰，乘敌混乱和协调失灵之际，不失时机地歼灭敌人。

（六）密切协同

各军种、兵种、部队在统一计划下，按目的、时间、地点协调一致地行动，充分发挥整体威力，合力打击敌人，是夺取战斗胜利的关键。参战部队须贯彻统一的战术思想，实行集中统一的指挥；部队须正确理解上级的意图，坚决贯彻上级决心，严格执行协同计划，遵守协同纪律，主动配合，相互支援。当情况发生变化或协同失调、遭到破坏时，适时调整或恢复协同动作，保证协调一致地完成战斗任务。

（七）全面保障

实战经验证明，周密准备，组织战斗保障、后勤保障和技术保障，对于顺利执行战斗任务具有重要意义。现代高技术条件下，须集中主要保障兵力和器材，保障主要方向和执行主要任务的部队的行动，并控制预备兵力和器材；各种保障行动须符合战斗行动的要求；专业分队保障与部队自身保障相结合；使用制式器材与使用就便器材保障相结合。战斗中，必须综合运用各种力量，适时供应战斗所需的物资、器材；及时救治伤病员，巩固和提高部队连续战斗的能力。

二、战斗的基本类型

战斗，是敌对双方的兵团、部队、分队（单机、单舰）在较小的空间和较短的时间内进行的有组织的武装冲突，是夺取战争胜利的主要手段。战斗的目的是歼灭或击溃敌人，攻占或扼守地区和目标。战斗从属于战役，但又有其独立性。我军战斗的基本类型，分为进攻战斗和防御战斗两种。

（一）进攻战斗

进攻战斗是主动进击敌人的战斗行动，是消灭敌人的主要手段。其主要目的是歼灭敌人的战术集团，攻占重要地区或目标。它与防御战斗相比，具有较多的优越性。主要表现在：一是进攻者掌握有行动的主动权。二是可以预先做好战斗准备。三是能够造成兵力兵器对比的优势。四是便于达成战斗的突然性。五是便于提高军队的士气，增强突击力量。

从上述内容可以看出，进攻是在交战中保持和夺取战场主动权最重要的战斗行动。只有实施坚决、勇猛的进攻，才能彻底消灭敌人，逐步削弱敌人的有生力量和战争潜力，达到最后战胜敌人的目的。

现代进攻战斗通常在使用现代技术特别是高技术武器装备条件下进行，并在激烈的电子对抗中，于地面和空中、前沿和纵深同时展开，具有更大的突然性、坚决性和快速性。

（二）防御战斗

防御战斗是抗击敌人进攻的战斗行动，是辅助进攻或准备转入进攻的一种手段。它通常是在保卫重要地区或目标，阻隔敌人或阻敌增援、突围，掩护主力集中、休整或机动，巩固占领地区或保障主力翼侧安全等情况下实施的。其目的是杀伤、消耗、迟滞敌人，扼守阵地，争取时间，为转入进攻或保障其他方向的进攻创造条件。

防御战斗是一种被动的作战形式。防御者通常在兵力兵器对比上处于劣势，其战斗行动受进攻一方的制约较大，不得不经常处于高度紧张的状态，要随时准备抗击敌人从任何方向实施的突击。因而，防御战斗容易陷入被动地位，大不如进攻战斗能够充分发挥主动权。但是，防御者却能同超过自己数倍的敌人作战，并往往能够挫败敌人的进攻，其主要原因就是它具有进攻者所不具备或不能完全具备的许多长处：一是能够依托有利的地形和阵地条件进行战斗和防护；二是可以建立严密的火力配系，增大火力杀伤的效果；三是可以实施有效的伪装；四是便于利用有利地形，灵活地机动兵力兵器；五是能够以逸待劳；六是能更多地得到民众的直接支援和配合。

防御者如能巧妙地利用这些长处，并充分发挥阵地的优势和积极顽强的战斗精神，就能弥补兵力兵器之不足，以较少的兵力抗击敌人优势兵力的突击，达到守住阵地、重创敌人的目的。

现代技术特别是高技术条件下的防御战斗,在地面(或水面)和空中前沿和纵深同时展开;战斗突然性增大,组织准备的时间缩短;电子对抗激烈;提高生存能力更加重要;攻势行动更加广泛;情况变化急剧,指挥协同复杂。因此,防御战斗必须树立积极防御的思想和全局观念;有重点地部署兵力,掌握强有力的预备队。

三、战斗样式

战斗样式是指战斗的式样和形式,是在战斗类型基础上所做的进一步分类。参照标准不同,战斗样式的划分也不尽相同。通常按照敌情、地形、战斗形式等情况,进行战斗样式的划分。

(一) 进攻战斗的样式

我军进攻战斗的基本样式,依敌人行动的性质和态势而复杂多样。

1. 对野战阵地防御之敌的进攻战斗

对野战阵地防御之敌的进攻战斗,是指对依托野战阵地并已建立较完善防御体系之敌的进攻战斗,是进攻战斗的一种样式。其目的是歼灭敌人,攻占敌防御阵地。

敌军的野战阵地防御是一种预有准备的防御。虽然阵地尚不坚固、完善,但敌军有有利地形和一定的工事、障碍作为依托,形成了以坦克、装甲战车为骨干的支撑点式的环形防御和严密的火力配系,并能以地面和空中的快速机动,迅速调整部署或组织增援。因此,要歼灭这样的敌人,战斗将空前激烈,人力物力消耗显著增大。

对野战阵地防御之敌进攻的基本要求:一是快速准备。迅速查明敌情,果断定下决心,周密组织协同动作,尽快完成进攻准备。二是集中优势兵力。迅速隐蔽地集中优势兵力兵器,建立纵深、梯次、立体、有重点的部署,形成和保持强大的突击力,预备队使用在具有决定意义的时机和方向上。三是采取强攻或袭击。选敌弱点,突然攻击,重点突破,实施纵深打击和立体封锁,迅速分割包围,各个歼灭敌人。四是全面组织保障。周密组织战斗保障、技术保障和后勤保障,及时而有重点地实施,采取自身保障与专业兵保障相结合,确保战斗顺利进行。

2. 对仓促防御之敌的进攻战斗

对仓促防御之敌的进攻战斗是指对预先没有防御准备、临时转入防御之敌的进攻战斗,是进攻战斗的一种样式。其目的是不失时机地迅速攻歼敌人。

对仓促防御之敌的进攻战斗,通常是敌人在运动中受阻、进攻中受挫、遭遇战斗失利、空降后被围等情况下发生的。这种敌人预先没有准备或准备时间短促,地形不熟,兵力部署不周密,火力配系不完善,没有或很少有工事、障碍物,有暴露的翼侧和间隙,侦察、警戒和协同组织不严密,指挥不稳定。因而,对仓促防御之敌的进攻,是对防御准备不足、比较好打之敌的进攻战斗。

对仓促防御之敌进攻战斗的基本要求是:尽快查明敌情、地形情况,快速组织部队开进和展开,抓紧战斗准备,迅速发起进攻;力求袭击,同时准备强攻,一旦袭击不成,立即转入强攻;多路而有重点地攻击,大胆分割包围;统一计划,密切协同,主动支援配合,加强战斗保障。

3. 对空降着陆之敌的进攻战斗

对空降着陆之敌的进攻战斗是指对空降着陆集结、展开进攻或临时转入防御之敌的进攻战斗,是进攻战斗的一种样式。

对空降着陆之敌的进攻战斗,其基本要求:一是迅速查明敌空降地域、时间、兵力和行动企图;二是果断定下决心,快速实施机动,力求运用急袭战法,以快制快;三是采用围攻部署,增大首次突击力,大胆穿插、迂回,围歼敌人;四是加强对空火力,阻敌空中支援,实施电子干扰,破坏敌陆空联络。对空降着陆集结之敌,通常以航空兵、炮兵进行火力突击,杀伤敌人;工程兵快速布雷,制止其机动;攻击部队从行进间发起攻击,进行多路有重点的围攻;防空兵积极打击敌飞机、直升机,掩护地面战斗。对攻击前进之敌,通常以各种火力实施突击;使用机降分队或先遣支队抢占有利地形,阻敌前进;主力向敌翼侧猛烈突击,歼敌于运动中。对临时转入防御之敌,通常用猛烈的火力急袭,步兵、坦克突然发起攻击,大胆利用敌之间隙、翼侧,迅速向敌纵深发展进攻,实施迂回包围,穿插分割,各个歼灭敌人。

4. 对坚固阵地防御之敌的进攻战斗

对坚固阵地防御之敌的进攻战斗是指对占领永备筑垒地域,有充分防御准备之敌实施的进攻战斗,是进攻战斗的一种样式。

坚固阵地防御之敌,防御准备充分,工事坚固,兵力部署、火力配系、障碍物设置和阵地编成周密完善。对这种敌人进攻,其主要特点:一是准备时间长;二是投入的兵力、兵器多;三是攻击难度大,双方争夺激烈,战斗消耗大。进攻这种敌人的基本要求:一是充分准备。精心计划,周密组织,详细查明各种情况,秘密做好战斗准备。二是正确部署兵力。集中优势兵力、火力,采取纵深梯次部署,编组强击支队,掌握强大预备力量。三是严密组织火力。力求加大火力密度,适当延长火力准备时间,视情况实施预先火力准备,广泛进行直瞄破坏射击。四是采取重点突破。集中优势兵力、火力和器材,选择敌人弱点,实施重点突破,连续强击,分割包围,各个歼灭敌人。五是周密组织协同。详细制定协同计划,反复熟悉协同程序,战前组织协同演练,战中主动支援配合,加强协同通信。六是加强战斗保障。统一使用保障力量,重点加强工程保障,准备足够的爆破和破障器材,增大物资器材储备,确保攻坚顺利进行。

5. 破袭战斗

破袭战斗是破坏或袭击敌人的交通线、机场、技术兵器基地和指挥、通信、后方补给系统,以及其他重要目标的战斗行动。其目的是限制敌人机动,切断其后方供应,瘫痪敌人指挥系统,消耗、钳制或调动敌人,以配合主要方向的作战行动。

破袭战斗,须详细侦察、周密计划、充分准备;力求采用奔袭的方法,出敌不意,速战速决。组织实施破袭战斗时,通常选择能给敌人造成重大损失,或对其作战行动产生重大影响而又便于己方实施破坏作业的重要设施为破袭目标;确实查明破袭目标的情况和接近目标的方向及路线;将大部兵力编为破袭部队,一部兵力编为掩护部队和合成预备队，根据情况组织炮兵破袭队。战斗中，尽量利用夜暗或不良天气，多路、隐蔽、迅速地接近目标，同时以地方武装的佯动、袭扰迷惑敌人，以破袭部队实施多点同时破袭或集中兵力逐点破袭；以炮兵破袭队对易爆易燃目标实施火力破袭，以掩护部队迅速抢占要点，随时准备粉碎敌人地面或空中的支援。完成破袭任务后，或不宜继续破袭时，须多路、快速撤离，并注意防敌伏击、机降兵截击和炮兵、航空兵火力袭击。

未来战争中，破袭战斗的地位将更加重要，手段将更加多样化，直升机将被广泛用于破袭战斗；破袭与反破袭的斗争将更加紧张、激烈、复杂。

（二）防御战斗的样式

我军防御战斗的基本样式，按目的、任务和手段，分为阵地防御战斗和机动防御战斗、运动防御战斗；按准备时间，分为预有准备的防御战斗和仓促防御战斗；按地形、气候等条件，还有山地防御战斗、荒漠草原地防御战斗、热带山岳丛林地防御战斗、高寒地防御战斗、城市防御战斗、海岸防御战斗、岛屿防御战斗、江河防御战斗和水网稻田地防御战斗以及夜间防御战斗等。

1. 坚固阵地防御战斗

坚固阵地防御战斗是依托以永备工事为骨干的坚固阵地进行的防御战斗，是阵地防御战斗的样式之一。目的是长期坚守重要地区或目标，大量杀伤、消耗、钳制和分割敌人，为机动部队歼敌创造条件。

坚固阵地防御的基本要求：树立长期坚守、独立作战的思想；集中兵力、兵器于主要防御方向，掌握强有力的预备队；充分利用地形，形成全纵深、全方位、有重点、坚固的防御体系；充分发挥各兵种特长，密切组织协同，形成整体力量；周密组织各种保障，提高部队战场生存能力和持久战斗能力；坚定、沉着、灵活、果断地组织指挥。

2. 野战阵地防御战斗

野战阵地防御战斗是依托野战阵地进行的防御战斗，是阵地防御战斗的样式之一。目的是杀伤、消耗敌人，保卫重要地区或目标，为转入进攻或保障其他方向上的进攻创造条件。

野战阵地防御的基本要求：必须从战役全局的需要出发，科学计划，突出重点，在有限时间内迅速完成防御准备；构成全纵深、全方位、立体、有重点的稳固的防御体系，能抗击敌人连续突击；建立以支撑点为基础的纵深、环形的阵地体系；严密组织对地、对空火力配系，特别是反坦克火力配系；充分利用有利地形，快速构筑工事和布设障碍物；采取综合防护措施，降低敌火力毁伤效果；广泛机动兵力、火力，发挥诸兵种整体威力，顽强抗击与积极的攻势行动相结合，正面抗击与侧后袭击和阵地内伏击相结合，挫败敌人的进攻。

3. 仓促防御战斗

仓促防御战斗是预先没有准备或准备时间短促的防御战斗，是防御战斗的样式之一。目的是争取主动，为主力进攻或展开组织防御创造有利条件。

仓促防御战斗的基本要求：抢占有利地形，控制要点，争取有利态势；疏散而有重点地部署兵力，控制强有力的预备队；快速而有重点地构筑工事，设置障碍物和组织火力；以攻助守，以多种手段积极主动地打击敌人，坚决抗住敌人的首次攻击；抓紧时间尽快完善防御体系。

4. 运动防御战斗

运动防御战斗是指在一定地区和时间内逐次转换阵地，节节抗击敌人进攻的防御战斗。其目的是消耗、钳制、迟滞敌人，以空间换取时间，或吸引调动敌人，为主力歼敌创造有利条件。

运动防御战斗通常在阻敌增援或尾追、诱敌深入、钳制敌人、掩护主力集结等情况下实施。组织战斗时，一般按任务选择有利地形构成阻击阵地，有重点地构筑工事，设置障碍，并加强伪装；明确编组及任务区分；周密计划控制翼侧、间隙地和部队转移时的火力。战斗中，依托阵地，控制要点，集中火力，顽强抗击，力求坚守到预定时间；以袭击、伏击、阻击等手段阻滞敌人，为守住主阵地创造有利条件；适时机动兵力、火力和障碍物，控制暴露翼侧和间隙地，制止敌人迂回、分割；乘敌攻击受挫、立足未稳等有利时机，迅速机动兵力、火力，以反击、反冲击，消灭突入阵地之敌。根据上级企图和战斗情况，利用夜暗或不良天气，适时向新的阻击阵地转移；转移时，以各种手段防敌火力袭击、机降截击、坦克部队跟进突击，组织道路、警戒和调整勤务等保障，及时协调各部队行动，完成防御任务。

未来战争中，由于军队火力、机动力、突击力的提高，运动防御战斗将是全纵深、全方位的立体抗击，并更加强调以积极的行动打击敌人。

第二节　单兵战斗动作

一、利用地形地物

利用地形地物的目的在于隐蔽身体，发扬火力；只有充分地发扬火力，消灭敌人，才能有效地保存自己。因此，在利用地形地物时，应首先着眼于发扬火力。

（一）利用地形地物的目的和要求

利用地形地物，可以有效地杀灭敌人，保存自己。战士在利用地形地物时，应根据不同情况灵活地利用和善于改造地形地物，力求做到：便于观察、射击和隐蔽身体；便于接近与离开；便于防敌地面和空中火力杀伤；不妨碍班（组）长的指挥、邻兵的动作和火器射击；不要拥挤在一起，以免增大伤亡；尽量避开独立、明显的物体和难于通行的地段。火箭筒手利用地形地物时，应有良好的射界，在火箭弹飞行的路线上不得有障碍物；筒后30米内不能有人，以免伤害自己。

（二）利用地形地物的方法

利用地形地物时，应根据遮蔽物的高低、大小、距敌远近，是否被敌发现及敌火力威胁程度等情况，采取适当的姿势，迅速隐蔽地接近，由下而上地占领，周密细致地观察，不失时机地出枪（筒）。对不便于射击的位置应加以改造，在同一地点不要停留过久，视情况灵活地变换位置。

1. 对堤坎、田埂的利用

堤坎、田埂有纵向、横向之分。横向的利用背敌斜面或残缺部位，火箭筒（机枪）手通常将脚架支在背敌斜面上，筒口距地面不得小于20厘米；纵向的通常利用弯曲部或顶端一侧，依其高度取适当姿势。堤坎高于人体时，应挖踏脚孔或阶梯。如利用堤坎对空射击时，通常利用其顶部，并根据其高度取不同姿势（见图8-1）。

图8-1　对堤坎、田埂的利用

2. 对土（弹）坑的利用

通常利用其前沿，根据敌情以及坑的大小、深度，以跳、滚、匍匐等方法进入，并取适当姿势；对空射击时，以坑沿作依托或背靠坑壁进行射击。火箭筒手应利用坑的右前沿作依托，以防射击时喷火自伤（见图8-2）。

图8-2　对土（弹）坑的利用

3. 对土堆（坟包）的利用

通常利用独立土堆（坟包）的右侧；如视界、射界受限制或右侧有敌火力威胁时，也可利用其左侧或顶端。双土堆（坟包）利用其鞍部。对空射击时，通常利用其后侧或顶端（见图8-3）。

图8-3 对土堆的利用

4. 对堑壕、交通壕（沟渠）的利用

对堑壕、交通壕的利用在防御战斗中较多。通常利用其掩体、壕壁或拐弯处隐蔽身体，依其上沿或拐角作射击依托。

5. 对树木（线杆）的利用

通常利用其右后侧，根据树木的大小取适当姿势。大树（直径50厘米以上）可取多种姿势，较小的树通常采取卧姿。机枪手通常采取卧姿，根据树的粗细和地形情况，脚架可超过树木。火箭筒手卧姿射击时，应将筒口前伸超过树木或离开树木20厘米，以便使火箭弹脱离筒口时尾翼能张开（见图8-4）。

图8-4 对树木的利用

6. 对墙壁、墙角、门窗的利用

（1）墙壁：按其高度取适当姿势，矮墙可利用顶端或残缺部，墙高于人体时，可挖射孔或将脚垫高。机枪手利用墙壁射击时，可将脚架折回。

（2）墙角：通常利用右侧，左小臂紧靠墙角，取适当姿势。火箭筒手利用墙角射击时，筒口距墙角不小于20厘米。

（3）门窗：门通常利用左侧（见图8-5）；窗可利用左（右）下角。

图 8-5 对门的利用

二、敌火下运动

战士在敌火下运动时,应根据敌情、任务,善于利用地形,灵活地采取不同的运动姿势和方法,正确处置各种情况,隐蔽迅速地接近敌人或实施机动。

(一)运动的时机和要求

1. 时机

战士在敌火下运动时,应按班(组)长的口令,充分利用我火力掩护和烟幕迷漫的效果,乘敌火力减弱、中断、转移和坦克炮塔转向等有利时机,迅速隐蔽地运动。有时可采取欺骗、迷惑手段,创造条件,突然前进。

2. 要求

运动前,战士应根据敌情、任务和地形的不同形态、隐蔽程度,选择好前进路线和暂停位置;运动中,应不间断地观察敌情、地形和班(组)长的指挥,灵活地变换各种运动姿势和方法,保持前进方向和与邻兵的协同动作;发现目标时,应按班(组)长的口令或自行射击,将其消灭;要做到运动、火力、防护三者紧密结合;尽量避免横方向运动,必须横方向运动时,距离不应过长,以减少伤亡。

(二)运动的姿势与方法

1. 直身前进

在距敌较远,地形隐蔽,敌观察、命中不到目标时采用。其要领是:目视前方,右手持枪(筒),大步或快步前进。

2. 屈身前进

在遮蔽物略低于人体时采用。其要领是:目视前方,右手持枪(筒),上体前倾,头部不要高出遮蔽物,两腿弯曲(屈身程度视遮蔽物高低而定),大步或快步前进。

3. 跃进

在敌火下迅速通过开阔地时采用的运动方法。跃进时要做到跃起快、前进快、卧倒快。跃进前,应先观察前方地形,选择好前进路线和暂停位置,尔后,迅速突然地前进。如卧姿跃起时,可先向左(右)移(滚)动,以迷惑敌人。前进时,应目视前方,屈身快跑。当进到暂停位置或遭敌猛烈射击时,应迅速隐蔽或卧倒。卧倒时,左脚向前一大步,身体下塌,左膝稍内合,以左膝、左手、左肘着地,迅速卧倒;也可右脚向前一大步,左手撑地迅速卧倒。机枪、火箭筒手需要架枪(筒)卧倒时,左手打开脚架,将枪(筒)对向目标,架在地上,两手在枪(筒)身左侧撑地,两脚同时后伸,迅速卧倒。

4. 滚进

在卧姿时,为避开敌人观察、射击而左右移动或通过棱线时采用。其要领是:将枪关上保险,左手握枪表尺上方,右手握枪颈或两手握上护木,枪面向右,顺置于胸、腹前抱紧,两臂尽量向里合,两脚腕交叉或紧紧并拢,全身用力向移动方向滚进。运动中,也可在卧倒的同时向移动方向滚进。

5. 匍匐前进

匍匐前进是在通过敌机枪、自动枪火力封锁较短地段,或利用较低的遮蔽物前进时采用。根据遮蔽物高低分为低姿、高姿、侧身匍匐和高姿侧身匍匐四种。

(1)低姿匍匐:在遮蔽物高约40厘米时采用。其要领是:腹部贴于地面,屈回右腿,伸出左手,用右脚内侧的蹬力和左手的扒力使身体前移,在移动的同时,屈回左腿,伸出右手,用左脚内侧的蹬力和右手的扒力使身体继续前移,依次交替前进。携步(冲锋)枪时,右手掌心向上,枪面向右,虎口卡住机柄,并握住背带,枪身紧靠右臂内侧,也可右手虎口向上,握枪的上背带环处,食指卡住枪管,将枪置于右小臂上(见图8-6)。

图 8-6 低姿匍匐

(2)高姿匍匐:在遮蔽物高约60厘米时采用。其要领是:用两小臂和两膝支撑身体前进。携枪(筒)方法同低姿匍匐,有时可将枪托(筒尾)向右,两手托枪(筒),火箭筒副射手可背背具或以两小臂托背具的方法前进(见图8-7)。

图 8－7　高姿匍匐

（3）侧身匍匐：在遮蔽物高约 80 厘米时采用。其要领是：身体左侧及左小臂着地，左大臂向前倾斜支撑上体，左腿弯曲，右腿收回，右脚靠近臀部着地，右手握枪（筒），用左臂的支撑力和右脚跟的蹬力使身体前移，火箭筒副射手可将背具夹于右胁或右手拉背具前进（见图 8－8）。

图 8－8　侧身匍匐

（4）高姿侧身匍匐：通常在遮蔽物高 80～100 厘米时采用。其要领是：左手和左小腿外侧着地，右手提枪（筒），以左手的支撑力和右脚掌的蹬力使身体前移（见图 8－9）。

图 8－9　高姿侧身匍匐

（三）对各种情况的处置

1. 遭敌机轰炸、扫射时的动作

当敌机轰炸时，应按上级命令快速前进；或立即利用地形隐蔽，待炸弹爆炸后继续前进；也可利用敌机投弹间隙迅速前进。当敌武装直升机发射火箭或扫射时，应立即利用地形隐蔽，并抓住敌武装直升机悬停、俯冲扫射等有利时机进行对空射击。

2. 遭敌炮火袭击时的动作

在接敌时要随时准备防敌炮火袭击。当遭到敌零星炮火袭击时，应注意听、看，快速前进，如判断炮弹可能在附近爆炸时，应立即卧倒，待炮弹爆炸后继续前进；当遭敌猛烈炮火袭击时，应趁炮弹爆炸的间隙，利用弹坑和有利地形逐次跃进；当通过敌炮火封锁区时，战士应观察敌炮火封锁的规律，利用敌射击间隙快跑通过，如封锁区不大，也可绕过；当发现化学炮弹爆炸时，应立即穿戴防护器材，尔后快速通过。

3. 遭敌核、化学、生物武器袭击时的动作

当接到敌核武器袭击警报时，应根据命令，迅速隐蔽或继续前进，随时做好防护准备。当发现核爆炸闪光时，应迅速防护。冲击波一过，视情况穿戴防护器材，迅速前进。

当接到化学袭击警报或遭敌化学袭击时，应立即穿戴防护器材，或利用就便器材进行防护。如遇敌染毒地段时，应穿戴防护器材迅速通过，或根据指示绕过。

当敌对我施放生物战剂气溶胶时，应戴防毒面具或戴简易防护口罩、自制防护眼镜、风镜等，做好对呼吸道、面部和眼睛的防护。如敌投掷带菌媒介物时，应戴手套、穿靴套、披上斗篷或穿上雨衣，扎紧袖口、领口、裤脚口，以防生物战剂气溶胶污染和带菌昆虫叮咬皮肤。

4. 遇敌雷区、定时炸弹、电子侦察器材时的动作

遇敌雷区和定时炸弹时，战士应迅速报告上级并进行标示，按照班（组）长的口令排除或绕过。对敌设置（投放）的电子侦察器材，应迅速排除。排除时，应先查明是否设置有爆炸物，尔后视情况将其排除或炸毁。

5. 与其他火器、邻兵协同的动作

战士在接敌时，要互相支援，主动协同，交替掩护前进。冲锋（步）枪手应主动以火力掩护反坦克火器和机枪的行动，并及时为其指示目标，利用其射击效果前进。必要时，让开有利的射击位置和前进路线。当邻兵前进时，应以火力掩护；邻兵受阻时，应主动以火力支援或勇猛迅速地前进；当落后于邻兵时，应迅速跟上，向最前面的战士看齐。如火箭筒（机枪）手不能继续执行战斗任务时，战士应主动接替。

（四）近迫作业

战士在敌火下运动，需要在开阔地停留时，可根据班（组）长的口令或自行近迫作业。其要领是：卧倒后，将枪（筒）放在右侧或上方一臂之处，机柄向下，侧身取下小锹，先从一侧由前向后挖掘，将土投到前方堆成胸墙，一侧挖好后，翻身侧卧于坑

内，继续挖另一侧，直到能掩护全身为止。在土质松软的情况下，可用锹挖、手推、脚蹬的方法构筑卧射掩体。火箭筒手和机枪手，视情况可正副射手同时进行作业，也可一人射击，一人作业。作业时，姿势要低，动作要快，并不断观察敌情和班（组）长的指挥，随时准备射击或前进。

三、准备冲击与冲击

战士在冲击时，必须具有一往无前的精神，以压倒一切敌人的英雄气概，根据不同的冲击目标、地形及任务，灵活地采取不同的冲击行动，勇猛冲入敌阵，坚决消灭敌人。

（一）冲击准备

战士占领冲击出发阵地后，应根据情况构筑（加修）工事，注意观察和伪装，看清冲击目标、冲击路线、通路位置，记住班（组）、自己的任务和信（记）号。听到"准备冲击"的口令，应迅速做好如下工作：装满子弹（火箭弹），准备好手榴弹和爆破器材；整理好装具，系好鞋带、扎好腰带和子弹袋，装具尽量靠后，以免妨碍冲击动作；做好跃起或跃出工事的准备，遮蔽物较高时，应挖好踏脚孔。

做好准备后，向班（组）长报告，报告方法："×××冲击准备完毕"。

（二）冲击

1. 通过通路时的动作

战士听到"冲击前进"的口令或看到冲击信号时，应迅速跃起或跃出工事，最大限度地利用我火力效果，迅猛地向指定目标冲击前进。接近通路时，应按班（组）长规定的顺序，迅速进入通路。如通路纵深较小时，应利用我炮火准备的效果，快跑通过；通路纵深较大时，应在我炮火的掩护下，分段逐次跃进通过。在通路中遇有地雷等残存障碍物时，应根据班（组）长的指示和障碍物的性质，以爆破法和破坏法进行排除，或使用就便器材克服通过。在通过中，战士应充分利用通路两侧边缘的有利地形和我火力掩护的效果，灵活迅速地前进。发现目标时，应及时以火力将其消灭。机枪手在通路中，可采取行进间射击，或迅速抢占通路一侧的有利地形进行射击，但射弹不得横贯通路，以免影响邻兵动作。

2. 向敌步兵冲击时的动作

通过通路后，进至投弹距离时，应自行或按班（组）长的口令，向敌堑壕投弹，趁手榴弹爆炸的瞬间，勇猛冲入敌阵地，以抵近射击，拼刺消灭敌人，并不停地向指定目标冲击。

当几个敌人同时向自己逼近时，应首先消灭威胁大的敌人；当敌与友邻战士格斗时，应主动支援；如敌逃跑时，应以火力追歼。机枪手和火箭筒手应迅速抢占敌前沿的有利地形，以猛烈的火力压制、消灭敌人。

3. 沿壕搜索

（1）进入和跃出堑壕的动作：进壕前，应仔细观察潜听，判明壕内情况，选择进入位置，视情况灵活地采取直接跳入和支撑跳入等方法迅速进入。堑壕较深时，通常采取支撑跳入，其要领是：接近壕沿时，以一手一脚支撑壕沿，一手持枪（筒），身体下塌，面向前进方向，迅速转身跳入堑壕内；堑壕较浅时，可直接跳入，其要领是：接近壕沿时，可双手端枪或将枪顺置于胸前，以脚的弹力，迅速向搜索方向转体跳入，在脚掌着地的同时，迅速端枪或持枪搜索前进（见图8-10）。机枪、火箭筒手也可将枪（筒）放在壕沿上，跳入后再取枪（筒）。

图8-10 进入和跃出堑壕动作

跃出堑壕时，应尽量利用掩体、踏脚孔或残缺部，视情况采取支撑跃出和直接跃出的方法。堑壕较深时，可将枪（筒）放于壕沿，用两手的支撑力和两脚的蹬力跃出堑壕，再取枪（筒）前进；堑壕较浅时，左手扒壕沿，左脚踏踏脚孔或壕壁，以左手的扒力和两脚的蹬力跃出堑壕。

（2）壕内运动和搜索方法：进入壕内后，应先消灭附近之敌，尔后迅速利用掩体或壕的拐弯处，逐段搜索前进，并与壕外战士密切协同，随时准备消灭突然出现之敌。运动时，通常端枪，前面有邻兵时也可持枪，姿势要低，脚步要轻，身体靠近壕墙一侧，耳听目视。进到拐弯处后，应利用拐弯处的内侧隐蔽身体，仔细观察，查明前方情况；通过壕的直线段时，动作要快，应屈身快跑，迅速接近下一段壕的拐弯处，避免在直线段中停留。发现敌人时，应迅速果断、先机制敌，以射击、投弹和拼刺消灭敌人，尔后继续搜索前进。当沿壕内运动向敌坦克接近时，火箭筒手应不断观察壕内外及敌坦克射击情况，进到有利位置后，可利用壕沿一侧作射击依托，射击时注意筒尾高度，以防喷火烧伤；爆破手也要注意壕内搜索，待接近有利位置，迅速取下爆破器材，准备好后，突然接近将其炸毁。

四、消灭冲击之敌

战士在抗击敌人冲击时，应根据班（组）长的命令，利用工事、结合障碍，充分发挥手中武器和爆破器材的威力，坚决消灭冲击之敌。

（一）消灭开辟通路和通过通路之敌

当敌坦克利用火力掩护，在我前沿障碍物中开辟通路时，火箭筒手应根据班（组）长的命令，隐蔽迅速地占领发射阵地或利用地形适当前出，以突然准确的火力击毁敌坦克，并注意观察射击效果。在障碍区隐蔽待机的战士，可利用烟雾迷漫的效果，以突然勇猛的动作投送爆破器材，炸毁敌坦克，并视情况以防坦克地雷封闭通路。当敌工兵、步兵开辟通路时，冲锋（步）枪、机枪手应根据班（组）长的命令，隐蔽地占领射击位置，以突然准确的火力消灭敌步兵和工兵。

当敌坦克、步兵战车（装甲输送车）接近和通过通路时，火箭筒手应迅速机动至有利的射击位置，抓住敌坦克被我障碍所阻、停顿、减速、转向、上下坡等有利时机，瞄准先头装甲目标的薄弱部位，将其击毁，以堵塞通路；发射后应注意观察射击效果，视情况击毁其他跟进的目标；如敌火力威胁较大时，应灵活地变换射击位置。当敌坦克、步兵战车（装甲输送车）进到操纵雷区时，负责操纵地雷和抛射炸药包的战士，应适时起爆。如敌步兵跟随坦克通过通路时，冲锋（步）枪、机枪手应抓住敌收拢队形、进入通路、队形密集等有利时机，以突然猛烈的火力切断敌步、坦联系，消灭敌步兵。

（二）消灭逼近前沿之敌

当敌坦克、步兵战车（装甲输送车）逼近前沿时，战士应沉着果断，将其击毁在前沿前。火箭筒手应以斜射、侧射火力首先击毁对我威胁最大的敌装甲目标，尔后迅速转移火力击毁其他目标。冲锋（步）枪、机枪手应注意观察，准备好爆破器材，隐蔽迅速地沿壕向敌坦克、步兵战车（装甲输送车）可能越壕的地点机动，待敌坦克、步兵战车（装甲输送车）接近堑壕和越壕的瞬间，以爆破器材将其炸毁。实施壕前布雷时，战士应注意观察，掌握时机，通常在敌坦克进至壕前5～7米处时，将防坦克地雷推送至壕前胸墙平面上的敌坦克履带方向，尔后迅速撤离隐蔽，并做好爆破准备。使用炸药包、爆破筒时，战士应待敌坦克越壕时，迅速跃起，脚蹬壕壁，以投、送、插、挂等方法，炸其发动机、履带、炮塔和车体结合部。当敌坦克、步兵战车（装甲输送车）进至壕前被阻或被我击伤时，战士应根据班（组）长的命令，充分地利用地形，在烟幕掩护下，隐蔽前出，将其炸毁，尔后迅速撤离，并以火力消灭逃跑的敌坦克乘员。

敌坦克引导步兵逼近前沿时，火箭筒手应以准确的火力击毁敌坦克。冲锋（步）枪、机枪手应以突然准确的火力和手榴弹消灭敌步兵，切断步、坦联系，同时准备各种爆破器材，待敌坦克越壕时将其炸毁。

当敌坦克以火力支援步兵逼近前沿时，冲锋（步）枪、机枪手应以突然准确的火力消灭敌步兵。当敌步兵进至我投弹距离时，应向敌投弹，如敌队形密集，应向其投掷爆破筒、炸药包，大量地杀伤敌人。火箭筒手应按班（组）长的命令，利用工事、地形隐蔽前出，击毁对我威胁较大的敌坦克。如敌溃退时，应以火力追击。

击退敌人后，要加强观察，防敌火力袭击，并抓紧时间，抢修工事，补充弹药，抢救伤员，做好抗击敌人再次冲击的准备。

 **思考题**

1. 战斗的基本类型有哪些？它们各自具有什么样的特点？
2. 战斗的样式可分为哪几类？
3. 战术运用的基本原则是什么？
4. 单兵作战在敌火下运动有哪些姿势与方法？

第九章　军事地形学

军事地形学,是军事上研究如何识别与利用地形的一门学科。主要研究地形对作战行动的影响和规律、军用地图和航空照片的识别与应用原理、战场简易测量方法以及标绘要图的基础知识。地形条件是组织指挥作战的重要依据,是影响军队作战行动的基本因素之一。古今中外的军事家无不重视对地形的研究和利用。认真研究地形对作战行动的影响,对保证未来战争的胜利具有重大的意义。

第一节　地形对作战行动的影响

一、地形的分类和作用

(一) 地形的分类

地形是地貌和地物的总称。地貌是指地面高低起伏的状态,如山地、丘陵地、平原等。地物是指分布在地面上的固定性物体,如居民地道路、江河、森林等。

不同的地貌和地物的错综结合,形成了不同的地形。依地貌的状态,可分为平原、高原、山地和丘陵地;依地物的分布和土壤性质,可分为居民地、山林地、石林地、沼泽地、水网稻田地、江河、湖泊、岛屿、海岸、草原、沙漠、戈壁等;依对军队战斗行动的影响,又可分为开阔地、荫蔽地和断绝地等。不同的地形对军队战斗行动有着不同的影响。

(二) 地形的作用

早在两千多年前,我国古代军事家孙武在《孙子·地形篇》中就写道:"夫地形者,兵之助也。料敌制胜,计险阻远近,上将之道也。知此而用战者必胜,不知此而用战者必败。"这句话深刻揭示了地形对军事行动的重要作用。战争经验证明,无论进攻或防御,在其他条件都具备的情况下,善于利用地形,可以减少损失,取得战斗的胜利;不善于利用地形,会给战斗增加困难,甚至遭受挫折或失败。所以,古今中外军事家,无不重视了解地形,研究地形对军队战斗行动的影响,趋利避害,使自己立于不败之地。古往今来,有多少聪明的军事家巧借地利,妙施计谋,写下了无数脍炙人口的光辉战例和不朽史章,也不乏因"不知地形而用战者",留下了众多无法挽回的憾事。三国时代,"马谡拒谏失街亭",诸葛亮挥泪斩马谡,成了千古名鉴。历史同时也昭示后人,凡用战,必须知天知地,方可趋地利而避其害,牢牢掌握战场主动权。

二、几种主要地形对战斗行动的影响

地形对战斗行动的影响,主要表现在对军队的运动、观察、射击、隐蔽伪装和对核、化学武器的使用与防护等方面的影响。但由于各种地形有各自不同的特点,对战斗行动的影响也不一样,较为明显的主要有五个方面:一是地形对部队机动的影响。现代条件下军队机动,对地形条件要求较高,无论是沿道路机动还是越野机动,都受地形条件影响,特别是对摩托化程度较高的部队影响更大。二是对观察、射击的影响。战场地形的起伏、地物的密度和高度及其分布等情况,对观察、指挥的通视和各种兵器发挥火力,均有极大的影响。三是对隐蔽、伪装的影响。植被、居民地、山谷冲沟、山洞、矿井和其他天然地物等,都具有隐蔽作用和伪装条件。四是对工程构筑的影响。土质和地下水的状况是影响工程构筑的主要因素,森林和居民地状况对工程构筑的取材和人力资源的获得有一定的影响。五是对核武器、化学武器袭击和防护的影响。地形的起伏和陡峻、山脊、山谷的错综分布,可减少核武器、化学武器的伤害;地形平坦开阔、地面物体少,有利于核、化武器杀伤作用的发挥,不利于防护。

第二节 地图的识别

一、地图概述

(一)地图的定义

将地球表面的自然、社会要素和现象的空间分布,按一定的投影方法、比例关系和制图综合原则,用规定的符号、颜色和注记综合绘制的图,称为地图。

(二)地图的分类和用途

地图按其内容可分为普通地图和专门地图;按比例尺可分为大、中、小比例尺地图;按表现形式可分为线划地图、影像地图、数字地图;按色彩可分为单色地图、多色地图。

普通地图是综合反映地表自然现象和社会经济现象的地图。内容包括:自然地理要素,如地貌、水系、土壤、植被等;社会经济要素,如居民地、行政区域、工矿、交通网等。普通地图分为地形图和地理图,是编制专门地图的基础。

地形图是普通地图的一种,其比例尺大于 1∶100 万,它是国家经济建设、国防建设和军队作战、训练不可缺少的重要地形资料。在地形图上,可以进行长度(距离)、高度、坡度、水平角度、坐标和面积的量读、计算。

专门地图也称专题地图或主题地图,是以普通地图为底图,着重表示一个专题内容的地图,如地质图、地貌图、水文图、人口图、交通图、历史图,等等。

二、地图比例尺

(一) 地图比例尺的定义

地图上某两点间直线长度与相应实地水平距离之比,叫地图比例尺。地图比例尺通常以数字比例尺或直线比例尺标注在地图图廓外,是判定地表实地水平长度在地图上的缩小比例和根据图上量测长度计算实地水平距离的依据。

(二) 地图比例尺的大小

地图比例尺的大小是按比值的大小来衡量的。在幅面大小相等的地形图上,比例尺越大,图中所包括的实地范围越小,显示的内容越详细,精度越高;比例尺越小,图中所包括的实地范围越大,显示的内容越简略,精度越低。

我国地形图的比例尺系列为 1∶1 万、1∶2.5 万、1∶5 万、1∶10 万、1∶25 万、1∶50 万、1∶100 万 7 种。

(三) 在图上量算距离

1. 用直尺量算

用直尺量取所求两点的图上长,然后乘以该图比例尺分母,即得相应的实地水平距离。其换算公式为:

实地距离 = 图上长 × 比例尺分母

2. 依直线比例尺量读

先用两脚规量出两点间的长度,并保持其长度,再到直线比例尺上比量。比量时,先使两脚规的一脚落在尺身的整公里数上,再使另一脚落在尺头上,即可读出两点间实地水平距离。

3. 用里程表量读

在地形图上量取弯曲路段或曲线距离时,使用指北针上的里程表比较方便。里程表由表盘、指针及滚轮三部分组成。量读时,先使指针归 0,然后手持里程表,将滚轮放在起点上(使指针按顺时针方向转),沿所量线段滚至终点,指针在相应比例尺分划圈上所指的公里数,即为所求实地距离。

(四) 图上量算距离的改正

从图上量算的实地距离,都是水平距离,而实地往往是起伏不平的,制图时对道路微小弯曲又进行了综合，故图上量算的实地水平距离，都小于相应的实地实际距离。为使图上量算的距离接近于实地实际距离，应将量算的实地水平距离加上坡度及弯曲改正数（改正数＝水平距离×改正率）。改正率见表9－1。

表9－1　坡度及弯曲改正数表

坡度	改正率/%	坡度	改正率/%
0°～5°	3	20°～25°	40
5°～10°	10	25°～30°	50
10°～15°	20	30°～35°	65
15°～20°	30	35°～40°	80

改正距离的计算公式为：

$$实地实际距离 = 水平距离 + 水平距离 \times 改正率$$

三、地物符号

地面上的地物，在地图上是用统一规定的符号结合注记表示的，这些符号称地物符号。它是构成地图的重要因素，是地图的语言。根据地物符号和注记，可以识别出实地地物的种类、性质、形状和分布情况。

（一）符号的分类

1．依比例尺表示的符号（又叫轮廓符号）

实地面积较大的地物，如大居民地、森林、江河、湖泊等，其图形是按比例尺缩绘的，文字注记是按配置需要填绘的。在图上可了解其分布、形状和性质，量算出相应实地的长、宽和面积。

2．半依比例尺表示的符号（又叫线状符号）

实地的窄长线状地物，如道路、垣栅、土堤、通信线等，其转折点、交叉点位置是按实地精确测定的，其长度是按比例尺缩绘的，而宽度不是按比例尺缩绘。因此，在图上只能量测转折点、交叉点位置和相应的实地长度，而不能量取宽度和面积。其准确位置在符号的中心线上或底线上。

3．不依比例尺表示的符号（也叫点状地物符号）

实地上一些对部队战斗行动有影响或有方位意义的地物，如突出树、亭、塔、油库等，因其实地面积小，不能按比例尺缩绘，只能用规定的符号表示。在图上可了解实地地物的性质和位置，不能量取其大小。其准确位置，在符号的定位点上。

4．说明符号和配置符号

主要是用来说明、补充上述三种符号不能表示的内容。说明符号是用来说明某种情况的，如表示街区性质的晕线、表示江河流向的箭头等。配置符号是用来表示某地区的植被及土质特征的,如草地、果园、疏林、道旁行树、石块地等。说明符号和配置符号只表示实地地物的分布情况,并不表示地物的真实位置和数量。

(二) 符号的有关规定

1. 颜色的规定

为使地图内容层次分明、清晰易读,地物符号采用不同颜色来区分地形的性质和种类。我国现出版的地形图均为四色。其规定见表9-2。

表9-2 地物符号颜色规定

颜色	使用范围
黑色	居民地、独立地物、管线、垣栅道路境界、森林符号和注记等
绿色	森林、果园等植被普染
蓝色	水系及其普染,水系注记,雪山等高线及注记
棕色	地貌和等高线的高程注记,公路普染

2. 定位点的规定

定位点是指符号中表示地物真实位置的部位。地物符号中,不依比例尺和半依比例尺的符号,实际上都是夸大了的符号,因此它们在地形图上的定位点,制图时就必须明确规定。

不依比例尺符号(主要是指独立地物符号),其定位点的规定见图9-1。

定位点	符号及名称		
图形中有一点的,在该点上	△ 三角点	⌂ 亭	⏿ 窑
几何图形,在图形的中心	⊖ 油库	■ 独立房屋	✕ 发电厂
底部宽大的,在底部中点	⛫ 水塔	⌐ 气象站	⛉ 碑
底部为直角的,在直角的顶点	⌐ 路标	♠ 突出阔叶树	♣ 突出针叶树
两个图形组成的,在下方图形的中心	⚡ 变电所	♨ 散热散热塔	⬥ 油 石油井

图9-1 不依比例尺符号的定位点

半依比例尺符号(主要是指线状地物符号),其定位线的规定见图9-2。

定位线	符号举例	定位线	符号举例
成轴对称的符号，在中心线上	公路 土堤 高出地面的渠	不成轴对称的符号，在底线或缘线上	城墙 土城墙 陡岸

图9-2 半依比例尺符号的定位线

四、地貌判读

（一）等高线显示地貌

1. 等高线

在地图上将地面上高程相等的各点连成的闭合曲线称等高线，亦称水平曲线，用以显示地貌高低起伏、倾斜陡缓形态，量取某一地段的坡度或任一点的绝对高程与相对高程等。

2. 等高线显示地貌的原理

设想将一座山从底到顶按照相等的高度一层一层地水平切开，这样，在山的表面就会出现许多大小不同的截口线，再把这些截口线垂直投影到同一平面上，便呈现出一圈套一圈的等高线图形。地图就是根据这个原理来显示地貌的（见图9-3）。

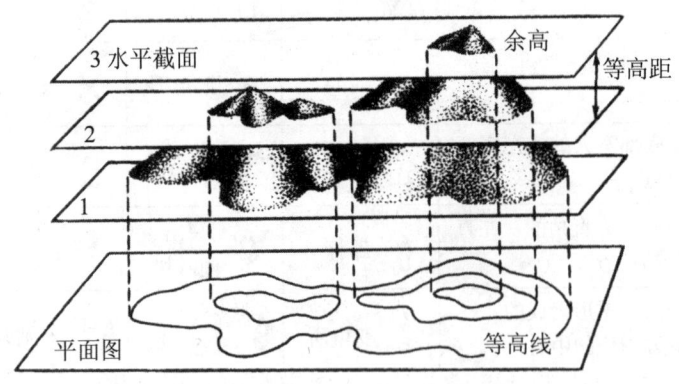

图9-3 等高线显示地貌的原理

3. 等高线显示地貌的特点

（1）在同一条等高线上各点的高程相等，并各自闭合。

(2) 在同一幅地图上，等高线多的山就高；等高线少的山就低；凹地与此相反。
(3) 在同一幅地图上，等高线间隔大的坡度缓，间隔小的坡度陡。
(4) 图上等高线的弯曲形状与相应实地地貌的形状相似。

4. 等高距的规定

相邻两条等高线间的实地垂直距离叫等高距。等高距的大小，在很大程度上决定着地貌表示的详略。等高距越小，等高线越多，地貌表示就越详细；等高距越大，等高线越少，地貌表示就越简略。等高距地区的地貌特征依据地图比例尺和地图的用途等状况来规定，我国基本比例尺地形图等高距的规定见表9-3。

表9-3 等高距的规定

比例尺	1:2.5万	1:5万	1:10万	1:25万
等高距/m	5	10	20	50

5. 等高线的种类和作用

等高线按其作用不同，分为四种（见图9-4）。

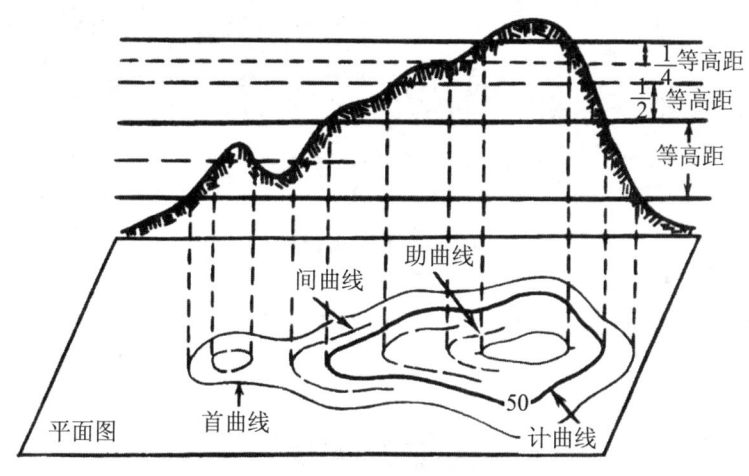

图9-4 等高线的种类

(1) 首曲线：又叫基本等高线，是按规定的等高距，由平均海水面起算而测绘的细实线，用以显示地貌的基本形态。

(2) 计曲线：又叫加粗等高线，规定从高程起算面起，每隔四条首曲线加粗描绘一条粗实线，以便于在图上查算高程。

(3) 间曲线：又叫半距等高线，是按1/2等高距描绘的细长虚线，用以显示首曲线不能显示的局部地貌。

(4) 助曲线：又叫辅助等高线，是按1/4等高距描绘的细短虚线，用以显示间曲线不能显示的局部地貌。

6. 高程起算和注记

我国从 1987 年开始，采用 1952—1979 年青岛潮汐观测资料计算的平均水面，作为全国统一的高程起算面，称为"1985 年国家高程基准"。从这个基准面起算的高程叫真高，也叫海拔。地貌、地物由所在地面起算的高度，叫比高。起算面相同的两点间高程之差，叫高差。

地形图上的高程注记有三种，即控制点高程、等高线高程和比高。控制点的高程注记，用黑色，字头朝向北图廓；等高线的高程注记，用棕色，字头朝向上坡方向；比高注记与其所属要素的颜色一致，字头朝向北图廓。

(二) 地貌识别

1. 山的各部形态（见图 9 - 5）

名称	山顶	凹地	山背	山谷	鞍部	山脊
现地形状						
图上表示						

图 9 - 5　山的各部形态

(1) 山顶。山的最高部位叫山顶。图上表示山顶的等高线是一个小环圈，环圈外通常绘有示坡线。

(2) 凹地。比周围地面凹陷，且经常无水的地方，叫凹地。图上表示凹地的等高线是一个或数个小环圈，并在环圈内侧绘有示坡线。

(3) 山背。从山顶到山脚的凸起部分，叫山背。图上表示山背的等高线是以山顶为准向外凸出的部分。各等高线凸出部分顶点的连线，叫分水线。

(4) 山谷。两个山背或山脊间的低凹部分，叫山谷。图上表示山谷的等高线，逐渐向山顶或鞍部方向凹入。各等高线凹入部分顶点的连线，叫合水线。

(5) 鞍部。相连两个山顶间形如马鞍状的低凹部分，叫鞍部。图上是用表示山谷和山背的两组对称的等高线表示的。

(6) 山脊。由若干山顶、鞍部相连所形成的凸棱部分，叫山脊。山脊的最高棱线，叫山脊线。图上山脊是由若干表示山顶和鞍部的等高线连贯起来表示的。

2. 地貌符号

地貌符号用于表示等高线无法显示的地貌，如变形地、山隘、岩峰、露岩地等。由于这类地貌的形态复杂多变，用等高线无法逼真形象地反映地形的全貌，因此，必须采用特殊地貌符号。地貌符号主要有三种。

（1）微型地貌符号（见图9-6）。

╬(4~10)	山隘 (4~10)：通行月份	C	石灰岩溶斗
∩ $\frac{1.6}{20}$	山洞、溶洞 分子：洞口直径 分母：深度	1. ▲95 2. ▲35	岩峰 1. 孤峰 95：比高 2. 峰丛 35：比高

图9-6　微型地貌符号

（2）变形地符号（见图9-7）。

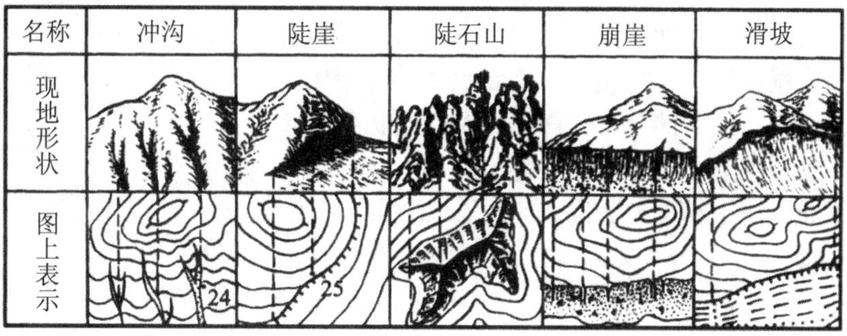

名称	冲沟	陡崖	陡石山	崩崖	滑坡
现地形状					
图上表示					

图9-7　变形地符号

（3）土质特征符号（见图9-8）。

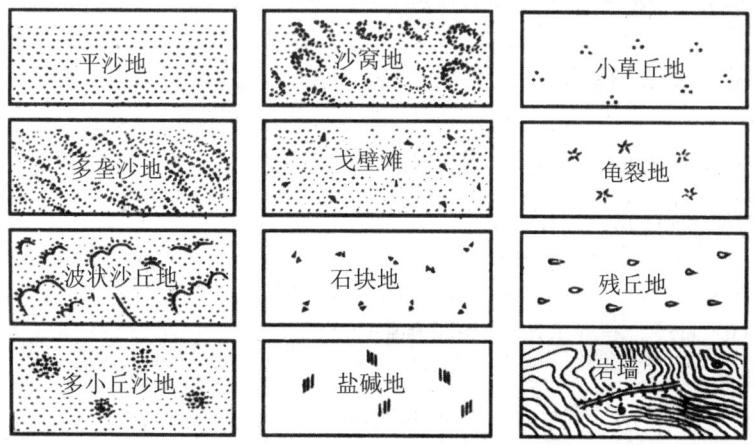

图9-8　土质特征符号

(三) 高程、起伏和坡度的判定

1. 高程和高差的判定

（1）高程判定：判定点的高程，应先在判定的点附近找到高程注记，然后根据等高距推算。

当判定的点在等高线上时，该条等高线的高程，就是该点的高程。

当判定的点在两条等高线之间时，应先查出相邻两条等高线的高程，再按其所在位置估计。

当判定的点在山顶，而山顶又无间曲线或助曲线表示时，应先判明最高一条等高线的高程（如是鞍部则应先判明较低一条等高线的高程），通常再加上半个等高距的米数。

（2）高差判定：判定两点间的高差时，首先要判明两点的高程，将两点的高程相减，即得两点的高差。

2. 起伏判定

在图上判定战斗行动区域或运动方向上的起伏状况时，首先应根据等高线的疏密概况、河流的位置和流向，找出各山脊的分布状况和地形总的下降方向，再具体明确山顶、鞍部、山脊、山谷的分布，详细判明起伏状况。通常，当等高线在河流一侧时，靠近河流的等高线表示下坡方向，反之为上坡方向；当等高线横穿河流时，上游的等高线表示上坡方向，反之为下坡方向。

3. 坡度判定

坡度判定主要用坡度尺量取。地形图南图廓的下方绘有坡度尺。当量取某段道路的坡度时，先用两脚规（或纸条）量取图上两条等高线间的宽度，然后移到坡度尺第一条曲线与底线间的纵方向上比量，找到与其等长的垂直线，即可读出相应的坡度。如几条首曲线的间隔大致相等，可一次量取2～6条等高线的间隔。量取几条等高线，就在坡度尺上相应的曲线上比几条，然后读出相应的坡度。

五、方位角与偏角

从某点的指北方向线起，依顺时针方向到目标方向线之间的水平夹角叫方位角。

(一) 方位角的种类

由于每点都有真北、磁北和坐标纵线北三种不同的指北方向线，因此，从某点到某一目标，就有三种不同的方位角（见图9-9）。

1. 真方位角

某点指向北极的方向线叫真北方向线，即经线，也叫真子午线。从某点的真北方向线起，依顺时针方向到目标方向线间的水平夹角，叫该点的真方位角。通常在精密测量中使用。

2. 磁方位角

某点指向磁北极的方向线叫磁北方向线，也叫磁子午线。在地形图南、北图廓上的磁南、磁北两点间的连线，为该图的磁子午线。从某点的磁北方向线起，依顺时针方向到目标方向线间的水平夹角，叫该点的磁方位角。在航空、航海、炮兵射击、军队行进时，都广泛使用。

3. 坐标方位角

从某点的坐标纵线北起，依顺时针方向到目标方向线间的水平夹角，叫该点的坐标方位角。炮兵一般使用较多，它不仅便于从图上量取，还可换算为磁方位角在现地使用。

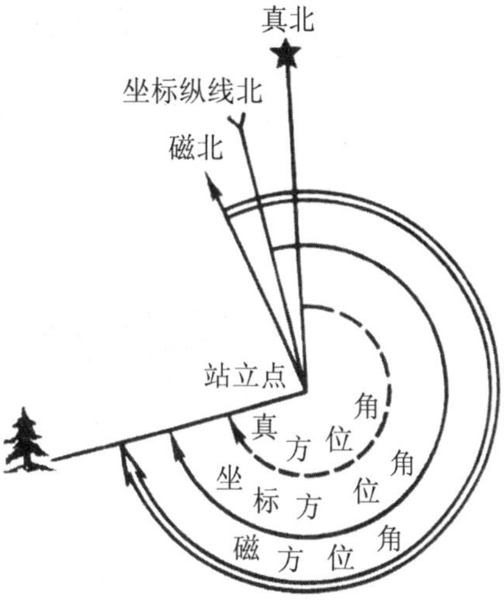

图 9-9 方位角的种类

（二）偏角的种类

由于真子午线、磁子午线、坐标纵线（简称三北方向线）三者方向不一致，所构成的水平夹角，叫偏角。

1. 磁偏角

某点的磁子午线与真子午线间的夹角，叫磁偏角。磁子午线在真子午线以东的为东偏，在真子午线以西的为西偏。它随时间和地点的不同而变化。

2. 坐标纵线偏角

某点的坐标纵线与真子午线间的水平夹角，叫坐标纵线偏角，又叫子午线收敛角。坐标纵线在真子午线以东的为东偏，在真子午线以西的为西偏。在同一高斯投影带内，距中央经线和赤道愈近，偏角愈小，反之偏角愈大，但最大的偏角不超过3°。

3. 磁坐偏角

某点的磁子午线与坐标纵线间的水平夹角，叫磁坐偏角。磁子午线在坐标纵线以东的为东偏，在坐标纵线以西的为西偏。它有时为磁偏角和坐标纵线偏角值之和，有时为两者之差。为便于计算，上述三种偏角，都以东偏为正，西偏为负。地形图南图廓的下方，均绘有偏角图。

（三）坐标方位角的量读和磁方位角的换算

1. 在图上量读坐标方位角

在量取某点至目标点的坐标方位角时，先将该点和目标点连成直线，使其与坐标纵线相交（若两点在同一方格内，可延长直线）。然后，用量角器按方位角的定义量读。如图 9-10 所示，171.4 三角点至 162.6 高程点的坐标方位角为：17-40（即 1 740 密位）。

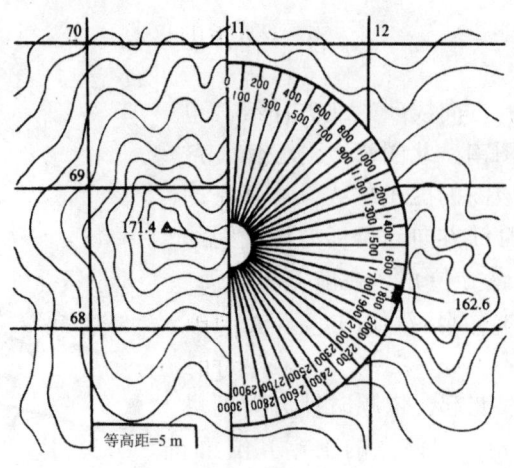

图 9 – 10　坐标方位角量读

当坐标方位角大于 30 – 00 时,应将量角器放在坐标纵线的左边,使零分划朝南,再将读出的密位数加上 30 – 00,即为所求的坐标方位角。

2. 在图上量读磁方位角

磁方位角通常用指北针量读。如图 9 – 11 所示,量读李家至虹山磁方位角方法如下:

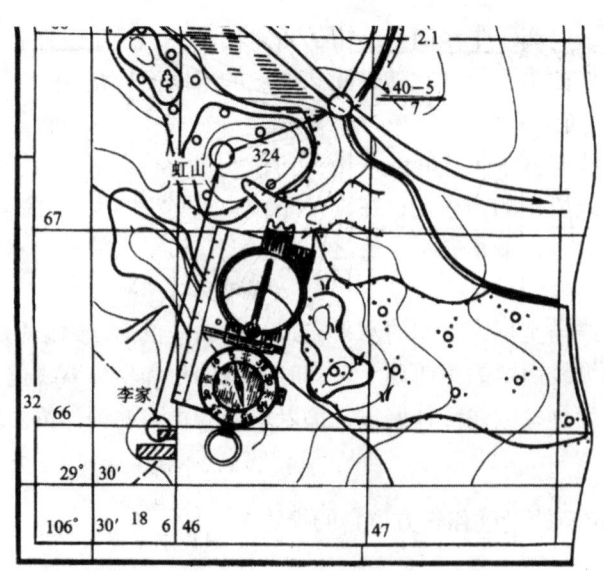

图 9 – 11　磁方位角量读

(1) 在地形图上,将出发点至目标点两点之间连一直线。

(2) 标定地图。标定时,先将指北针的直尺边切于磁子午线,并使准星的一端朝向地图上方;然后转动地图,使磁针北端对准指标,地图即已标定。

(3) 不动地图,再将指北针直尺切于出发点至目标点两点的连线上,并使准星朝向目标方向,待磁针静止后,其磁针北端所指的密位数 4 – 54,即为李家至虹山磁方位角。

3. 坐标方位角和磁方位角的换算

(1) 求坐标方位角:当磁方位角已知时,可按下式计算:

$$坐标方位角 = 磁方位角 + (±磁坐偏角)$$

(2) 求磁方位角:当坐标方位角已知时,可按下式计算:

$$磁方位角 = 坐标方位角 - (±磁坐偏角)$$

式中的磁坐偏角值可在地图下方的偏角图中查取。计算中,当两个角度相加大于 60 – 00 时,应减去 60 – 00;若小角度减大角度时,应加上 60 – 00,再与大角度相减。

第三节　现地使用地图

一、方位判定

方位判定,就是在现地辨明站立点的方向,便于明确周围地形和敌我关系的位置,实施正确的指挥和行动。

(一) 利用指北针判定

判定方位时,先将指北针放平,待磁针静止后,磁针涂有荧光粉的一端所指的方向,就是北方。如果面朝北,则背后是南,右边是东,左边是西。

使用指北针前,应检查磁针是否灵敏。使用时应避免靠近高压线和钢铁物体,在磁铁矿区和磁力异常地区不能使用。

(二) 利用太阳和时表判定

一般说来,在当地时间 6 时左右,太阳在东方,12 时在正南方,18 时左右在西方。根据这一规律,便可概略地判定方位。如带有手表,可利用太阳和手表判定方位。判定的要领是:时数折半对太阳,"12"指的是北方。如在北京上午 9 时判定方位时,先将手表放平,以时针所指时数(每日以 24 小时计算)折半的位置,即以 4 时 30 分对向太阳,表盘刻度 12 所指的方向就是北方。为便于判定,可在时数折半的位置上竖一细针或草棍,使针影通过表盘中心(见图 9 – 12)。

北京时间是东经 120°经线的地方时,在远离东经 120°的地区判定方位时,应将北京时间换算为当地时间,即以东经 120°为准,每向东 15°,将北京时间加上 1 小时,每向西 15°,减去 1 小时。如在新疆塔城地区(东经 83°)上午 12 时判定方位时,应减去 2 小时 30 分钟,即当地时间为 9 时 30 分,以 4 时 45 分对向太阳,"12"所指的方向就是北方。

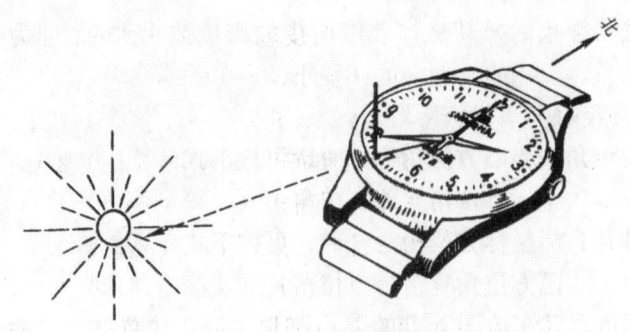

图9-12 利用太阳和时表判定方位

在北回归线以南地区,夏季中午时间太阳偏于天顶以北,不宜采用上述方法。

(三) 利用北极星判定

北极星是正北方天空的一颗恒星,夜间找到北极星,就找到了北方。北极星的位置可根据大熊星座或仙后星座寻找。北极星位于小熊星座的尾端,它和大熊星座(俗称北斗七星)、仙后星座(又叫W星座)的关系位置如图9-13所示。大熊星座主要由7颗明亮的星组成,形状像一把勺子。将勺端甲、乙两星(叫指极星)的连线向勺口方向延长,约在两星间隔的五倍处,有一颗较亮的星就是北极星。仙后星座主要由5颗明亮的星组成,在缺口方向约为缺口宽度的两倍处,就可找到北极星。

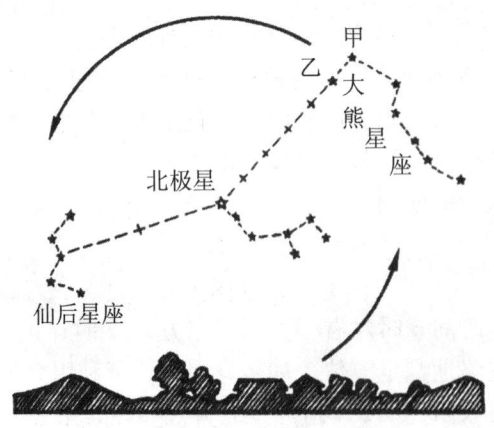

图9-13 利用北极星判定方位

北极星的高度大约与当地的纬度相等。在北纬40°以北地区,全年可以看到大熊星座和仙后星座,以南地区,有时只能看到其中的一个星座,另一个则移到地平线以下。

(四) 利用地物特征判定

有些地物由于受阳光、气候等自然条件的影响,形成了某种特征,可用来概略地判定方位。

独立大树，通常南面的枝叶较茂密，树皮较光滑；北面的枝叶较稀疏，树皮较粗糙。独立大树的树桩年轮，通常北面的间隔小，南面的间隔大。突出地面的物体，如土堆、土堤、田埂和建筑物等，通常南面干燥，青草茂密，冬季雪融化较快；北面潮湿，易生青苔，冬季雪融化较慢。凹陷物体如土坑、沟渠，以及林中空地的特征则相反。此外我国北方较大庙宇的正门、农村房屋的门窗多向南开。

我国幅员辽阔，各地区有其不同的特征。如内蒙古高原冬季因受西北风的作用，山的西北坡积雪较少，东南坡积雪较多；而在新月形沙丘地区，地面比较平坦，风向比较稳定，沙丘受风力的作用，顺着风向伸展，朝风的一面坡度较缓，背风的一面坡度较陡；草原上的蒙古包门多朝向东南。因此，利用地物特征判定方位时，应多种方法结合运用，并注意调查当地的特殊规律，以避免错误。

二、地图与现地对照

现地使用地图时，应注意经常与现地地形进行对照，以便了解周围的地形情况，保持正确的方向和位置。

（一）标定地图

标定地图，就是使地图的方位和现地的方位一致。标定的方法有如下几种。

1. 利用指北针标定

用指北针标定地图，一般按磁子午线标定。地形图的南、北内图廓线，分别绘有一小圆圈，分别注记磁北和磁南，用虚线连接，这两点的连线就是磁子午线。标定时，先使指北针的指标归零，"北"字朝向北图廓，直尺边切于磁子午线，转动地图，使磁针北端对准"北"字，地图即已标定。

2. 利用直长地物标定

当站在直长地物（如道路、土堤、河渠等）上时，可先在图上找到这段地物符号，将图平放，转动地图，并对照两侧地形，使图上和现地直长地物的方位一致，地图即已标定。

3. 利用明显地形点标定

先确定站立点在图上的位置，再选定图上和现地都有的远方明显地形点（如山顶、独立地物等），平放地图，并将直尺边切于图上站立点和该地形点上，转动地图，使远方地物符号在前，通过直尺边瞄准现地明显地形点，地图即已标定。

4. 利用北极星标定

夜间可利用北极星标定地图。面向北极星，使地图的上方概略朝北，然后转动地图，使东（西）图廓线（即真子午线）对准北极星，地图即已标定。

（二）确定站立点

确定站立点就是确定站立点在地形图上的位置，以达到正确使用地图，实施战斗行动。主要方法如下。

1. 利用明显地形点确定

当站立点在明显的地形点（如山顶、鞍部、桥梁、岔路口等）上时，从图上找出该地形点的符号，即是站立点在图上的位置（见图9-14）。

图9-14　依明显地形点判定站立点

当站立点在明显地形点的近旁时，可先标定地图，对照周围明显的地形细部，找出其与站立点的关系位置，即可判定站立点的图上位置。

2. 截线法、垂直线法、叠标线法

沿直长地物（如直长的路段、土堤、河渠等）行进时，可采用以下方法确定站立点。

（1）截线法：先标定地图，在直长地物的一侧选定图上和现地都有的明显地形点，将直尺边紧靠地形符号定位点（最好在定位点插一细针），转动直尺向现地明显地形点瞄准，并绘方向线。该方向线与直长地物符号的交点，即为站立点在图上的位置（见图9-15）。

图9-15　用截线法确定站立点

（2）垂直线法：当明显地形点与站立点的连线正好垂直于直长地物时，不用标定地图，在地图上，通过相应地形符号的定位点向直长地物符号画垂线，其交点即为站立点在图上的位置（见图9-16）。

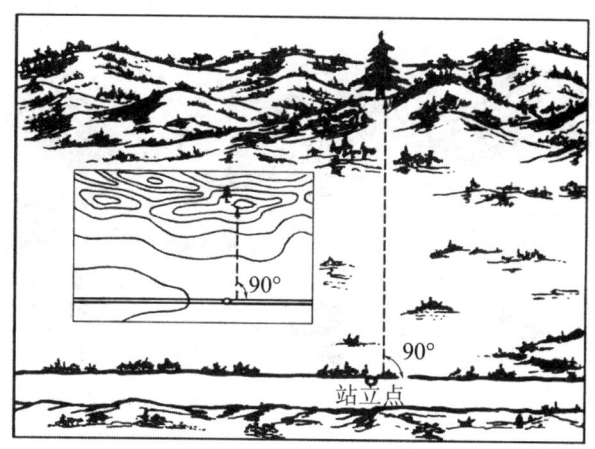

图 9-16　利用垂直线法确定站立点

（3）叠标线法：如现地有两个明显地形点和站立点正好在一直线上时，不用表定地图，在地图上，通过两个相应的地形符号绘一方向线与线状地物相交，其交点既为站立点在图上的位置（见图 9-17）。

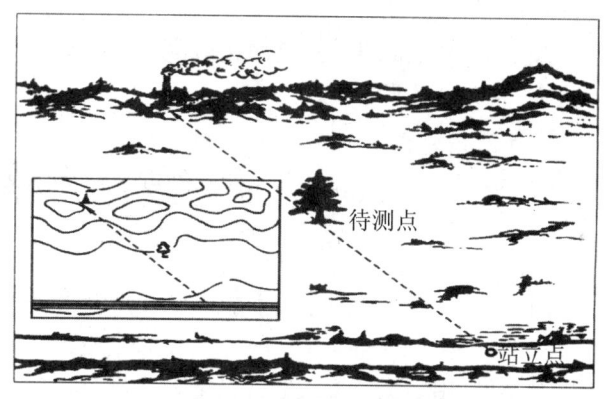

图 9-17　用叠标线法确定站立点

3．后方交会法

当站立点附近无明显地形点，而在远方能看到现地与图上都有的两个明显地形点时，可采用后方交会法确定站立点在图上的位置。其作业步骤是：

（1）标定地图。

（2）选择离站立点较远的图上和现地都有的两个以上明显地形点，如图 9-18 的山顶与小屋。

（3）现地交会：先将直尺边切于图上一个远方地形点符号（如山顶小圆圈）的定位点上（可插细针），转动直尺向现地相应的地形点瞄准，并在图上绘方向线；不动地图，再用同样方法向另一远方地形点（如小屋）描绘方向线，两条方向线的交点，就是站立点在图上的位置。

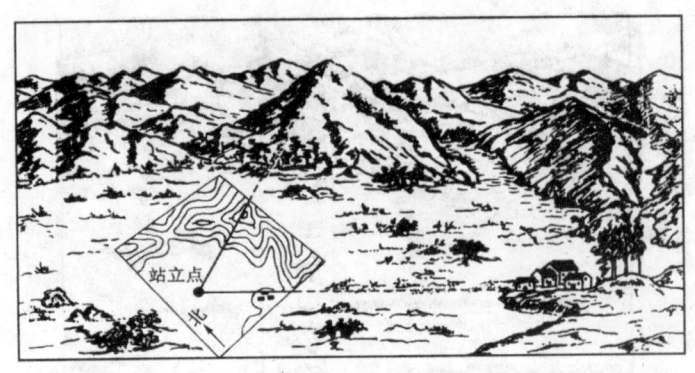

图 9–18　用后方交会法确定站立点

4. 磁方位角交会法

在丛林地区使用地图，四周不能通视，可采用磁方位角交会法确定站立点的图上位置。

（1）先攀登到便于向远方通视的大树上，选定图上和现地都有的远方两个明显地形点，用指北针分别测出至该两个地形点的磁方位角。

（2）在树下近旁标定地图，将指北针的直尺分别切于图上被瞄准的两个地形点符号定位点上，转动指北针，使磁针北端指向所测相应的磁方位角分划，并描绘方向线，两方向线的交点，就是站立点的图上位置。

确定站立点时应注意：

①不论采取何种方法确定站立点，均应首先仔细分析研究站立点周围的地形，防止判错点位，用错目标。

②选择地形点作已知点时，图上位置要准确。

③标定地图后，在定点过程中，地图方位不能变动，并应注意检查。

采用交会法时，为提高交会点的准确性，两方向线的交角，一般不要小于30°或大于150°，条件允许时，最好再用第三条方向线或其他方法进行检查。

（三）确定目标点

1. 目估法

当目标点在明显地形点上时，从图上找出该明显地形点，即为目标点在图上的位置。

当目标点在明显地形点附近时，应先标定地图，在图上找出该明显地形点，再根据目标与明显地形点的方位、距离和高差等关系，目估判定目标点在图上的位置（见图 9–19）。

图9-19 目估法判定目标点

2. 光线法

当目标较多,其附近没有明显地形点时,多采用光线法来确定目标点在图上位置(见图9-20)。其方法是:

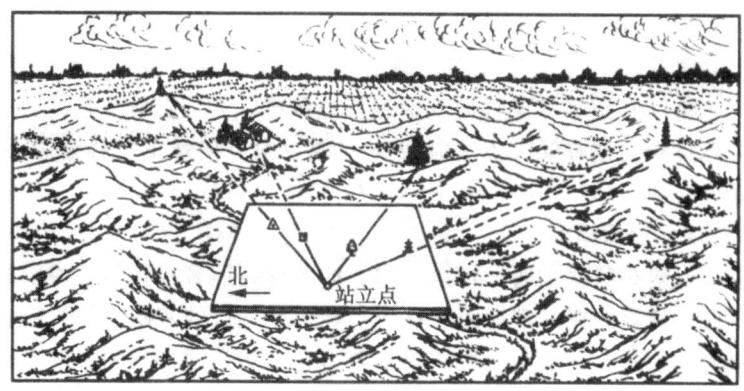

图9-20 光线法判定目标点

(1) 标定地图。

(2) 确定站立点在图上的位置。

(3) 向目标瞄画方向线。方法是,先将指北针直尺边切于图上的站立点(可插细针),再向现地各目标瞄准,并向前画方向线。

(4) 目测站立点至目标点距离,并根据距离按地图比例尺在各方向线上截取相应目标的图上位置。不易目测距离时,也可通过分析地形层次,或目标点与附近地形的关系位置,在方向线上目估判定目标点的图上位置。

3. 前方交会法

当目标点较远而附近又无明显地形点时,可采用前方交会法确定目标点在图上的位置(见图9-21)。其方法是:

(1) 选定现地与图上都有的2~3个明显地形点,如1、2点作为测站点。

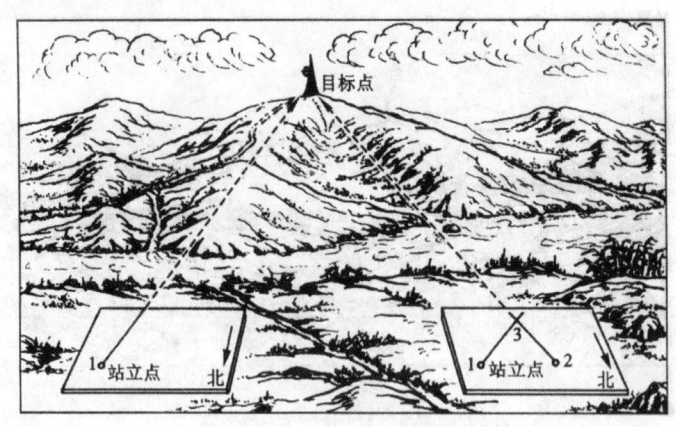

图 9-21 前方交会法判定目标点

（2）在第一点上先标定地图，确定该点图上位置并插一细针；再以指北针直尺边紧靠细针向现地目标点瞄准，并向前画方向线。

（3）以同样方法在第二点上瞄画方向线，两线的交点就是目标点的图上位置。

（四）现地对照地形

地图与现地对照就是通过作业使图上的各种地形符号找到其相应的实地位置。现地对照通常是在标定地图和在图上确定站立点的基础上进行的。

对照的顺序是：先主要方向，后次要方向；由右至左（或由左至右）；由近及远；先由图上到现地，再从现地到图上；先对照大而明显的地物、地貌，再以此为骨干，以大带小，由点到面，逐段分片地对照细部地形。

对照山地和丘陵地的地形时，可根据山脉走向，先对照大而明显的山顶、山脊、谷地；然后顺着山脊、谷地的走向具体对照山顶、鞍部、山脊、山谷等地形细部。

对照平原地形时，可先对照主要的道路、河流、居民地和高大突出的建筑物，再根据地物分布规律和关系位置，逐点分片地进行对照。

在山岳丛林地，由于通视不良，对照地形时，应尽量选择在地势较高的地形点或攀登到便于通视的大树上进行对照。对照过程中还应勤走动，多查附近的地形特征，并根据关系位置，准确判明图上和现地的地形。

如果地形复杂或通视不良，应变换对照位置或登高观察对照。某些目标不易判定时，可用指北针的直尺切于图上站立点和所要对照的目标，依方向和距离判定该目标的具体位置。

由于地形图的测制总是跟不上建设的发展，因而同现地地形有一定差距。一般规律是：地物变化大，地貌变化小；交通枢纽和工矿区地形变化大，偏僻地区地形变化小；城镇、大村扩大，深山小村减少；公路、桥梁、水库、水渠增多，庙宇、坟地减少。所以，现地对照地形，还应根据现地地形的变化规律，仔细分析，找出哪些是变化的地形，哪些是不变的地形，从而得出正确的结论。

三、按地图行进

按地图行进就是利用地形图选定的路线，在现地对照地形行进。它是保障部队行动自如、夺取有利战机的一个重要方法。

（一）行进前的准备

行进前必须进行认真仔细的图上作业，切实做到：一标、二量、三熟记。

1. 一标记

就是根据任务、敌情、地形及部队装备等情况，在地形图上研究选定行进路线，并将行进路线、沿途方位物，如岔路口、转弯点、居民地进出口等标绘在地形图上。

2. 二量取

就是量算行进路线上各段里程，计算行进时间，并注记在图上。量算起伏较大地区的行进路线时，要考虑坡度对行进速度的影响，并应依据季节、天候、土质、植被等对行进可能造成的影响，考虑行进速度。

3. 三熟记

就是熟记行进路线。一般按行进的顺序，把每段的里程，经过的居民地、两侧方位物和地形特征，特别是道路转弯处、岔路口和居民地进出口附近的方位物及地形特征等都要熟记在脑子里，做到心中有数。

如时间和条件允许，还应调查通行情况，如前进路上的水库、水渠、道路、桥梁、渡口等有无变化，做好保障措施。

（二）行进要领

行进时要做到"三明"，即方向明、路线明、位置明。无论是沿道路行进或越野行进，都要先在出发点上标定地图，对照地形，明确行进的路线和方向，然后计时出发。行进中，要随时标定地图，对照地形，做到"人在地上走，心在图中移"，随时明确站立点的图上位置。当遇有怀疑时，则应精确标定地图，找出站立点在图上的位置，仔细对照周围地形，全面分析地形有无变化，待判明后再继续前进。

到达转弯点，要标定地图，对照现地。确实判明就是图上预定的转弯点后，再按出发点的动作，在现地判明下一段应走的方向、路线，研究沿途地形，选好方位物，继续前进。

如果发现走错了路线，应首先回忆走过路线的方向、距离和经过地形的特征，检查走错的原因；再标定地图，对照现地，判明当时到达点的图上位置，及其与预定路线的关系；然后，可选择就近道路，插到预定路线上来；当没有就近道路，或已查明错误起点位置，也可按原路返回，再继续按预定路线行进。

四、按方位角行进

按方位角行进就是在地形图上预先选定行进路线,利用指北针等工具测定行进方向上各转折点的磁方位角和距离而实施的行进方法。通常在缺少方位物的沙漠、草原、山林地等地形上,或在浓雾、大风雪等不良天候和夜间视度不良的条件下行进时采用。

(一)行进资料的准备

(1)在地图上选择行进路线。根据任务、敌情和地形情况选定,一般应选择在地貌起伏不大、障碍较少、特征明显的地段。路线的各转弯点应有便于观察和识别的明显方位物,如突出树、土堆、岔路口、桥梁等。为防止行进时方位偏差过大,要求各转弯点间的距离在 1 千米左右,平原地区可远一些,山区和夜间则应近些。

(2)量测方位角和距离。在图上绘出各转弯点之间的连线,按本章第二节中"在图上量读磁方位角"所述方法,测定各段的磁方位角,同时量出各段距离,并换算成复步数或行进时间。换算公式为:

复步数 = 实地距离(米数)÷复步长(约 1.5 米)

行进时间 = 实地距离(米数)÷行进速度(白天 70 米/分,夜间 50 米/分)

(3)绘制行进路线图。路线图可直接在地图上标绘,即在各段方向线一侧注记行进路线的资料;也可以绘制成略图。略图可按比例尺绘制,

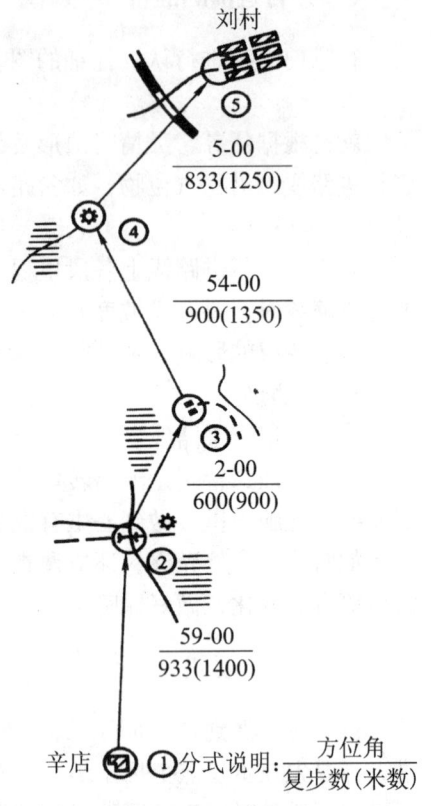

图 9-22 按方位角行进略图

也可不按比例尺绘制。绘制略图时,先将出发点、转弯点、终点等附近的主要地形和方位物标绘出来,再把各转弯点按行进顺序依次编号,最后注记各段磁方位角和行进距离或行进时间(见图 9-22)。然后根据略图或地图熟悉沿线地形,做到心中有图。

(二)行进要领

1. 在出发点上

首先依据行进资料在现地找到出发点的准确位置,查明到达下一点的磁方位角、距离和时间,并记住沿途经过的重要地形和下一点的地形及方位物特征;然后打开指北针,使磁针北端指向下一点的方位角密位数,这时,由照门至准星的方向就是行进方向;在该方向线上寻找预定的方位物(如看不见时,可在该方向线上选择辅助方位

物），并按此方向行进。行进一般是越野照直行进，也可记准方向，选择便于通过的道路走到该点。

2. 在行进中

要随时根据地图或记忆，对照地形，用指北针检查行进方向，记清走过的复步数或行进时间。如到达辅助方位物后，仍看不见第二点的方位物时，则按原磁方位角再选一辅助方位物，继续前进，直至到达第二点为止。若在起伏较大的地段上行进时，要注意调整步幅。

3. 在转弯点上

当快到达第二点时，应特别注意该转弯点方位物的特征和周围的地形情况，以找到转弯点的确实位置。当走完预定距离，仍未找到转弯点的方位物时，可在这段距离十分之一为半径的范围内寻找。如仍找不到，应仔细分析原因，或者利用反方位角向第一点瞄准，进行检查，反复对照，直至找到该点。到达第二点方位物后，仍按出发时的要领，向下一点前进，依此方法逐段前进，直到终点。

行进中遇到障碍时，一般可在行进方向上的前方选一辅助方位物，目测至该点的距离，绕过障碍物到达辅助方位物后，仍按原方向继续行进。

（三）夜间按方位角行进应注意的事项

1. 行进的特点与准备工作

夜间行进的特点：视度不良，观察不便，地形重叠，远近不分，高低难辨，地图与现地对照困难，行进容易迷失方向。因此，行进前除一般准备外，还应特别注意下列几点：

（1）行进路线各转弯点间的距离应适当短些。方位物应选明显高大、透空、发光的物体，如行进道路上的岔路口、桥梁或者临近路旁的高大突出目标，透空可见的山顶、鞍部等，数量要多一些，需要时还应测出各转折点间的磁方位角，并标注于图上。

（2）对沿路地形特征，方位物的特点和有关名称等，更要熟记。同时，照明联络器材（如手电、白毛巾等）和联络信号，都要事前做好准备与规定。

2. 行进要领与注意的问题

夜间一般多采用按地图与方位角相结合的方法行进。

（1）在出发点上，要仔细标定地图，对照地形，确定出发点的图上位置，明确行进方向，记录出发时间，并注意利用指北针上的夜光标志保持行进方向。

（2）行进中，要做到多找点、勤观察、勤对照，及时确定站立点位置，明确行进方向。

（3）要严格按照预定的路线行进，切不可贪走捷径，以防迷路；凡是经过的地方，要留心记下主要特征，以便万一迷失方向走错了路，也好按原路返回到发生错误的地方，查明原因，找准正确路线后，再继续前进。

（4）要注意掌握行进速度和时间，必要时，可根据行进速度、时间判断到达的地点。

（5）夜间行进应尽量避开穿行居民地，若必须穿过居民地时，在进出口处要仔细判读，认真分析，切勿弄错方向、走错路。

 **思考题**

1. 几种主要地形对作战行动的影响分别有哪些？
2. 等高线的的种类有哪些？等高线表示地貌的特点是什么？
3. 地图通常有哪几种颜色？各颜色有何规定？
4. 为什么要确定站立点在图上的位置？怎样确定站立点？

第十章 综合训练

第一节 行 军

一、行军及分类

行军是军队沿指定路线进行的有组织的移动。行军时必须保持充分的战斗准备，迅速、隐蔽地按时到达指定地域，通常在夜暗或视度不良条件下实施。

按行军的方式，通常分为徒步行军、滑雪行军和摩托化行军。按速度分为常行军、急行军和强行军。行军的速度，应根据任务、道路状况、天候季节而定。不同的行军类型，有其不同的特点和要求。

常行军，按正常的每日行程和时速实施。徒步行军时，通常日行程为 30～40 千米，时速 4～5 千米。摩托化行军，亦称乘车行军。一般每日行程 150～250 千米，时速为夜间 15～20 千米，昼间 20～30 千米。

急行军，是以较快的速度实施的行军，一般在执行紧急任务时采用，要求减少休息时间，轻装。

强行军是加快行进速度，加大日行程的一种行军，主要在执行特别紧急任务，如奔袭、追击、迂回穿插、退却时采用。

二、行军的组织准备

指挥员应根据受领的行军命令，在地图上研究敌情、任务和行军路线，确定行军序列，指定观察员和值班火器，制定防护措施和各种情况的处置方案。

行军前，指挥员应根据本分队所担负的任务，结合分队的思想情况，进行深入的思想动员。要教育战士模范遵守行军纪律，服从命令听指挥，不得擅自离队，不得丢失装具和食物，不喝生水，不违反群众纪律等，保障分队顺利完成行军任务。

下达行军命令时应着重明确：敌情；本分队的任务，行军路线、里程、出发及到达指定地区的时间，以及大休息的地点；分队集合地点，行军序列，乘车时还应区分车辆；着装规定；完成行军准备的时间，以及起床、开饭、集合的时间等。

三、行军的基本要求

出发时，应按上级的命令，准时通过出发线，加入上级行军序列。在有可能发生遭遇战斗的情况下行军时，各排长应随连长在先头行进，以便及时受领任务。分队在公路或乡村路行军时，应沿道路的一侧或两侧行进，乘车时，沿道路的右侧行进。

行进中，应注意保持行进速度和规定的距离，听从调整哨的指挥。未经上级允许，不得超越前面的分队。经过渡口、桥梁、隘路等难以通行的地点时，应严密组织迅速通过，不准停留；通过交叉路口时，要看清路标，防止走错路。摩托化行军，应保持规定的车速、车距，不得随意超车和停车，主动给指挥车和特种车让路。如车辆发生故障，应靠道路右侧，必要时离开道路停车抢修，修好后根据上级指示归队。徒步行军的分队应主动给车辆、执行特别任务的分队和人员让路。夜间行军，要严格灯火管制。

按上级的指示组织休息。小休息应靠路边，并保持原来队形。在第一次小休息时，应督促战士整理鞋袜、装具等。大休息应离开道路，进入指定地区。休息时，应派出警戒。必要时，可占领附近有利地形，加强对空观察，并保持战斗准备，以防止地面和空中敌人的突然袭击。组织野炊，安排好伤病员，督促驾驶员检查车辆，组织分队在规定地区休息。夜间休息时，人员不准随意离队，武器、装具要随身携带。出发前，应清点人数，检查装备，补充饮（用）水。

在山林地行军通过山垭口和上下坡时，应适当减速行进，以避免后面跑步追赶或掉队；火炮、车辆应适当加大距离。在严寒地带行军时，小休息时间不要过长，并禁止躺卧，以免发生冻伤。在炎热季节或在热带山岳丛林地行军时，应尽量利用早晚时间实施。要带足饮水和消毒、防暑药品，途中应采取防暑、防虫害的措施。

遇敌空袭时，应指挥分队迅速向道路的一侧或两侧疏散隐蔽（乘车时要下车），并指定火器射击低飞敌机。如空袭情况不严重或行军任务紧迫时，分队则应采用疏开队形，增大距离，加快速度前进。

行军中，连应指定一名军官，带领卫生员和若干体力较好的战士组成收容组，在连队的后尾跟进，负责收容伤病员，组织掉队的人员跟进。

第二节　宿营与警戒

宿营是指军队在行军或战斗后的住宿。其目的是为了使部队得到休息和调整，以便继续行军或做好战斗准备。部队在组织宿营前，要与当地政府武装部门取得联系，认真做好宿营前的准备工作。

一、宿营地的选择

宿营地的选择，应根据敌情、地形、任务和行军编成而定。既要能保证分队安全休息，又要便于迅速投入战斗。平时组织综合拉练应以能达到训练目的为标准。通常应远离城镇、集市、车站、渡口、大的桥梁，避开疫区、传染病流行村落，还要有适当的地幅和较好的进出道路。

露营地域，夏季要尽量选在高处，避开谷地、低地、洪水道和易于坍塌的地方；冬季应选在避风向阳处、土质较粘、便于搭设简易遮棚或便于挖掘的地方。

选择宿营地时，通常还要考虑以下因素：一是要符合战术要求，从具体位置到配置方式都应以预想的战术背景为基本前提；二是要着眼于训练课目需要，有利于达到训练目的；三是要方便生活，尽量靠近水源，并有进出道路；四是要选择在群众基础较好，或影响群众利益较小的地区。

二、宿营方式

宿营方式分为舍营、露营及舍营与露营相结合三种。舍营，是军队在房舍内宿营。露营，是军队在房舍外宿营，通常在不具备舍营条件时采用，是平时部队训练的重点。

野外露营的方式分为利用制式器材露营和利用就便器材露营。利用制式器材露营，通常是指利用帐篷、装配式工事等装备的制式器材进行的露营。利用就便器材露营，通常是指利用车辆、坦克、篷布、雨衣、草木等进行的露营。

三、宿营的基本要求

进入宿营地前，指挥员应了解宿营地域情况。必要时，还应组织侦察，查明有无毒剂、放射性物质、爆炸性障碍物、残存的敌人等。平时的野营训练，重点应调查是否有传染病流行等卫生情况，以及当地的民情风俗等。宿营时，必须做好以下工作。

1. 加强警戒，建立协同规定

宿营时，应派出岗哨和观察员（有时观察员可由岗哨兼），指定对空射击的火器和昼夜值班人员；如单独宿营时，应向重要方向派出班哨和步哨。必要时，派出游动哨。同时，应立即组织所属指挥员勘察地形，划分各排的隐蔽配置位置，规定紧急集合场和防敌空袭的疏散隐蔽地域，明确遭敌袭击时各分队的行动。组织分队构筑必要的工事并进行伪装，建立通信联络，侦察水源，对汲取饮用水的河流，要区分饮水和洗刷的地段。

2. 加强宿营管理，注重群众纪律

宿营时应了解当地民情，教育分队遵守群众的风俗习惯和三大纪律八项注意，做好群众工作，密切军民关系，同驻地民兵协同做好防空及防奸保密工作。督促战士用热水洗脚，整理装具，烤晒衣服，抓紧时间休息。注意卫生常识教育，教育炊事员注意饮食卫生和调剂生活，检查食物是否清洁，防止中毒，加强宿营区卫生。及时向上级呈送宿营报告。

四、宿营的控制

1. 宿营地域

宿营地域是军队在行军或战斗后宿营的区域。宿营地域要有利于部队休息，确保其安全。

一是要做好灯火管制。在夜间对灯火进行严格管理和使用的限制，防止被敌人发现而暴露目标。

二是对音响进行限制和管理。主要包括对发动机工作、武器射击或工程作业等发出音响的地点和时间进行限制和管理，使敌人的音源侦察难以奏效，以免暴露目标。

三是加强无线电控制。连以下宿营时，应通过有线通信、运动通信、音响信号、目视信号等方式实施通信，严禁使用无线电通信。营必须使用无线电台与上级联络时，必须限制天线高度和缩短发话时间。

2. 紧急集合场

宿营时，随时都有可能遭到敌人的袭击。为了在紧急情况下有次序地进入战斗，宿营部队应规定和明确紧急集合场。紧急集合场的位置应选在部队配置地域附近，有一定的地幅和机动道路，便于集中和执行战斗任务。

第三节　野外生存

野外生存，是在住宿无着的山野丛林、孤立无援的敌后或是生疏的荒野、孤岛上，通过自身努力解决食宿、走出困境、完成任务的基本技能。

一、野外生存的物质准备和精神准备

要适应野外生存的环境，就必须有充分的物质准备和精神准备。准备得越充分，生存的几率就越高。

（一）物质准备

1. 预有准备的物质

对有计划的野外行动，出发前，应根据客观环境的需要选择适合装备，准备好行装。这些装备主要有以下四大类：

（1）基本用品。基本用品包括适合野外长时间活动的衣服和鞋子以及结实舒适的背囊。背囊里应装有雨衣、被装（睡袋）、便携帐篷等，还应包括日常生活用品和食物。通信设备也是必不可少的，它可以方便我们与外界沟通，但应解决好通信设备的电源问题，应尽可能充足电能，并带有备用电源，在使用时应尽量减少、控制待机和通话时间。

（2）医疗卫生盒。医疗卫生盒内应装常用药和卫生用品，主要包括：可缓解疼痛、减轻痛苦的镇痛类药；用于治疗急性或慢性腹泻的肠道镇定剂；防中暑和抗过敏类药；抗生素；抗疟疾类药品；跌打损伤药以及抗感冒药等。此外，还应备有高锰酸钾和漂白粉之类的消毒、灭菌药物。所有药品都应标明用法、用量和有效期。

（3）百宝盒。百宝盒里主要是有些平时并不起眼却能帮助我们增加幸存机会的小器具。盒中通常应装有：生火用的火柴、蜡烛、打火石和放大镜；针和线；鱼钩和鱼线等。还可以根据需要再装其他小件物品。要定期检查盒里的各类小东西，一旦发觉哪个不能用了，应及时更换。

（4）工具包。工具包主要包括：指南针、绳索、手电筒、铝制饭盒、刀具等。为了便于使用和保管，可以把上述几项必备工具集中装在饭盒内，也可以分开装在背包或行囊的边袋内。

2. 野外搜集和制造的装备

野外搜集和制造的装备是设法寻找或制作最基本的工具和武器，主要是满足当时生存环境需要，战胜恶劣的环境，求得生存。野外搜集和制造的装备主要包括：其他伤亡人员的一切可用之物；自制的拐杖、盛水和做饭的器具；竹子制作成弓和箭；用竹竿或木头捆扎在一起做成的渡河工具等。总之，要善于寻找和利用各种自然资源，加工制作成各种器具，为野外求生创造有利条件。

（二）精神准备

野外生存的第一要素，是要具备强烈的求生欲望和战胜恶劣环境的意志和勇气。生存成败之间，关键在信心和毅力。

首先，要有正视灾难的勇气，敢于求生。骤然面对灾难，身陷困境，重要的是必须正视现实，稳定情绪，思考对策。恐惧慌乱，束手无策，只能是坐以待毙；焦虑烦躁，坐立不安，盲目行动，只能无谓地消耗体力，浪费宝贵的生命资源；自暴自弃，怨天尤人，只能增添烦恼和焦躁，不但于事无补，反而会浪费时间，错失自救和被救的良机。正确的做法是先冷静下来，分析所面临的困境，筹划求生的计划。一是判定自己所在的位置、危机的成因、危险的因素、主要威胁来自何方。二是要设法与周围的生存者取得联系，判定自己是孤军奋战，还是有同伴可以作为依靠，如有同伴，则应尽快联络，商量对策。三是设法与外界取得联系，以寻求帮助和救援。四是盘点一下自己生存必需品的存量，判断获取基本的维持生命的食物和水源的难易程度，计算在当前困境中，在获得救助之前能维持多长时间。五是精细地筹划求生的计划，并勇敢地付诸实施。

其次，要有生还的坚定信心，积极求生。信心能帮助你战胜恐惧、厌倦、绝望和孤独，信心越坚定，生还的几率就越高。信心来源于良好的心理素质、健康的体魄、良好的训练和丰富的知识等诸多因素。当身处困境之时，则应时刻提醒自己保持坚定的求生信念，积极想办法自救和求救。即使环境十分恶劣，自救无力，也决不轻易放弃生还的一线希望，要用坚定的生还信念支撑生命的活力，保存体力，等待救援。当然，积极求生绝不是盲目行动，一切求生的动作都会带来体力和体能的消耗，无效的行动会浪费宝贵的体力和体能，这也是野外求生之大忌。因此，既要有积极的态度，又要有精确的行动计划，每一个行动都要有明确的目的，切忌盲目乱闯。

第三，要有生存的坚韧毅力，顽强求生。胜利常常存在于再坚持一下的努力之中，在最困难的时刻，也往往是获救机会即将出现的时候。此时，一念之差，也可能就是生死之别。能够身遇险境而生还者，也往往是那些具有坚强意志、坚韧毅力，百折不挠、永不言败的斗士。因此，求生者必须有战胜一切艰难险阻的勇气和毅力，不管遇到什么样的困难、危机和病痛，都要想办法战胜它们，要有排除万难的决心和一息尚存就要抗争到底的毅力，顽强地生存下去。顽强的毅力来源于平时的磨炼、正视灾难的勇气和坚定的求生信心。

勇气、信心和毅力是互为依托的统一体，是野外生存的重要的精神支撑。

二、生存的基本需要及获取

生存的基本需要是水、火、食品和庇护所，它们各自的重要程度取决于你所处的环境。在求生的一切努力中，第一个行动就是要确定自己当前的首要需求是什么。然后，按照需求的轻重缓急，逐一想办法解决。

（一）水

水是人体的最基本需求，离开它人就无法生存。水的获取主要包括以下几个方面。

1. 寻找水源

寻找水源首选之地是山谷底部地区。其次注意分析绿色植物的分布情况，在绿色植物分布均匀的地区，突然出现一小块长得特别茂密的植被，从那个地方往下挖，最容易找到水源。也可以利用动物作为寻找水源的向导，如留意跟踪动物的足迹经常会找到水源；通过追寻青蛙的叫声寻找水源等。

2. 如何取水

（1）采集露水。在日夜温差较大的地区或季节，清晨会有很多露水。采集的办法是，用吸水性强的衣服或布料做成布团，在草地上来回拖动，以吸收叶片上的露水，待布团吸足水之后，再将其拧在容器里或者直接吮吸。也可采集挂在树枝上的水滴和汲取岩石上的积水。

（2）收集雨水。雨水一般是野外最安全的水源。下雨时，尽可能选取大面积的集水区，利用各种可能的容器收集。可选择在比较低洼的地面上挖个坑，铺上防渗的塑料片、帆布材料或雨衣，以有效地收集雨水。

(3) 冰雪化水。一般而言，能融冰则不化雪。因为融冰比融雪消耗的热能少，可以更快更多地化出水来。但在取舍冰或雪的时候也要考虑获取的难易程度。化雪时，应先熔化小块的雪，待罐子里雪化成水后，再逐渐加雪，这样有利于热传导和保护化雪容器。

(4) 采集凝结水。就是利用植物根部从地下吸收水分和叶面的蒸腾作用采集饮水。方法是，挑选枝叶浓密的嫩枝条，在嫩枝叶上套一只塑料袋，袋口朝上，袋的一角靠下，以便收集凝结水。这样，当温度升高时，叶面蒸腾作用产生的水汽上升与薄膜接触时遇冷，就会在袋内产生凝结水。

(5) 植物中取水。某些树的汁液是可以饮用的，例如椰子树、枫树、仙人掌等。早晨时节，可以从这类富含水分的树上汲取汁液。从植物中取水，首先必须判断该植物的液汁是否有毒，以及气味如何。有毒的不能直接饮用，气味特异的要注意掌握适度。例如，椰子汁富含水分，但成熟椰子中的果汁有很明显的轻泻功能；饮用过多会引起腹泻，饮用时，要注意掌握好恰当的度。

(6) 蒸馏取水。有些水（如树汁、海水、受污染的水）是不能直接饮用的，但通过蒸馏，则可以得到洁净的可饮用水。蒸馏的方法，先找一些能替代实验室里曲颈瓶一类的用具，例如容器、软管等。将软管一端插入一只盛满水的密闭容器顶部，另一端插进一封闭的冷却器皿中，给盛水的容器加温，水沸腾产生的蒸汽经管子散发到冷却器皿中遇冷凝结成洁净的水。

3. 净化饮用水

野外生存最重要的是保持良好的身体状态，而一点点的污染水就能使人致病。所以，净化饮用水以保证安全卫生是非常重要的。野外条件下，净化饮用水的方法主要有以下几种。

(1) 过滤。制作过滤器的基本材料，可以用裤子、沙子和木炭。所以，生火时所留下的木炭不要轻易丢弃，它可是制作临时过滤器的好材料。制作过滤器最简单的方法是用裤子制作。将裤子翻过来，再将一只裤腿塞进另一只裤腿里，捆扎起底部就行了。把裤子浸湿，吊在三脚架上，里面装上沙子和木炭后，就可以注水过滤了。第一遍过滤出来的水，如果还不够干净，可以用同样的方法多过滤几遍。

(2) 沉淀、消毒。过滤出来的水要经过一定时间的沉淀，然后倒出上层的清水，就可以烧开饮用了。如果带有漂白粉或净水药片，按照使用说明的要求加到过滤出来的水中，搅拌、沉淀后，上层的清水就是洁净水了。

(3) 烧开或蒸馏。经过过滤、沉淀、消毒出来的水，只要用火烧开，就可以放心直接饮用。如果找到的是严重受污染的水源或者是海水、咸水等，则必须通过蒸馏，才能饮用。蒸馏的方法参照"蒸馏取水"办法。

（二）食物

食物是为人体提供热能和营养，以维持生命的基本物质。因此，在荒郊野外要战胜危机，生存下去，重要的是要想办法获取食物。

1. 植物类食物

野外生存，关键是要学会寻找到可以充饥的植物，并掌握辨别有无毒性的技巧。我国常见的可食野生植物有：

（1）山葡萄。生长在北方的山地，9月间成熟，其果实可生食，嫩条可解渴。

（2）茅莓，有的地方也叫刺莓。生长在山坡灌木丛中或路旁，7～8月成熟，果实和嫩叶均可生食。广泛分布于全国各地。

（3）沙棘。在我国分布较广，生长在河岸旁的沙地或沙滩上，9～10月成熟，味微酸而甜，营养价值高。

（4）苦菜。全国各地都有，生长于山野和路边，易于采集，3～8月可采嫩茎叶生食。

（5）蒲公英。分布于全国各地，生长于田野、路旁，易于采集。3～5月可采嫩叶生食。

（6）荠菜。全国各地均有，生于田野、路边、沟旁，易于采集。嫩苗可食，3～4月采全草，炒食、做汤均可。

（7）野苋菜。主要产于南方各地，生于田野、路边草地中，春季食其嫩叶。

此外，还有诸如车前草、仙人掌和竹子之类的陆地植物，以及沿海地区的海藻和紫菜等海洋植物。

2. 动物类食物

捕捉一切能够食用的小动物，是野外求生时解决食物来源的有效方法。比较容易捕捉的小动物主要有蛇、蛙、龟、蜥蜴、鱼、虾等。

（1）蛇类。蛇肉既味道鲜美，又有营养价值。捕蛇的工具，最好选取带有叉子的长木棍。打蛇要打头部七寸，下手要快、要准。对付树上栖息的蛇可先用棍棒将它们击落到地上，以防万一。有的蛇即使身首异处仍能咬人，有的蛇还会假死。捕蛇既要胆大，又要心细，要谨防被毒蛇咬伤。烹饪方法可以红烧、清炖，也可以烧烤。

（2）蜥蜴。蜥蜴各地均有，所有的蜥蜴肉都可以食用。大多数蜥蜴生性胆怯，但有些大蜥蜴和巨蜥受到攻击时会咬人。捕捉时要谨防被咬伤或被其利爪抓伤。捕捉时尽可能抓住蜥蜴的尾巴，捕捉大蜥蜴需要设置适当的陷阱。捕捉到这类动物后，先砍头剁脚，然后剥皮、剖腹去除内脏，即可下锅烹饪或烧烤食用。

（3）两栖动物。所有青蛙类的肉都可食用，但有些种类（如蟾蜍）皮下有毒腺，烹煮之前必须剥皮。青蛙喜欢夜间活动，可以根据蛙鸣声判断其所处的方位，一般总是在水边或水稻田里。食用时必须煮熟煮透，以杀死寄生虫。

（4）龟鳖类。龟、鳖类爬行动物肉味鲜美，营养丰富，是求生者难得的美食。宰杀时，可先重击其头部，将其杀死，然后沿腹部剖开，去除内脏，切除头部，即可根据需要切块下锅烹煮。

（5）鱼类。在江、河、湖、海、池塘等各类水系，垂钓或捕捉鱼、虾，也是获取食物的重要手段。对捕捉到的鱼，食用前，必须辨别是否有毒。通常在热带浅海中，没有鱼鳞而有刺、尖棘或硬毛，形状比较怪异的鱼，可能是毒鱼，不可食用。如果不慎误食毒鱼,应马上用高锰酸钾液洗胃,或服用催吐药、泻药将已食进的鱼毒排出。

(6)昆虫类。昆虫也是野外求生者能获取的动物性食物资源。最有利用价值的是白蚁、蚱蜢、蝗虫、蟋蟀、蜜蜂等。特别是蜜蜂,不但蛹、幼虫和成年蜂都可以吃,而且在蜂房里还可以找到蜂蜜。食用前,对诸如蝗虫、蚱蜢、蟋蟀之类的大型昆虫,要先去掉小腿及翅膀,因为腿毛会刺激消化道,某些种类幼虫的纤毛会引起皮疹。

(三)火

对于野外求生者来说,火有着特殊的重要意义。它不仅能使人保持体温,减少体内热量散失,而且它还可以烤干衣服、煮饭烧水、熏烤食品、吓跑野兽、驱走害虫、锻造金属器具等。但是,因为用火不慎而引发火灾,也可能危及生命,破坏自然生态,造成不可挽回的损失。所以,野外求生者,不仅要懂得如何生火、用火,而且要懂得控制火焰燃烧,安全用火。

1. 选择生火点和构筑火炉

选择生火点应根据所处环境的地形特点确定,最好选择在靠近宿营处,既能保证用火安全,又便于火焰燃烧和散烟的地点。为了保证用火安全,提高热效能,求生者应当在选定的生火点上根据用途、地形特点和可能获取的材料,采用垒、挖、架等办法构造合适的火炉。有条件时,也可以利用就便器材改造成火炉。

2. 点火方式

(1)火柴点火。火柴(打火机)是最便利的点火工具。因此,求生包里一定要备有火柴或打火机。用火柴(打火机)点火时,最好先点燃一支蜡烛,再用蜡烛点燃火堆,待火势燃烧起来后即把蜡烛熄灭。这样可以节省火柴。

(2)凸镜生火。强烈的阳光通过凸镜的聚焦作用,可以产生足够的热能点燃火种。因此,在阳光直射的情况下,可利用随身携带的放大镜、望远镜和照相机的凸镜将太阳光聚焦于引火物之上,将其点燃。

(3)火刀击打火石。火刀打火石,是远古时代常用的点火方法,至今仍然管用。可作为打火石的石头在许多地方都能找到。

(4)钻木取火。这也是一种古老的生火方法。用一根干燥坚硬的纺锤状木棒在一块干燥的软木底座上摩擦钻孔,靠钻孔摩擦发热点燃引火物。

(5)电池生火。电池放电产生的电火花可用来点火。在野外生存的环境中,可以利用的电池主要有汽车电池、手电筒电池、收音机和通信工具的电池等。

(四)露营地与庇护所

野外求生,在短时间内难以得到救助,不得不在荒野之中生活较长时间的情况下,庇护所是满足生存需要的一个非常重要的场所。

1. 选择露营地

露营地的选择应当注意:尽量选在可以防风、防雨,山洪冲不到,不会受到落石或雪崩威胁的地段;选择比较平坦开阔的空间有助于发送求救信号,易于被救援者发现。

尽量选在离水源较近，附近有充足可利用的林木的地方，但不要把帐篷搭建在与水源过分靠近的地方，因为太靠近水，一旦上游山洪暴发，就有被冲走的危险。尽可能选择有自然地形地物可以利用的地方，这样可以为构筑庇护所打下良好的基础。利用自然地形地物构筑庇护所，不但可以节省材料和体力，而且可以提高庇护所的稳固性。

尽量避开独立的高大乔木，因为它可能成为雷击的目标；尽量避开野兽出没的地方，或野兽的饮水路线，因为这些地方容易遭到野兽的攻击。

2. 寻找和构筑庇护所

野外宿营的方式分为利用制式器材露营和利用就便器材露营。利用制式器材露营，通常是在预先有准备的情况下，利用帐篷、装配工事等制式器材进行的露营。利用就便器材露营，通常是利用诸如篷布、雨衣、大树、竹子、草木等随身携带和就地可以获取的器材、材料，搭建栖身之所进行露营。

（1）利用洞穴。洞穴，即使又窄又浅，也可以成为很好的庇护所。位于山谷较高处的山洞比较干燥，洞内气候受外界影响不大，是比较理想的栖息之所。位于谷底和深不可测的山洞，相当潮湿，不适宜居住，应当慎用。

（2）架设帐篷。预先有计划的野外作业，一般都携带有制式帐篷或轻便的旅行者帐篷。遭遇突发事件而身处荒野时，必须搭建简易帐篷。可搭建简易帐篷的材料有：雨衣、塑料薄膜、盖布等覆盖面料，以及竹竿、木棍等骨架材料。其大小和形状可根据地形特征，以及器材数量和露营人数灵活确定。

（3）搭建棚屋。求生者还可根据所处环境和地形特征，充分利用自然条件（竹、木、草），就地取材，搭建各种竹棚、木棚或草棚，以作为栖身之所。棚屋的形状，可结合地形地物，灵活设计成屋顶形、半屋顶形、单面斜坡形、圆锥形等各种形状。要尽可能利用自然的地形地物，这样既可节省材料和工作量，又可增加牢固程度。

（4）简易庇护所。通常是寻找就近可利用的地形地物，加以改造和补充搭盖，构成临时栖息所。其好处是有利于求生者保存和恢复体力。

 思考题

1. 行军前的物质、装具准备有哪些？
2. 宿营地的选择通常要考虑哪些因素？
3. 野外生存时主要注意的问题有哪些？

参考文献

[1] 刘继贤,张全启. 毛泽东军事思想原理 [M]. 北京:解放军出版社,1995.
[2] 朱梅生. 军事思想概论 [M]. 北京:国防大学出版社,1997.
[3] 王安,张振岩. 军队条令条例概论 [M]. 北京:解放军出版社,2001.
[4] 王保存. 世界新军事变革新论 [M]. 北京:解放军出版社,2003.
[5] 牛力,邱桂金. 国防与军队建设的科学指南 [M]. 北京:解放军出版社,2004.
[6] 苑士军. 国防教育概论 [M]. 北京:解放军出版社,2004.
[7] 曹正荣,等. 信息化联合作战 [M]. 北京:解放军出版社,2006.
[8] 吴温暖,匡璧民. 军事理论教程 [M]. 北京:高等教育出版社,2007.
[9] 孟宝宏,谭本宏. 信息化战争 [M]. 北京:解放军出版社,2007.
[10] 霍凤鸣. 大学生国防教育 [M]. 北京:高等教育出版社,2007.
[11] 纪明葵. 军事理论教程 [M]. 北京:国防大学出版社,2007.
[12] 王向方,马骏. 军事教程 [M]. 西安:西北农林科技大学出版社,2007.
[13] 匡璧民. 军事理论教程 [M]. 北京:高等教育出版社,2007.
[14] 吴温暖. 高等学校国防教育 [M]. 厦门:厦门大学出版社,2007.
[15] 苑士军. 学生军事训练概论 [M]. 北京:解放军出版社,2007.
[16] 张伟. 新概念武器 [M]. 北京:北京航空航天大学出版社,2008.
[17] 程永生. 军事高技术与信息化武器装备 [M]. 北京:国防工业出版社,2009.
[18] 屈兵超,文若鹏. 现代战场复杂电磁环境 [M]. 沈阳:白山出版社,2010.
[19] 总政治部. 国防和军队建设贯彻落实科学发展观重要论述选编 [M]. 北京:解放军出版社,2010.
[20] 薛桂芳. 联合国海洋法公约与国家实践 [M]. 北京:海洋出版社,2011.
[21] 全军军事术语管理委员会. 中国人民解放军军语 [M]. 北京:军事科学出版社,2011.
[22] 张军,等. 军事理论概要 [M]. 北京:军事科学出版社,2012.
[23] 张英利. 新时期中国国家安全战略 [M]. 北京:国防大学出版社,2013.
[24] (美)约翰·托兰德. 大国格局 [M]. 北京:新世界出版社,2013.
[25] 齐鹏飞. 大国疆域 [M]. 北京:中共党史出版社,2013.
[26] 朱孔军,古添雄. 高等学校军事课教程 [M]. 长沙:国防科技大学出版社,2013.
[27] 中国国际问题研究所. 国际形势和中国外交蓝皮书(2014) [M]. 北京:世界知识出版社,2014.
[28] 余潇枫,魏志江. 中国非传统安全研究报告(2013—2014) [R]. 北京:社会科学文献出版社,2014.